墨香财经学术文库

法律真实的历史谱系

Historical Genealogy of the Legal Truth

郝晓宇　著

东北财经大学出版社 Dongbei University of Finance & Economics Press　大连

图书在版编目（CIP）数据

法律真实的历史谱系 / 郝晓宇著. —大连：东北财经大学出版社，2025.5. —（墨香财经学术文库）. —ISBN 978-7-5654-5669-5

Ⅰ. D909.9

中国国家版本馆CIP数据核字第20255XJ287号

法律真实的历史谱系

FALÜ ZHENSHI DE LISHI PUXI

东北财经大学出版社出版发行

大连市黑石礁尖山街217号　邮政编码　116025

网　　址：http://www.dufep.cn

读者信箱：dufep@dufe.edu.cn

大连图腾彩色印刷有限公司印刷

幅面尺寸：170mm×240mm　字数：226千字　印张：15.5　插页：1

2025年5月第1版　2025年5月第1次印刷

责任编辑：时　博　宋雪凌　徐　群　韩敌非　责任校对：赵　楠

封面设计：原　皓　版式设计：原　皓

书号：ISBN 978-7-5654-5669-5　定价：82.00元

教学支持　售后服务　联系电话：（0411）84710309

如有印装质量问题，请联系营销部：（0411）84710711

本书获得辽宁省社会科学规划基金项目“‘内心确信’与‘排除合理怀疑’证明标准的比较研究”（项目编号：L21CFX005）资助

前言

在我国的诉讼与证据学界，关于证明方法、证明标准等一系列问题究竟应秉持“客观真实说”还是“法律真实说”曾经引发激烈广泛的争论，可是，如果把这种争论还原至现代证据法学理性主义传统的整体反思之中，就能有效摒除潜藏在“法律真实”语词下的主义之争、价值之争，从而把思考重心转移至“法律真实”得以可能的预设、过程、要求与界限。这就要求我们把“法律真实”作为一种制度构建的结果还原至诉讼与证明的历史谱系，以“普遍历史”而非“整体历史”的研究方式，查明被现代理念的同质化历史所掩盖消除的中断、错位和断裂。

按照这种研究进路，本书把诉讼与证明的历史追溯至西方法律传统或宗教传统形成以前，依次发现了特殊断讼方式下的“考验性真实”、法定证据制度下的“坦白性真实”以及自由心证制度下的“规范性真实”。在法律真实的“不连续性”中，本书探讨了不同法律真实得以可能的方式以及不同法律话语构建法律主体的意义，以此反思诉讼证明的历史与真理话语的产生有着怎样的关系并为何如此深刻地相互契合。

本书试图表明，法律真实的演进不仅关涉诉讼证明制度的技术变革，更深刻植根于法律理念与社会思想的互动。现代证据法学理性主义传统的形成，伴随着考验、坦白与规范的演进与更迭，然而，这一进程并非单向度的线性发展，而是充满断裂与重塑。因此，在理解现代法律真实的构造时，不仅应关注其技术规则，更应反思其形成的条件、限度及可能的替代路径，唯有如此，我们才能在现代证据法的框架内，真正理解法律真实的制度逻辑及其规范性意涵。

郝晓宇

2025年2月

目录

1 绪论

1.1 研究缘起与问题意识

1.1.1 “客观真实”与“法律真实”之争

20年前，我国证据学界曾就证明方法、证明标准等一系列问题究竟应秉持“客观真实说”还是“法律真实说”展开了广泛且激烈的争论，这场争论延续至今，似乎仍然难以盖棺论定。正如一位亲历这场争论而逐步成长起来的学者所言：客观真实从“认识论”的视角来看待诉讼，法律真实则以“价值论”的视角来评判诉讼。[①]认识论与价值论作为两种完全不同的视角，彼此交织、互相辩驳在一起的结果难免就是：前者无法扭转后者的价值信条，后者也无法说服前者的认知方式。

在坚持“客观真实说”的学者看来，法律事实对于参与诉讼证明过程的主体而言是一种客观事实，具有客观存在的根本性质；证明法律事

---

① 李玉华.诉讼真实观下的法律真实与客观真实再认识［J］.中国检察官，2018（7）：10-11.

实的证据质料也是客观存在的，不以人们的意志为转移；秉持客观真实的价值，就是要尽量真实地重现这种客观存在的样貌，即便无法达到绝对的客观真实，也不能因此否认绝对真实与相对真实的辩证关系，更不能否认客观真实观念所指导的实践价值。[①]坚持“法律真实说”的学者则认为，所谓法律真实是指人们在司法活动中对于案件事实的认知符合法律规定的或认可的真实，法律真实是按照法律规定的条件、标准和程序所确立的法律事实；证明过程虽然包含了一定的认知活动，却不是纯粹哲学意义（尤其是辩证唯物主义）上的认知，不可能也没必要达到客观意义的真实存在；因此，诉讼证明的过程，必须受到程序正义、人权保障等价值的约束。[②]

实际上，早在90多年之前，苏维埃法学家维辛斯基就以“法律真实”与“实质真实”或“相对真实”与“绝对真实”的判断对立分析过两种学说的论争。在维辛斯基看来，“法律真实”是“局限于当事人向法院所提出的事实怎样说明一定现象或事物的特征，至于这些事实把实际的生活关系反映到怎样程度，形式逻辑是不过问的……在剥削者社会里，与这种形式对待法律的态度很好结合起来的，就是极端无拘无束的专断和对待一些人们，特别是对待劳动群众的无法无天，而在另一些人们面前、在掌权的有产者面前、在统治阶级面前的奴颜婢膝”。[③]与此相对，苏维埃法院则力求“实质真实”：“即判明真正的真理。因此，苏维埃法院在解决案件，例如，解决民事诉讼案件的时候，不仅是根据当事人所提出的材料来处理，也不仅是从表面上符合法律要求的观点来处理，而是必须深究这种或那种法律关系的真正本质。”[④]此外，“有些苏维埃的诉讼法学者硬说，法院应当限于判明相对的真实……法院能够达

---

① 陈光中，陈海光，魏小娜. 刑事证据制度与认识论——兼与误区论、法律真实论、相对真实论商榷［J］. 中国法学，2001（1）：37-52；张继成，杨宗辉. 对“法律真实”证明标准的质疑［J］. 法学研究，2002（4）：117-130；刘金友. 实践是检验司法证明真理性的唯一标准——与何家弘教授商榷［J］. 法学研究，2003（4）：110-121；陈光中，李玉华，陈学权. 诉讼真实与证明标准改革［J］. 政法论丛，2009（2）：3-21；汤维建. 关于证据属性的若干思考和讨论——以证据的客观性为中心［J］. 政法论坛，2000（6）：127-139.

② 樊崇义. 客观真实管见——兼论刑事诉讼证明标准［J］. 中国法学，2000（1）：114-120；陈瑞华. 从认识论走向价值论［J］. 刑事法制，2001（1）：21-28；何家弘. 论司法证明的目的和标准——兼论司法证明的基本概念和范畴［J］. 法学研究，2001（6）：40-54.

③ 维辛斯基. 苏维埃法律上的诉讼证据理论［M］. 王之相，译. 北京：法律出版社，1957：260-261.

④ 维辛斯基. 苏维埃法律上的诉讼证据理论［M］. 王之相，译. 北京：法律出版社，1957：265.

到绝对的真实，在理论上将是不正确的，在实际上也将是危险的。这将意味着安慰审判员，掩饰摆在他们面前的困难，使自我批评失去尖锐性并大大增加审判错误的盖然性。必须坦白地承认，审判上的真实从哲学意义上来讲——永远是相对的真理，每一个审判员在写出刑事判决书以前，应当仔细地和全面地批判他所拟定的裁判。”但是，维辛斯基认为，法院不能达到绝对真实这一议论是绝对不能同意的，“因为绝对真实，在实际上是任何人的思维都可能达到的，因此审判员和法院全体也能够达到。”①

对于这两场横跨时空且某些观点暗自相通的论争，如果能够超越特殊时期形成的意识形态争论（如唯物主义和唯心主义、真理与实践）以及对基础观念的混淆不清（如混淆证明的目的和证明的标准），其实可以观察到20年来两种观点在某些基本理念上已然达成共识。“客观真实说”在坚持事实真相的同时也承认“无罪推定”“非法证据排除”“禁止刑讯逼供”等正当程序的价值，甚而认为坚持客观真实的理论基础就是保障无辜优于惩罚犯罪的价值论；②而“法律真实说”也从未否认诉讼证明活动中追求案件事实真相的意义，更没有为办案人员的懈怠、脱责提供任何可能的依据。

但不得不承认的是，在我国法律层面，“案件事实清楚，证据确实、充分”的证明标准仍然深受某种“客观真实说”的影响。近年来，我国学者将这种证明标准下的证明模式概括为“印证证明模式”。这种证明模式的特点表现为：首先，获得印证性直接支持证据是证明关键；其次，注重证明的“外部性”而不注重“内省性”；然后，要求证据之间相互印证导致证明标准过高，司法实践的难度较大；最后，为了实现印证目的，易于采取比较灵活的取证手段，以至于“我们刑事司法中的违法行为在一定程度上是由‘印证’证明制度‘逼’出来的。”③

虽然在2012年我国开始引入英美法系的“排除合理怀疑”作为“证据确实、充分”的判断标准之一，但是这也没有能够真正缓解“无

① 维辛斯基.苏维埃法律上的诉讼证据理论［M］.王之相，译.北京：法律出版社，1957：238-239.
② 魏晓娜.为客观真实辩护［J］.法学家，2024（2）：143-157.
③ 龙宗智.印证与自由心证——我国形式诉讼证明模式［J］.法学研究，2004（2）：107-115.

印证不定案”、追求形式“铁案”这种证明标准过度客观化的问题。所以，我们似乎深陷“唯客观化”的怪圈而不能自拔：越是希望防止个人“内心确信”的主观武断，越是要求通过客观证据来确证客观事实，而这一个客观事实要想得以确证，就需要另一个客观事实来确证或印证，结果就是客观存在的证明要依靠客观存在本身，以至于事实认定者哪怕对于某个事实已经产生了内在的合理确信，也要将其转化为客观证据才能采信。①这种“唯客观化”的悖谬之处，不仅会在某种程度上暗中助长刑讯逼供等违法行为的发生，还会从证明方式上导致“新法定证据主义”的复燃。②

反思并摆脱这种“唯客观化”的困境，价值话语的争论恐怕并非真正有效的路径，而是需要明确法律事实的制度性构建过程。

1.1.2 法律事实的制度性构建

国内学者在强调法律事实的客观真实性时，依照塞尔（John R. Searle）的观点，往往容易忽略客观真实也具有不同属性，因为主观与客观可以从两个层面来分别讨论：认识论层面的主客之别和本体论层面的主客之别。③

在本体论的层面，主客观是存在物的属性，也是其存在的方式。比如，痛苦是一种主观存在物，依赖主体是否感受到其存在；而山峰则是客观存在物，不依赖任何情感或态度。在认识论层面，客观与主观是判断的基本属性：主观判断无论真假，都与事实不同，而是要依赖作出判断之人的情感、态度和认知能力。比如，“这是一朵美丽的玫瑰花”就是一种主观判断；而客观判断则不依赖人的情感和态度，客观的真判断，在认识论的意义上就是“客观事实”，如“这是一朵玫瑰花”。

所以，在本体论上是客观的东西同时也可以是认识论上主观的陈述，而在本体论上是主观的东西同时也可以是认识论上客观的陈述。比

① 熊晓彪.中国刑事司法证明“唯客观化”批判［J］. 法学研究，2024（2）：207-224.
② 陈瑞华.以限制证据证明力为核心的新法定证据主义［J］. 法学研究，2012（6）：147-163.
③ 塞尔.社会实在的建构［M］. 李步楼，译.上海：上海人民出版社，2021.

如“玫瑰花比茉莉花更美丽”，这就是一个本体论上客观而认识论上主观判断的陈述，玫瑰花和茉莉花在本体论上是客观的，但哪个更漂亮则依赖于观察者的情感与认知；“现在我的腰有点疼”，则是一个本体论上主观而认识论上客观的判断，这个陈述为真是一个不依赖于任何观察者的情感、态度或意见的事实。

换一种表述，我们也可以把事物的特征分为两类：一类是世界固有的特征，另一类是相对于观察者的意向性才存在的特征。如果一件事物的存在完全不依赖于我们的态度，那就属于世界固有的特征，即上述本体论上的客观存在物，如“这是一座山”“那是一块石头”。而对于那些只是相对于观察者才存在的特征，就是本体论上的主观特征，但我们对主观特征的认识完全可以是客观的，如上述“现在我的腰有点疼”或者“这是一把起子”，“我的腰”与“起子”都具有主观特征，或者说是与观察者相关的，但“现在我的腰有点疼”与“这是一把起子”这两个判断在认识论上都是客观的，因为这两个判断不是我的意见或评价，而是一种相对于观察者或使用者的客观认识。

在此基础上，塞尔推出了理解社会事实的三个必要概念。

首先，“功能”不是固有的，而是与观察者相关的。比如，“心脏的功能是泵血”，泵血这种功能只有在我们预先确定价值或目的的前提下才会发生，即只有我们认为生命的延续在生物学上具有重要价值或目的的前提下，才能发现心脏的功能是泵血，假如我们认为“砰砰”跳动的声音是用来赞美上帝的，那么心脏的功能或许就是赞美上帝。换言之，功能并非世界固有的特征，而是与观察者赋予的价值和目的相关。

其次，社会事实具有集体意向性。集体意向性的关键在于我们共同做（需要、相信、意图、愿望）某件事情的意义。比如两个人在一场正式的拳击比赛中一较高下，就需要有更高层次“合作”的集体意向性存在。同理，诉讼当事人就某项事实互相证明辩驳，也需要在更高层次的集体意向性下才能进行，如“这是一张20元的钞票”，就是一个集体意向性下才存在的社会事实，并且是一种“制度性事实”

(institutional fact)。[①]

最后，这种“制度性事实”只有在“构建性规则”的系统内才能存在。理解这种制度性事实需要区分两种不同性质的规则：“调节性规则”(regulative rules) 和“构建性规则”(constitutive rules)。[②]调节性规则是指对于那些独立于规则而存在的行为进行调节的规则，也就是说，行为先于规则而存在。比如“靠右行驶”的规则就是调节性规则，因为行驶行为是既定的、先存的，不以靠左行驶还是靠右行驶的规则而改变。与之相对的构建性规则，指的是按照规则行事就是在构建由这些规则所调节的行为。构建性规则不仅调节行为，还构建所调节的行为本身。比如，下棋的规则就是构建性规则，因为如果没有下棋的规则，也不会有下棋的行为。构建性规则总是具有相同的逻辑形式，用符号表达就是：“在情境C中X算作Y。”

至此，我们可以看到，按照法律程序所认定的法律事实，其实是一种由构建性规则所构建并调节的制度性事实。比如，“甲殴打乙造成重伤”，这个法律事实就是一个相对于观察者而存在的事实：“重伤”不是世界固有的功能，而是观察者赋予的功能；它不仅是集体意向性的事实，而且是运用了特定规则所构建并调节（何谓“重伤”，伤势要达到什么等级）的制度性事实。可见：“制度作为一个概念而言在逻辑上早于它的任何实例的存在。”[③]换言之，如果没有法律规则对于法律真实的制度性构建，或者没有构建性规则下的制度情境，那么，诉讼当事人之间就不会存在法律认定的法律事实，也不会存在法律事实的真实性问题。正如哈特对刑法与犯罪行为的关系表述：“……如果没有以威胁为后盾之命令的这种强制性刑法，就没有犯罪或违规，因此也就没有谋杀或盗窃一般。”[④]

---

① ANSCOMBE G E M. On brute facts [J]. Analysis, 1958 (18): 69-72; SEARLE J R. Speech acts: an essay in the philosophy of language [M]. Cambridge: Cambridge University Press, 1970; 麦考密克，魏因贝格尔. 制度法论 [M]. 周叶谦，译. 北京：中国政法大学出版社，1994.

② 塞尔. 社会实在的建构 [M]. 李步楼，译. 上海：上海人民出版社，2021; 需要注意的是，麦考密克并不同意塞尔的这种区分，麦考密克将规则分为“创制规则”“结果规则”“终止规则”三种.

③ 麦考密克，魏因贝格尔. 制度法论 [M]. 周叶谦，译. 北京：中国政法大学出版社，1994: 68.

④ 哈特. 法律的概念 [M]. 许家馨，李冠宜，译. 北京：法律出版社，2011: 31.

因为，在现代诉讼程序以理性方式认定法律事实之前，如誓言、神判和司法决斗这些特殊断讼方式所构建的制度性事实，并非追求事实真相，而是对于社会地位、言辞形式和身体力量等真实情境的确认；即便是在向“形式理性”跨出一大步的法定证据制度中，法庭对于可能判处严酷惩罚的罪行也要按照法律预先规定的证据要求和证明方式来构建法律事实，事实真相往往转变为合法刑讯手段下的力量博弈。可见：“如果不具备与制度背景以及特定程序背景所产生法律问题密切相联的知识，证据法学者几乎无法对任何证据问题进行适当的研究。”①

那么，既然我们所讨论的“法律事实”只是现代法律规则构建的“制度性事实”，那么，无论是“客观真实说”还是“法律真实说”，某种程度上都还没有触及现代证据法学理性主义传统的根基，或者说，它们都是在理性主义传统的假设下而无法给出终极答案的“内部争论”，因为：“规范、价值观念和目标当然与现实有各种各样的关系。然而，无论何时，只要规范、价值观念或目标（有目标的制度）作为事实出现，就总是有可能给它们指定时间坐标，并显示这些理想的实体和物质现实过程之间的实际关系和功能关系。”②

1.1.3 证据法学理性主义传统的“危机”

在诉讼证明的司法实践中，法律所追求的正义总是以某种方式关涉着“Truth”（真实、真相、真理）：“西方从未停止过梦想在一个正义的城邦中把权力交给真理话语。”③可问题的关键不在于这种真理话语的本质或功能究竟是暴力的、宗教的、经验的还是科学的，而是法律正义为何总会表达为真理话语的形式？换言之，司法实践和真理话语之间为何会有一种内在归属？要想真正理解这种解决争议纠纷的诉讼制度与保证自身真实性的话语生产机制的关系，也许就需要把真理话语的不同生产机制放置在诉讼证明的历史谱系中来理解。

按照一般的学术观点，诉讼证明的历史脉络大致可分为三个段落。

---

① 达马斯卡.比较法视野中的证据制度［M］.吴宏耀，魏晓娜，等译.北京：中国人民公安大学出版社，2006：67.

② 麦考密克，魏因贝格尔.制度法论［M］.周叶谦，译.北京：中国政法大学出版社，1994：150.

③ 福柯.不正常的人［M］.钱瀚，译.上海：上海人民出版社，2010：10.

首先是中世纪早期的神明裁判时代，然后是欧洲大陆从12、13世纪开始并随后逐步形成的法定证据制度时代（需要注意的是，与之同期的普通法系则始终采取某种自由证明的方式），最后是18世纪以来的自由心证时代，也有学者将其简单概括为“神证的时代”“人证的时代”“物证的时代”。[①]

对于18世纪以来的自由心证时代，与之前神证或人证的根本区别，即事实问题与法律问题的分离。根据韦伯对于现代法学基质的判定，按照“理性/非理性”“形式/实质”的标准，现代法律的特质即“形式理性”，在此前提下，法庭审判的意义就是一般法律对个别事实的适用过程。[②]特文宁（William Twining）教授则把现代证据法学的理性主义传统（rationalist tradition）概括为：“理性主义传统的核心宗旨，就是在裁判中达到‘裁判之公正’，就是说，这种公正裁判意味着在事实证明为真的基础上正确适用法律。”[③]可见，现代证据法学的理性主义传统有两个层面的目标：一个是事实层面的问题，即事实证明的真实；另一个是法律层面的问题，即法律适用的正确。因此，在事实问题与法律问题的分离命题下，形式理性的诉讼证明模式，或者证据法学的理性主义传统，仅仅是18世纪末19世纪初以来200多年的历史产物。[④]但是，这种理性主义的传统却始终面临着来自内在张力的“危机”。

在19世纪初，边沁自称现在的证据领域仍旧一片“空白”，[⑤]他在卷帙浩繁的《司法证据原理》中提出：诉讼证明应该是去除一切法律规制的“自然制度”（natural system）。可是，100年过去之后，威格摩尔仍旧忧切地说道：

“我们一定要以科学的方式理解所谓‘自然’证明的原则，这一证明过程至今仍然被人们所忽视。若非如此，历史就会重蹈覆辙，我们会

---

① 何家弘.神证·人证·物证——司法证明方法的进化［M］//从应然到实然——证据法学探究.北京：中国法治出版社，2008：1-12.

② 韦伯.法律社会学［M］.康乐，简惠美，译.桂林：广西师范大学出版社，2005.

③ 安德森，舒姆，特文宁.证据分析［M］.张保生，等译.北京：中国人民法学出版社，2012：103。引文根据英语原文略有调整：ANDERSON，SCHUM D，TWINING W. Analysis of evidence［M］. Cambridge：Cambridge University Press，2005：79.

④ 特文宁.反思证据：开拓性论著［M］.吴洪淇，等译.北京：中国人民大学出版社，2015.

⑤ BENTHAM J. Rationale of judicial evidence［M］// The works of Jeremy Bentham. Vol. 6. Ed. John Bowring，William Tait，1838-1843：346.

发现自己将置身于欧洲大陆正在面临的困境。在那里，早在19世纪初，法令就废除了古老废旧且数量化的‘法定证明’（legal proof）制度，而由所谓的‘自由证明’（free proof）——无制度可言——所代替。但数百年来，律师和法官都在人为的数量化制度中证实与证明，而在其他方面毫无训练，也根本不能理解活生生的确信过程。结果，当‘法定证明’被废除后，他们手足无措。在过去的一个世纪中，其司法审判仍然延续着不可理解、不可控制从而也是不安全的精神进程。只有最近一段时间，在现代科学的影响下，欧洲大陆开始发展出一种科学的证明。”①

威格摩尔提到，废除后令人手足无措的法定证据制度影响了欧洲大陆数个世纪，其诉讼证明的过程在某些方面确实表现出机械化、形式化且数量化的特征。②对于证据的证明力，法律预先划定为“完整证明”“半证明”以及各种推定；在可能涉及死刑或者严酷肉刑的案件中，证明罪行必须达到“完整证明”的程度：要么由两个适格证人的证言直接证明罪行（其证明力都要求达到“半证明”），要么在“半证明”的基础上加上被告自己的供认坦白。除此之外，不管有多少可以令人信服的间接证据，其证明效力的叠加都不能让法官据此定罪量刑。③这种证明效力的机械化计算，在血腥惩罚（blood sanction）和司法刑讯（judicial torture）的联合作用下，把司法征服的效力发挥到极致，也在启蒙时代的人权观念下遭到了如贝卡利亚、伏尔泰等人的彻底批判。可是，在当时的司法实践中，诉讼证明过程所追求的法律真实，是一种基于法律主体供认坦白之上的真实，它由“血腥惩罚—法定证据—司法刑讯”这一系列制度的连锁效应所引发，最后由法律主体的自觉臣服并坦白罪行而结束，如黑格尔所言：“只有罪犯坦白，判决才不再对他是异己的东西了。”④这种坦白性真实的法哲学式总结，在档案中的记录不过是一则

---

① WIGMORE J H. The problem of proof [J]. Illinois Law Review, 1913 (8): 77-103. 需要注意的是，“system of legal proof”一般译为“法定证据制度”，这里为了与“自由证明”（free proof）相对应，故特译为“法定证明制度”.

② ESMEIN A. A history of continental criminal procedure, with special reference to France [M]. Boston: Little, Brown, and Company, 1913.

③ LANGBEIN J H. Torture and the law of proof: Europe and England in the ancient régime [M]. Chicago: University of Chiago Press. 1976.

④ 黑格尔.法哲学原理 [M]. 范扬，张企泰，译.北京：商务印书馆，1961：268.

简短直白的表述:“雅盖,约9岁,热昂·居德罗之子,拘留在监狱,没有刑讯的强制和恐吓,就坦白招供了。”[①]

在1791年,法国制宪议会确立了“自由心证制度”,迅速替代了上述法定证据制度的历史。尽管威格摩尔认为自由心证制度长时间内仍然处于“不可理解、不可控制从而也是不安全的精神进程”,但在认定事实的过程中:一方面,法律不再对证据形式作出特别要求;另一方面,法官可以对案件事实已有证据的证明力进行“自由”判定,在此基础上,确定是否有罪只需达到“内心确信”(intime conviction)的程度。1808年通过的《法国刑事诉讼法典》中对此作出过经典表述:

“法律不责问法官形成自我确信所依据的理由;法律也不规定一种规则并让法官必须依赖这种规则去认定某项证据是否完备、是否充分。法律只要求法官平心静气、集中精神、自行思考、自行决定,本着诚实的良心,按照理智,寻找针对被告人所提出的证据以及被告人的辩护理由所产生的印象。法律只向法官提出一个概括了法官全部职责的问题:‘您已有内心确信之决定了吗?’”[②]

在边沁那里,这种看似不可捉摸的“良心”、“理智”或“常识”(common sense),有着更为直白的表述——边沁虽身处普通法系,但其主要针对立法者而倡言的“自然制度”,显然更接近大陆法系传统——法律证据所适用的确信过程或证明原理与所有其他人类活动中的证明原理相同:

“证据问题会源源不断地出现在每一个人面前,在其生活中的每一天甚至是醒着的每一时刻……现在在烤肉架上的羊肉是不是烤熟了是证据问题……厨师以厨师的方式来作出判断,好像是凭借直觉;根据证据作出判断,就像乔丹先生创作散文一样,也许终其一生都未曾听过(散文)这个词。”[③]

---

① ESMEIN A. A history of continental criminal procedure, with special reference to France [M]. Boston: Little, Brown, and Company, 1913: 134.

② 法国刑事诉讼法典 [M]. 罗结珍,译.北京:中国法治出版社,2006:248.这里引述的是法国现行诉讼法典中的表述,因为法国1808年通过的《法国刑事诉讼法典》中第342条规定“内心确信”的内容与法国现行《刑事诉讼法典》中第353条规定“内心确信”的内容基本保持一致.

③ BENTHAM J. Rationale of judicial evidence [M] // The works of Jeremy Bentham. Vol. 6. Ed. John Bowring, William Tait, 1838-1843: 344.

在边沁那里，这种凭借直觉的事实问题，并无玄虚神秘的地方，不过是一个拥有正常教育背景和社会经历的普通人的自然常识而已，法庭上的事实判断与判断烤肉架上的羊肉是否烤熟无异。但这种“去神秘化”[①]运动到了边沁的继承者威格摩尔那里发生了实质性改变。后者在《司法证明原则：源自逻辑学、心理学和一般经验》中一开始就把主题确立为如何能“科学”地完成边沁所设想的“自然制度”：

“证明原则中最为重要的一方面，就是在诉讼争议中对复杂的证据群问题的解决方法……无论是逻辑学家、心理学家、法学家还是律师，似乎从未有人大胆提出一种方法。虽然针对具体单一的推论，逻辑学家已经为我们提供了大量推理原则，但对于整体的争议性证据群，他们还没有提供一种系统。本文所提出的仅仅是方法上的暂时尝试……目的很简单，这些方法能够使我们意识到并用语言表达出：为什么一种整体的证据群可以或应当说服我们得出一个既有结论，而且如果整体证据群的某些部分有所不同，那么为什么我们的结论将会或应当会变得不同或相同。如果我们的思维被改变了，那我们能解释这种改变的原因吗？如果我们能够写下并算出一种数学等式，那我们能写下并算出一种内心的证明等式吗？”[②]

威格摩尔之所以如此重视证明的原理，是因为他感到当时证据领域的研究出现了重心的颠倒。他认为证据领域的研究可以分为两个部分，一个是一般意义上的“证明”（proof），即诉讼之中的说服、推论过程，另一个则是根据诉讼经验和传统由法律所制定的程序性规则，即“可采性”（admissibility）规则。所有关于证据研究几乎都集中在了法律制定的证据规则上，证明方式却被严重忽视，甚至成为司法实践的偶然获知：“为此，必须努力研究一种证明科学，即证明原则，而独立于人为的程序性规则。”[③]

所以，威格摩尔希望通过“图示法”，运用逻辑推理和逻辑分析的

---

① HART H L A. The demystification of the law [M] //Essays on Bentham: studies in jurisprudence and political theory. Oxford: Oxford University Press, 1982: 21-39.

② WIGMORE J H. The principles of judicial proof as given by logic, psychology, and general experience and illustrated in judicial trials [M]. Boston: Little, Brown, and Company, 1913: 3-4.

③ WIGMORE J H. The problem of proof [J]. Illinois Law Review, 1913 (8): 77-103.

方式就像用数学等式一样把内心证明的过程详细演示出来。此后，这种逐步容纳了逻辑学、心理学、概率学、统计学，同时包括医学、精神病学、遗传学等法学以外的科学认知方式，逐步发展成为“跨学科的证据科学”所要讨论的题目，而不再局限于法律科学的范畴。因为一旦证明的方式从法定证据制度变为自由心证制度，那种一般的常识性推理就必然需要“证明的逻辑”（logic of proof）来提供系统性说明。因此：“在核心问题上，证据是一个是关于推理的跨学科科目，其共同基础是某些关于逻辑、概率、真相和知识的一般哲学问题。”①而且：“证据学科的核心，是与来源类型和待证事项无关的。证据这一科目的主要的一般性特点，是无关乎内容、无关乎来源、无关乎假设。换言之，证据这一学科及其核心超越了学科文化、调查的目标以及特定专业的特殊方法和传统。”②

从法定证据制度到自由心证制度，再到这种“实体无涉”（substance blind）的证明科学，在证明制度的历史演变中，法学的内在理念也发生了巨大改变。一方面，现代法学理论自觉放弃了对司法证明原则及其基本概念的讨论。受分析实证方法的影响，如凯尔森、哈特、拉兹、麦考密克等把精力主要集中在如何建立一套完整、独立的形式化法律体系或法律语言上。如麦考密克所言，这是为了得出“形式正义”的普遍裁判规则，也就是在规范层面上建立法律规则的自洽，而不再涉及事实问题的认定与决断。③法律科学得以开展的前提，即法律与事实以及法律与道德的分离命题。另一方面，从边沁建立反对法律规范的“自然制度”开始，到威格摩尔明确指出要把证据法学的研究从“证据规则”转移到“证明原则”或“证明科学”之上，再到1968年由

---

① 特文宁.反思证据：开拓性论著［M］.吴洪淇，等译.北京：中国人民大学出版社，2015：445.

② 特文宁.反思证据：开拓性论著［M］.吴洪淇，等译.北京：中国人民大学出版社，2015：446-447.

③ 麦考密克，魏因贝格尔.制度法论［M］.周叶谦，译.北京：中国政法大学出版社，1994：69-93.

People v Collins一案引起的关于"新证据法"的一系列讨论，[①]以及像科恩（L. Jonathan Cohen）那样对数学式司法证明概率（如英美法系民事诉讼要求的"盖然性平衡"标准与刑事诉讼要求的"排除合理怀疑"标准）导致悖论式的思考，[②]种种法学领域以外的"证明科学"从外部叠加、并置、堆积在证据法学之上，使得那些从基本权利出发而构建的程序性规则，如举证规则、可采性规则、排除规则、无罪推定规则、沉默权规则、"毒树之果"等等，只能作为一种自由证明原则之外的合法性补充，从而完全退出何谓"合理确信"（conviction raisonnée）的"正当性"（legitimacy）论证过程。最后的结果，就是现代证据法学理性主义传统面临着无法避免的内在"危机"。

首先，当证据法学成为自由证明原则之外的一系列排除性规则，[③]法定证据制度下构建法律真实的一系列手段，如刑讯、坦白和严酷刑罚，尽管在法律层面上予以明确废止，但实际上却从来没有从诉讼证明的司法实践中消失。刑讯逼供、非法自白，往往成为现代理性证明方式下遮遮掩掩却又心照不宣的司法现实，甚至作为合理确信标准的必要外在补充。

其次，无论是证明过程的逻辑推理问题（包括逻辑学、概率学、统计学、心理学等），还是具体事项的证明力问题（包括医学、精神病学、遗传学、科学技术鉴定等），均已越出法学学科本身。法律真实不再随着法律主体的坦白而达成确信，而是在主体沉默或言说的背后，由医学、心理学、精神分析学和概率学等学科予以逻辑上的分析、验证与推理；法律真实不再由法学话语来完成确认，而是要凭借法学话语之外的规范化科学来构建。至此，我们必须意识到："当我们的知识自以为是建立在一种其本身的活动使其显露的哲学基础上时，它就处于危机形势

① the People v. Malcolm Ricardo Collins，68 Cal. 2d 3I9，438 P.2d 33，66 Cal. Rptr. 497 (I968) （en banc）；FINKELSTEIN M O，FAIRLEY W B. A bayesian approach to identification evidence [J]. Harvard Law Review，1970，88 (3)：489-517；TRIBE L H. Trial by mathematics：precision and ritual in the legal process [J]. Harvard Law Review，1971，84 (6)：1329-1393；LAMBERT R. The new evidence scholarship：analyzing the process of proof [J]. Boston University Law Review，1986，66：439-477. 有学者将此描述为"从证据法的教义性分析转向证据法的跨学科研究"，参见帕克，萨克斯. 证据法反思：跨学科视角的转型 [M]. 吴洪淇，译. 北京：中国政法大学出版社，2015.

② COHEN L J. The probable and the provable [M]. Oxford：Oxford University Press，1977.

③ THAYER J B. A preliminary treatise on evidence at the common law [M]. Boston：Little，Brown，and Company，1898.

之中了。”[①]因为我们只能以回到某种“知觉信念”，才能阻却这种“危机”的显露。

最后，不管是自由心证制度中“内心确信”，还是英美法系“排除合理怀疑”，现代的证明标准都要求从认识论的意义上评估个人确信的合理程度。换言之，确信的起点虽然是个人主观的知觉信念，但其终点必须符合客观的认知标准，这就对理性主义传统牢牢根植其上的“常识经验主义”构成了巨大的挑战和怀疑。[②]因为经验常识意义上的“认识”（epistemic）与科学意义上的“认知”（cognitive）是截然不同的两种进路，我们在日常生活中依赖直观而建立的认识往往构成了科学认知的“认识论障碍”。[③]常识的“合理性”可能来自传统、习惯，虽然可以感知，甚至合乎道理，但只是部分理性，“绝不是理性的，更不是理想的理性行为”。[④]所以，随着科学证明方式的方兴未艾，法官或陪审员能否承担起排除不可靠科学证据的职责，进而对事实的认定达成“合理确信”，便成为“科学与法律不幸联姻”下的认识论困境。[⑤]达马斯卡将其简化为直白而具有象征意味的诘问：

“请把你自己想象成一个事实裁判者。你的直觉告诉你某个证人在撒谎。然而，专家证人借助经过改进因而具有更大客观性的测谎技术，告诉你了一个相反答案。在何种情形下，你会因为与科技证据相冲突而放弃了你的内心确信？或者说，放弃你根据经验常识而进行的推理呢？”[⑥]

---

① 庞蒂.可见的与不可见的［M］.罗国祥，译.北京：商务印书馆，2016：39.

② 特文宁.证据理论：边沁与威格摩尔［M］.吴洪淇，杜国栋，译.北京：中国人民大学出版社，2015：270.

③ 巴什拉.科学精神的形成［M］.钱培鑫，译.上海：东方出版中心，2022：1-13.

④ 许茨.社会实在问题［M］.霍桂恒，索昕，译.北京：华夏出版社，2001：60.

⑤ 哈克.证据原理：司法证明科学［M］.刘静坤，王进喜，译.北京：法律出版社，2022：115-150.

⑥ 达马斯卡.比较法视野中的证据制度［M］.吴宏耀，魏晓娜，译.北京：中国人民公安大学出版社，2006：26-44。达马斯卡在其代表作之一《漂移的证据法》中，始终贯彻着这种担忧：本书审视过的普通法证据法正在崩塌的支柱，最有可能经由本国泥瓦匠及本土的其他建筑材料得以修复或取代。新建筑物将要呈现的面貌当然是不可预测的，只要我们——徘徊在两个世界之间，一个已经灭亡，另一个无力诞生。”达马斯卡.漂移的证据法［M］.李学军，等译.北京：中国政法大学出版社，2003：212.

1.2 证据法学研究的一般理论范式

从“客观真实说”与“法律真实说”的争论，回归到“制度性事实”的历史谱系，从现代证据法学理性主义传统的创立，再到它已经面临的内在“危机”，我们在诉讼证明历史演进中追溯“法律真实”，目的既不是否定现代科学确定的“法律真实”，颂扬某种不可知论，成为纯粹虚无的悲观者，也不是按照韦伯那样以形式/实质、理性/非理性的区分标准，不加反思地肯定现代法律“形式理性”的最高意义，而是希望理解支撑这种理性主义传统或“形式理性”的预设前提，即理解事实问题与法律问题分离的法律意义，因为：“证据活动指向的是对事实主张真实与否的证明，而司法裁判的法律维度则关心将法律规范适用于既定事实的正确性或合法性。如果将事实认定与法律发现合二为一，那么证明的目标将会变得捉摸不定，而且，似乎还会对事实认定的理性品格产生消极影响。”[①]所以，问题的关键就在于，这种被人们广泛接受的“教条的、人为的、有条件的、脆弱的划分”[②]，为何会如此深刻地嵌入现代法律文化之中？

1.2.1 证据法学的理性主义传统

特文宁在梳理了从1734年吉尔伯特《证据法》的出版到1934年威格摩尔过世之间二百年英美证据法学的理论研究后，认为在英美传统上，虽然证据法理论在某种程度上共享了一种理性主义裁判模式和证明模式，却至少存在四种证据法的理论分支：[③]

第一种，吉尔伯特（Gilbert）试图将所有的证据规则都包容在一条简明的原则之下，即“最佳证据规则”（the best evidence rule）。他认为：“与证据相关的第一个，也是最为显著的规则，就是人类必须获得

① 达马斯卡.比较法视野中的证据制度［M］. 吴宏耀，魏晓娜，等译.北京：中国人民公安大学出版社，2006：27.

② TWINING W. Civilians don’t try： a comment on Mirjan Damaska’s rational and irrational proof revisited［J］. Cardozo Journal of International and Comparative Law 1997（5）：69-78.

③ 特文宁.反思证据：开拓性论著［M］. 吴洪淇，等译.北京：中国人民大学出版社，2015：91.

事实本质所能具有的极限证据（the utmost evidence），因为法律设计的目的，就是为了严格证实权利事项，而如果没有事物本性所能具有最佳证据（the best evidence），证实事实也就无从谈起。”[①]在他看来，一切事项的证实都建立在人类恰当的感知能力之上，所以，按照人类感知能力的不同，也可以对证据进行等级形式的划分，如公共记录和私人记录，封印记录和无封印记录，宣誓证词和未宣誓证词等等，其中，公共记录作为最佳证据位于证据等级的顶端。[②]

第二种，边沁希望消除关于证据的所有技术性、强制性规则，并由此建立证据证明的“自然制度”（natural system）。在边沁看来，吉尔伯特的最大错误在于组建一个充满缺陷的体系，比如错误地赋予书面证据以超越口头证据的优先权。表面上，边沁似乎是对吉尔伯特的分类体系不满，实际上他真正的攻击目标是所有试图规制判断可能性的形式规则，因为“从事物本质来说，为证据建立一种确保公正裁决的无缪规则是完全不可能的；人类的心智太过敏感以致无法建立任何规则，所有规则都只能增加错误判决的概率。一位公正的真相调查者所能做的一切，就是让立法者和法官防范这些草率的规则”。[③]

第三种，斯蒂芬（Stephen）试图在“相关性规则”（the rule of relevance）的基础上为证据法整体找到一个融贯的基本原理。斯蒂芬认为，无论在实践上还是在理论上：“所有争议中的事实和那些与争议相关的事实，无一例外，都可能得以证实，这种信条是一种未曾明示的原则，它统合了所有得以表达的否定性规则——这些否定性规则占据法律的大部分内容——并且也构成了这些规则的核心……换言之，（对于‘什么是证据’的问题）唯一的答案可能就是……一个事实是或不是与另一个事实相关。”[④]如果对“相关性”的本质再进行追问的话，那么就会偏离法律规则，而把我们引入归纳逻辑上去。在归纳逻辑中，司法证据不过是一般科学问题——从已知推断未知——的一个案例而已。

① GILBERT. The Law of Evidence［M］. Philadelphia：Joseph Crukshank，1805：3-4.
② GILBERT. The Law of Evidence［M］. Philadelphia：Joseph Crukshank，1805：8-9.
③ JEREMY BENTHAM. A Treatise on Judicial Evidence［M］. London：Messrs. Baldwin，Cradock and Joy Paternoster-Row，1825：180.
④ STEPHEN J F. A digest of the law of evidence［M］. Boston：Little，Brown，and Company，1877：23.

第四种，塞耶（Thayer）将证据规则视作自由证明原则之下的诸多混杂的例外。他把证据法建立在两个基础规则之上：第一，对于待证事项，所有不具备逻辑可证性的证据都不应该采纳；第二，所有可证的事项都应该考虑在内，除非有明确的政策理由或法律理由予以排除。[①]换言之，一个是排除性的规则，逻辑的相关性标准应由逻辑而非法律来判断，另一个是包容性规则，这才是证据法的基本原则。在塞耶看来，证据法的主要功能是排除，但反之则不然，因为排除证据是一种规范的知识问题，而不仅仅来自证据法。此外，对于证据的证明力，塞耶也认为不能受到法律的规制，而只应受制于“人类思想和经验的普通规则，这些规则应该从普通的来源而不是在法律书籍中探寻”[②]。

在这四种理论分支中，不管是吉尔伯特、斯蒂芬还是塞耶，都在为普通法的证据规范提出某种创造性解释，如最佳证据规则、相关性规则以及排除性规则和包容性规则的结合；与之相对，边沁则认为这些技术性规范既不合理，也不符合法律寻求真相的方式。在具体理论上，现代普通法证据学者都接受了塞耶理论的某一版本，以至于“塞耶的证据法图景已经成为20世纪本学科英美学界论述中的主流”[③]；但在证据法的整体发展上，从斯特芬意识到证明“相关性”的本质不再是法律问题而是一般的科学问题，到塞耶直接把证据规则作为自由证明原则的混杂例外，最后到威格摩尔明确提出要把证据研究的重心从证据规则转移到证明原则之上，几乎整个证据法的演进都在朝着边沁的“自然制度”靠近，只不过还没有达到他所期待的彻底去除规范的程度而已。

特文宁总结道：证据法学的理性主义传统，首先是通过理性的方式来查明案件事实，而非以神判、决斗或刑讯逼供等非理性方式；其次，追求真实，作为依法保障法律正义的手段，拥有很高的优先权，但这种优先权并非高于一切；最后，裁判模式本身属于某种“工具”，通过理

① THAYER J B. A preliminary treatise on evidence at the common law [M]. Boston: Little, Brown, and Company, 1898: 266.
② THAYER J B. A preliminary treatise on evidence at the common law [M]. Boston: Little, Brown, and Company, 1898: 271.
③ 特文宁. 反思证据：开拓性论述 [M]. 吴洪淇，等译. 北京：中国人民大学出版社，2014: 215.

性的方式追求真实，只是达到法律正义目的的手段。[①]但是，即便诉诸理性认知，也存在知识储备的“一般化”的问题。[②]这种一般化的知识，可能是纯粹主观的猜测、偏见（如普通法系早期知情陪审团的情形），可能是法律的刻板规定（如严重形式化的法定证据制度），还可能是共同常识或者是科学证据（如自由证明原则或自由心证原则正式确立以来的情形），可不管是什么，一般化的知识总是或明或暗地担负了某种价值判断，并且相对于不同的社会和历史时期而改变：“我们不承认根本的价值是不同于态度和知识的东西。”[③]如果脱离于当时诉讼与证明的目的，脱离于法律话语的制度性构建语境，不加反思地坚持事实与法律的二元划分，那么这种划分本身也就失去了意义。所以，要想理解这种二元划分为何会深刻地嵌入现代法律文化中，最好的方式就是把二元划分还原至当时的诉讼证明语境中，把法律事实与真实话语的关系还原至诉讼证明的历史谱系中。

1.2.2 证据法学的神学根基

在理性主义传统外，需要注意的第二类研究路径，就是以惠特曼（James Q. Whitman）教授为代表的证据法学之中的神学根基。[④]

这种研究关注的重点不在于诉讼程序的事实证明功能，而在于其道德慰藉的作用。比如，英美刑事诉讼的证明标准——排除合理怀疑——起源于被遗忘的前现代基督教神学世界，合理怀疑规则的设计初衷，并非我们想象的那样是用来保护被告人，而是用来关注陪审员的灵魂免受地狱之灾。惠特曼发现，在法律问题与事实问题分离之后，我们正渐渐失去凝视自己内心的能力，而《马太福音》中的著名戒律——“不要论断人免得自己被论断”——让我们不得不扪心自问：我们在什么时候、怎么做才有权利惩罚他人？

---

① 特文宁．反思证据：开拓性论著［M］．吴洪淇，等译．北京：中国人民大学出版社，2015：36-103.

② SCHUM D A. The evidential foundations of probabilistic reasoning［M］. Northwestern University Press，2001.

③ 麦考密克，魏因贝格尔．制度法论［M］．周叶谦，译．北京：中国政法大学出版社，1994：12.

④ 惠特曼．合理怀疑的起源：刑事审判的神学根基［M］．佀化强，李伟，译．北京：中国政法大学出版社，2012；佀化强．形式与神韵：基督教良心与宪政、刑事诉讼［M］．上海：上海三联书店，2012.

这是一条有意远离现代理性主义传统的路径：诉讼程序在事实证明的功能之外，更为重要的目的其实是实现道德慰藉。在中世纪早期的神明裁判制度中，其目的便是“让上帝成为杀死他决定的裁判者”，正如奥古斯丁等早期教会法学家所宣称的那样：在一个完美规则羁束的法律体系下，作出判定的既非上帝，也非法官，而是法律本身。上帝的审判并非“真相”（truth）的测验，而是“可信性”（truthfulness）的测验。随着神明裁判制度的废除，欧洲大陆和英国的法官们发展出了各自不同的自我道德救赎之路：欧洲大陆是让证人陷入地狱，英国则是让陪审团陷入地狱。但是，当我们的宗教焦虑感在消退、道德慰藉的需求随之递减时，越来越多的案件存在有罪无罪的不确定性，并且存在辩诉交易等情形，这就导致了主要用于道德慰藉的程序，如普通法陪审团全体一致的规则，现在却被当作笨拙无用的事实证明规则。

在惠特曼看来，第一，任何良好的事实证明程序不仅提供证明，同时提供适度的道德慰藉；第二，许多良好的道德慰藉程序却不能同时提供事实证明。具体而言，许多良好的道德慰藉程序，包括集体承担、随机选择、责任转移和职能否认在内，其实很难起到事实证明的作用，即便有也不过是无意的巧合。根本原因就在于事实证明的方式根本不融于道德慰藉。当我们力求证明事实时，我们致力于科学调查的态度，不偏不倚地探究真相，我们衡量各种可能性以舍弃微不足道的怀疑；但是，当我们寻求道德慰藉时，我们担心的是自己，我们对最小的疑问都会谨慎小心、惴惴不安，从而无法以科学手段予以果断排除。这样高度求真的事实证明程序和难以平心静气不偏不倚的道德慰藉程序显然无法真正兼容。

这种探寻诉讼证明的神学根基的路径，确实可以让我们跳脱证据法学的理性主义传统来重新审视诉讼证明程序的功能和目的，尤其是跳脱法律问题与事实问题的分离命题来重新评价诉讼与证明的法律价值。但问题在于，我们能否把诉讼证明制度的设计初衷和重要缘由推给神学根基即告终止？在宗教焦虑大幅消退的时代，探究曾经或许具有重要意义的道德慰藉功能又如何能够对理性主义传统下的事实证明发生积极影响？正如尼采所言：“假若消除宗教的这一幻想，人们便产生难耐的空虚，总感到缺少了什么。从这一情感遂产生‘另一世界’，不过它是一个形而上的非宗教的世界。”[①]那么，或许我们也可以说，为排除合理怀疑等现代证据法学原则寻找基督教世界的道德慰藉缘由，找到的不过是一个现代的形而上学的非宗教世界。

1.2.3 证据法学的经济分析

第三种研究路径，则是以理查德·艾伦·波斯纳（Richard Allen Posner）教授为代表的证据法学的经济分析。[②]

波斯纳认为，所谓证据法，就是“确定向必须解决事实争议的法庭提供何种信息以及如何提供信息的一整套规则”，而证据法的经济分析，简言之，就是从效率的维度对证据法进行诠释。波斯纳的切入点，或者说将证据法与经济分析联为一体的关键，就在于事实发现的准确性和经济成本的关系。他直言：“所有的证据都是盖然性的，并不存在形而上学的绝对真实……几个世纪以来，法律职业界都已知道法律发现事实是概率的，而证据乃至整个法律制度的价值目标，也绝非仅仅追求真实而已。”波斯纳的意思并非是说法律制度、证据体系对事实真相毫无兴趣，而是说这种求真目的与其他目的，如裁判的经济性、效率性，或者来自宪法的基本规范，应当相互竞争，即诉讼证明的程序要在事实的准确性和经济成本之间追求兼顾。值得一提的是，在事实不确定的前提下，波斯纳解决准确性问题的主要思路，就是直接运用有关盖然性或者概率性的各种理论，诸如贝叶斯定理（Bayes Theorem）。为此，他还努力构建了两个基本模型，即搜寻模型和成本最小模型，以求找到证据法学和经济分析的平衡点。

在波斯纳之外，亚历克斯·斯坦（Alex Stein）进一步将证据法的“根基”归于以下三个问题：(1) 提高事实认定的准确性（或者说是将错误风险最小化）。(2) 使事实分配错误的风险以及由此所引发的成本最小化。(3) 在诉讼双方之间对错误风险以及由此引发的错案风险进行

---

① 尼采.快乐的科学［M］.黄明嘉，译.桂林：漓江出版社，2007：135.

② 波斯纳.证据法的经济分析［M］.徐昕，徐昀，译.北京：中国法治出版社，2004；波斯纳.法律的经济分析（下）［M］.蒋兆康，译.北京：中国大百科全书出版社，1997：717-778；波斯纳.法理学问题［M］.苏力，译.北京：中国政法大学出版社，2002：247-275.

分配。[①]简言之，用分配错误的博弈风险来重新定义所谓成本，进而重新定义事实认知的准确性。比如，对于沉默权问题，除了正当程序或基本权利的那样道德依据外，还可以从功利主义视角、从后果的博弈论分析来角度提供沉默权的解释与捍卫。[②]

可以看到，不管是波斯纳还是亚历克斯·斯坦，证据法的经济分析模式是从边沁的自然制度开始到威格摩尔的证明科学转向后，必然会出现的一种理性主义分支。“新证据法学”所讨论的数学式证明概率（帕斯卡尔式）和非数学式证明概率（培根式）的关系，其预设的前提便是诉讼证明中法律事实的认定本身是一种盖然性问题；既然这种盖然性问题是一种可以统计、可以计算的概率学问题，而不由任何诉讼证明规则来决定，那么诉讼证明程序在追求事实真相的目标时，就要考虑由追求真相概率导致的经济成本等其他社会价值的竞合平衡关系。可见，这种研究进路并不是对证据法学理性传统的反思或颠覆，而只是以新的理性方法来探索事实发现和理性决策的可能性。这种新的理性方式，所谓“新证据法学”，突破了传统法律思路的诸多规范性限制，采用了经济学、数学、统计学、逻辑心理学等诸多方式对证据规则和证明过程重新评价。这些方式不过是在提示：如何把新的理性方式还原至证据法学的理性主义传统，并且思考诸多法律目标之间的竞合可能性。

1.2.4 小结

在简单梳理了证据研究的三种理论范式后，我们可以发现，对证据规则和证明方式的研究，不管是追溯历史传统的神学根基，还是更加概率化、科学化的经济分析，都不可避免地建立在证据法学理性主义传统对事实问题和法律问题二元划分的基础上，只有在“认定事实”（fact-finding）的过程中出现真相或产生真实的价值，这种真相或真实的价值才能与良心避罪或经济效率的其他价值之间产生“竞合”——无论这种“竞合”的方式是隐蔽地超越，还是公开的模型计算——否则，神学根

① 斯坦.证据法的根基［M］.樊传明，等译.北京：中国人民大学出版社，2018：1-39.

② SEIDMANN D J, STEIN A. The right to silence helps the innocent: a game-theoretic analysis of the Fifth Amendment privilege［J］. Harvard Law Review, 2000, 114（2）: 430-510.

基和经济分析都将成为“无本之木”而无法支撑起证据法学构筑的大厦。总之，这两种方式都没有摆脱证据法学的理性主义传统，也难以对理性主义传统正在面临的“危机”进行任何实质性的解读和思考。

目前，关于证据研究的一般进路更加迫切地提示我们：在法律真实的问题上，应该首先思考证据法学理性主义传统的前提预设。换言之，应该把法律真实的问题作为一种“制度性事实”还原至诉讼证明的历史谱系中，努力发现理性主义的预设过程和概念构造。只有这样，才能更加清晰地看到诉讼证明与真实话语的关系；同时，对于证据法学理性主义传统的“危机”，可能才会有更为深刻的思考。

1.3 本书的研究进路

在明确了证据法学理性主义传统的现状和证据研究的一般理论进路后，我们需要解答的问题就是：如何展开所谓“理性主义传统之外”的诉讼证明历史，即何谓诉讼证明的历史谱系？

福柯在《知识考古学》中曾经区分了两种历史视角：一种是“总体历史”（histoire globale），另一种是“普遍历史”（histoire générale）。①

对于“总体历史”，它的目的就是重组某一文明的整体形式、某一社会的物质原则或精神原则、某一时期全部现象的共有意义，并解释诸种现象向内凝聚的规律法则。这种历史观往往伴有以下预设：首先，它认为在一个确定时空范围内发生的所有事件之间、在所有已发现其轨迹的现象之间，一定可以建立一个同质性关系的系统；其次，它认为经济结构、社会机构、社会习俗、精神状态之惯性、技术实践、政治行为，都由同一种历史性形式操控，并受制于同一转化类型；最后，它认为历史本身可以被清晰表述为几个大的单元、阶段或时期，而在各个单元、阶段或时期内部都包含了凝聚自身的原则。

与此相对，“普遍历史”的目的既不是建立一种复数的历史，即各种历史彼此独立、并置，经济史外在于制度史，制度史也外在于科学

① 福柯.知识考古学［M］.董树宝，译.北京：生活·读书·新知三联书店，2021：1-22.

史、宗教史或文学史；也不是在种种不同的历史中，试图发现一致的日期或者类似的形式与意义。普遍历史的任务是查明不同的“系列”（series）之间可以被正当描述的关系形式是什么，不同的系列会形成什么样的垂直系统，系列之间存在什么关联和统治的相互关系，系列的转化、暂时状态、改铸换装的效果是什么，在截然不同的整体中会同时形成什么确定的要素……简言之，不只是查明“系列”，还要查明“系列的系列”，不只是发现系列的整体形式、共同意义和内在规律，还要发现系列的边界、曲线的拐点、管制活动的倒转和某种功能的局限等等。

可见，总体历史希望建立一种围绕着某一中心的同质化历史，其中发生的所有事件和现象都可以通过这个意义核心来解释，即便历史的表层可以划分为几个阶段或时期，历史的深处仍然处于这个意义核心的连续状态而不曾中断。普遍历史则希望发现被总体历史消除、克服、避免的“不连续性”（discontinuity）。总体历史只能被动应对的障碍，或者需要铲除的中断、错位和断裂，现在则成为普遍历史要主动展开的工作内容，在此，各种历史的系列不再是向共同中心凝聚，而是并置、交叠、冲突在系列交织的外部。

依照这两种不同的历史视角，要想摆脱证据法学理性主义传统的预设，并反思理性主义的内在“危机”，就应当避免把现代“形式理性”的价值预设作为意义核心，避免以这种延续一致的标准来衡量或判别曾经出现的历史现象，避免以理性、经验、常识或者是规范化知识构建而成的“真实性逻辑”来否定、去除“非理性”的“真实性现实”。简言之，应该避免证据法学的“总体历史”。

我们必须清楚：诉讼证明制度与真理认知形式之间并无先验的功能一致性，所谓“一致性”或“整体性”，都是“人们的反思意识把逻辑加到了制度秩序之上”。[①]这就意味着，我们应该把注意力转向证据法学的“普遍历史”，转向证据历史演进中的“不连续性”，努力发现诉讼证明历史的中断、错位和断裂；在“认定事实”的历史或“系列”之外，注意到私人救济的历史、犯罪恶意的历史、刑罚演变的历史、公共

① 伯格，卢克曼.现实的社会建构：知识社会学论纲［M］.吴肃然，译.北京：北京大学出版社，2019：83.

秩序的历史、法律主体意识形成的历史、社会学的历史、生物学的历史、认知科学的历史等。我们应该追问：这些历史或“系列”与诉讼证明的历史或“系列”的关系如何，相互产生影响的方式是什么，各自界限是什么，一种历史或“系列”的中断对另一种历史或“系列”将产生什么后果，接替的历史或“系列”又是如何出现、分割固有的领域的。总之，我们应当始终反思：诉讼证明的历史与真理话语的产生有着怎样的关系并为何如此深刻地相互契合。

对此，在《知识考古学》出版的几年后，福柯专门在《真理与司法形式》的系列讲座中提出了他的观点。他认为在司法实践的范围内存在两种真理的历史：一种是真理的内在历史，它由司法实践所构建，在司法实践规定的原则下不断地自我修正；另一种是真理的外在历史，它形成在社会的其他地方，在那里，数种“游戏”被定义，我们可以通过这些游戏，看到某些主体形式、客体领域和知识生成的类型。[①]真理的内在历史是在真理话语中收集事物的精确本质，揭示最纯粹的可能性，找到被精心放置在真理话语之上的同一性、连续性，尼采将此表述为理念、思想和知识的“起源”（ursprung）。可是，在尼采看来，世界上并不存在任何知识、思想和理念的“起源”，有的只是知识、思想和理念的“发明”或“创造”（erfingdung）[②]：“在不可尽数的太阳系中，宇宙的某些遥远角落，浴火焙炙，曾有一个星球，上面的聪明动物发明了知识。这是‘宇宙历史’中最重大也是最虚假的时刻。”[③]

在这种启示下，福柯进一步说道：说知识是被“发明”或者说知识没有“起源”的意思，首先是说知识不构成人类最原始的本能。在人类的行为、欲望和本能中，没有知识的萌芽；知识仅仅是本能之间相互作用、遭遇、联结、竞争、妥协的结果。其次，知识不仅仅没有束缚于人之本性，没有源自人之本性，甚至与所知世界毫无关联。在知识与需要认知的事物之间，没有相似和先在的类同。以严格的康德术语表达就是，经验的条件和经验客体的条件，二者完全异质。总之，我们可以看

---

① FOUCAULT M. Truth and judicial forms［M］// Power. The essential works of Foucault. 1954-1984. New York：The New Press，1997：1-16.

② 福柯. 福柯集［M］. 杜小真，译. 上海：上海远东出版社，2004：146-165.

③ NIETZSCHE F. On truth and the Lie in an extra-moral sense［M］// Portable Nietzsche，trans by Walter Kaufmann，New York：Penguin，1976：42.

到："知识是最普遍的事物，同时也是最独特的事物。知识在简化、忽略差异并且归并事物时，不需要任何有关真理的正当理由。由此可知，知识总是一种无知（*méconnaissance*）。而且，它总是恶意、阴险和挑衅地针对着个人、事物和形势。只有这样，在人与其所知之间，知识才像是设置、策划好的一场单打独斗、一次面对面、一场决斗。在知识中，总有类似于决斗的东西，以此表明它总是独一无二的事实。这就是知识自相矛盾的特点，就像尼采文章里似乎彼此冲突的定义——普遍又总是独一。"①

在对远离"起源"的内在历史或总体历史、还原"发现"的外在历史或普遍历史有了较为充分的了解后，本书的主旨也就一目了然了。本书希望通过诉讼证明的历史谱系来呈现法律真实——这一普遍又独特的事物——如何成为诉讼证明过程的一种"发明"，而不是某个意义核心的"起源"。

所以，按照解决法律争议方式的不同历史时段和不同法律制度，本书将诉讼证明历史谱系中的法律真实分为三个阶段，分别是特殊断讼时代的"考验性真实"（truth of test）、法定证据制度下的"坦白性真实"（truth of confession）以及自由心证制度下的"规范性真实"（truth of normalization）。总之，本书希望在诉讼证明的历史谱系中追溯、发现、重建所谓"法律真实"，不是旨在确认理性对非理性、客观对主观、物质对心理、外部对内部的文明进化式胜利，而是在诉讼证明的历史系列内外，发现构建事实的前提、手段、过程和构建事实之外的预设、判断、限制。

---

① FOUCAULT M. Truth and judicial forms［M］// Power. The essential works of Foucault. 1954-1984. New York：The New Press，1997：14.

2 最初的司法形式

2.1 阿喀琉斯之盾

最初解决冲突的司法形式是什么呢？荷马曾在《伊利亚特》中提到一面绘有精美图饰的盾牌——阿喀琉斯之盾（The Shield of Achilles），上面的纹饰就描绘出诉讼的最初形式（如图2-1所示）。

第十八卷对阿喀琉斯之盾有过一段详细描述。它是赫菲斯托斯应忒提斯之请，为阿喀琉斯铸造的一面巨大坚固、布满精美缀饰的盾牌。盾牌的多层绘饰中有一层画出两座人间城市：一座遭受战争洗礼，另一座充满和平景象。在后一座城市里，一处正举行婚礼宴饮，人们都在旋转跳舞，旁边一处，人们因为一场命案诉讼而聚集起来：

“另有许多公民聚集在城市广场，

那里发生了争端，两个人为一起命案

争执赔偿，一方要求全部补偿，

向大家诉说，另一方拒绝一切抵偿。

双方同意把争执交由公判人裁断。
他们的支持者大声呐喊各拥护一方，
传令官努力使喧哗的人们保持安静，
长老们围成圣圆坐在光滑的石凳上，
手握嗓音洪亮的传令官递给的权杖，
双方向他们诉说，他们以此做决断。
场子中央摆着整整两塔兰同黄金，
他们谁解释法律最公正，黄金就奖给他。”①

图 2-1 阿喀琉斯之盾

对于这场命案所引发的争端，有的译者将其译为“一方要求全部补偿……另一方拒绝一切抵偿”，也有译者译为“一方要求全部补偿……

① 荷马.伊利亚特［M］. 罗念生，王焕生，译.北京：人民文学出版社，1994：438.

另一方则否认他收到任何东西”，[①]这两种译述的法律含义截然不同。按照后一种翻译.一方是否收到补偿是一个事实问题，这与下文由诸位长老决断何谓法律的最公正解释似乎并无关联，只有前一种翻译.即双方对如何补偿的诉求不同，才涉及法律的解释问题。所以，更为合理的情形是，这是一场在命案发生后因诉求各异而引发的法律问题的争端。

但是，哪一方要求全部补偿，哪一方又拒绝一切抵偿呢？双方对这场命案的诉求与现代诉讼程序、刑事刑罚与民事赔偿的理念完全不同。在这场争端中，更为合理的解读正是杀人一方要求全部补偿，而被害一方拒绝一切抵偿。这与古代的法律理念相关。在古代社会，并无后来刑法所规范的“犯罪行为”(crime)，伤害、强奸乃至杀人等行径均属私力救济而与他人无涉。如果一人被他人杀害，他的男性近亲属就要负起救济之责，他必须在两种救济方式中选择其一：复仇（revenge)，或者接受补偿（ransom)。在这场命案中，被害一方不接受任何补偿，实际上就意味着他们选择了复仇，所以，更为主动诉诸公共司法程序的是杀人一方，两塔兰同黄金的奖励也由杀人一方所提供，他们希望以“全部补偿”来改变对方的选择；[②]而且，“全部补偿”的表述也似乎暗示了存在补偿金额的一般惯例，如当时诸多法典对如何补偿以及补偿数额作出的详尽规定。[③]杀人一方希望以足额的全部补偿来消弭这场命案，但是被害一方不愿接受。因此，双方的争执不在于补偿数额，而在于解决命案的选择之别。

正是这种选择之别，使得司法程序得以契入。

第一，当时的司法程序不是依职权主动启动，只是双方同意而共同选择的被动结果：“双方同意把争执交由公判人裁断。”而且，在古代社会，“判定是非善恶之最权威的圭臬是判决本身，而不是假定实现存在而后为人所触犯的某一部法律”。[④]换言之，判决观念是先于法律观念

① MACDOWELL D M. The law in classical Athens [M]. London: Thames and Hudson, 1978: 19.

② CANTARELLA E. Private revenge and public justice: the settlement of disputes in Homer's Iliad, punishment and society [M]. California: SAGE Publications, 2001, 3 (4): 473-483.

③ WESTBROOK R. The trial scene in the Iliad [J]. Harvard Studies in Classical Philology, 1992 (94): 53 - 76.

④ 梅因.古代法 [M]. 郭亮，译.北京：法律出版社，2019：6.

而出现的。

第二，在盾牌的绘饰中，这一诉讼程序的举行地点不是正规的议会或法院，而是人来人往的“广场”，旁边还在举办婚礼。可见，司法体系尚未成熟或常态化，也没有专门的常任法官来处理争端。古希腊时代的陪审官是自愿招募，常常因为招募的人数太多而再次抽签。[①]到了罗马时期，按照梅因的考据，直到公元前149年才出现了“真正的刑法”，因为在那一年颁布了《公职关于敲诈勒索审判法》，这部制定法的重大意义就在于创立了常设的刑事法庭。[②]所以，阿喀琉斯之盾上描绘的诉讼似乎只是一场针对普通人的日常事件，长老们接过了传令官的权杖就可以作为“人群”或“共同体”（*dēmos*）的代表来作出“决断”。

第三，“场子中央摆着整整两塔兰同黄金，他们谁解释法律最公正，黄金就奖给他。”双方在支持者的鼓噪呐喊中如竞赛一般诉说，而对最“公正”法律的解释，还有两塔兰同黄金的奖励。虽然“公正”的意涵语焉不详，但是面对公众的言辞论辩，要想具有说服力，恐怕不得不像后来苏格拉底所言“刻意修饰辞令和名目”，成为一种“智术”或“诡辩”，这就是后来发展成熟的“诉讼演说术”。[③]

第四，“交由公判人裁断”，这种“裁断”应当理解为“接受限制”(limit)。[④]法庭契入这种“限制”的方式在于，不管是复仇还是予以补偿，其施行方式或金额都要和伤害行为及其严重程度保持一种恰当的平衡关系，伤害时间（夜里还是白天）、伤害方式（赤手空拳还是用武器）、伤害的主观意愿（明知还是不知）等情形都会对复仇或补偿的方式产生影响。而且，法庭一旦根据上述情形的相互论辩作出或轻或重的裁断，这种裁断就具有强制性，是双方不得违背的“限制”。

有学者曾把“阿喀琉斯之盾”作为从“史诗时代”步入“城邦政治”的一种重要“预示”或“开放可能”。[⑤]因为这场命案争端的解决

---

① 伯纳.法律职业的起源：古代雅典的律师和诉讼当事人［M］.杨天江，译.北京：法律出版社，2024：72.

② 梅因.古代法［M］.郭亮，译.北京：法律出版社，2019：247.

③ 伯纳.法律职业的起源：古代雅典的律师和诉讼当事人［M］.杨天江，译.北京：法律出版社，2024：9.

④ WESTBROOK R. The trial scene in the Iliad［J］. Harvard Studies in Classical Philology，1992（94）：53-76.

⑤ NAGY G. Homeric responses［M］. Tx：University of Texas Press，2003：72-87.

方式替换了《伊利亚特》正文一直叙述的暴虐战争。阿喀琉斯之前还断然拒绝埃阿斯带着钱物和美女的求和，但在为帕特洛克罗斯复仇后，最终也接受了预示着法律“限制”的补偿：

“就这样吧；如果奥林波斯的大神

乐意这样吩咐，谁带赎礼来，谁领尸。”①

但需要注意的是，这种司法程序虽然是和平状态下的争端解决机制，仍然与另一座经历着战争的城市保持某种关联。争端的解决，并非无视被害方的选择意愿，更不是赫然否定复仇，而是在承认其权利的前提下，将其维持在公众视野之下，通过最公正的法律解释，对其复仇方式或补偿金额予以限制。

所以，通过“赎礼”来取代复仇，不仅意味着《伊利亚特》的结束，也象征着城邦政治的开启，而这种城邦政治的开启方式也许就蕴藏在“阿喀琉斯之盾”的诉讼程序中：司法程序通过对当事人选择方式是否公正的评判，契入了双方必须遵守的法律限制。

这就是解决冲突的最初司法形式：在一场命案引发的争端里，法律解决的方式，不仅能像婚宴舞蹈一样，引来众人围观，而且近乎“诡辩”的言辞也不乏戏剧性和竞赛性，在裁断者不断地解释与诉说中，结果充满了不确定的悬念。更为重要的是，这种裁判与探寻命案真相无关，与追寻自然秩序和德性至善无关，而是要对个人选择以公平之名契入法律的限制，因此在城邦政治的语境下：

“古典时代的审判，尤其是刑事审判，是对话，因为它建立在原告与被告的双重角色基础之上，并没有官方程序。它所拥有的歌队式的队伍一部分来自宣誓证人，一部分来自请求法庭宽恕被告同伴的志愿者，还有一部分来自进行裁决的公民大会。雅典的法律中较为重要的特色是狄奥尼索斯式中断，也就是说允许心醉神迷的话语打断按规则轮替进行的论战，在生动的言谈的说服力中形成的正义高于以武器或者按规整的语言形式互相争斗的部族在审判中形成的正义。神意裁决被自由状态下的逻各斯所突破。”②

---

① 荷马.伊利亚特［M］.罗念生，王焕生，译.北京：人民文学出版社，1994：557.

② 本雅明.德意志悲苦剧的起源［M］.李双志，苏伟，译.北京：北京师范大学出版社，2013：155-156.

可见，在城邦政治的古典时代，审判的“对话”中蕴藏的“狄奥尼索斯式中断”或“自由状态下的逻各斯（*logos*）”，仍然留存着史诗神话中所开示的法律特质，这种司法形式仍然是争议双方没有官方程序的话语论战，言词说服力产生的正义，不仅超过了私人之间的武力对阵或复仇的正义，也超过了按照仪式化的部族审判或神意裁决的正义。但是，不难看到，这种对话论战的方式是终究无法固化的，生动言谈的说服力也无法达成统一的通行标准，所以，从史诗时代起，除了话语的论战和话语的打断，实际上还有一种更为简单的纠纷解决机制，那就是来自“誓言”的“考验”（test）。

2.2 誓言的考验

在《伊利亚特》临近结尾的第二十三卷，还记叙了另外一种争议解决的司法形式。

为了悼念帕特洛克罗斯，阿喀琉斯从船上搬来丰厚的奖品并举行了战车环跑竞赛。在比赛中，安提罗科斯到达终点后，随后而到的墨涅拉奥斯却提出了抗议，他认为安提罗科斯在拐弯处犯规了。本来，阿喀琉斯在拐弯路标处派驻了一个人——福尼克斯，用来专司督查、观看竞赛，向他汇报真实的情况，但在争议出现后，当事双方和裁判者根本没有想到让这个目击证人作证，墨涅拉奥斯气愤地说道：

“宙斯抚育的安提罗科斯，快站过来，
按照传统站到马匹和战车前面，
手握你用来赶马的那根柔软皮鞭，
轻抚战马震地和绕地之神起誓，
你刚才阻挠我奔跑并非有意施诡计。”①

此时，安提罗科斯就需凭借誓言来应对“考验”：他必须决定是接受考验还是拒绝考验，如果拒绝起誓、拒绝考验，就与认输无异：“这是一种产生真相的奇特方式，司法真实的确定——不是通过证人的证

① 荷马.伊利亚特［M］.罗念生，王焕生，译.北京：人民文学出版社，1994：539.

言，而是通过一种考验游戏、一种挑战，由一方向另一方大声提出。如果他接受冒险，如果他果真发誓，后果的发生、真相的揭露，就会立即转交给神明。正是宙斯，通过惩罚伪誓者，以其闪电，宣明真相。”[①]

对于“誓言”，西塞罗将其功能概括为：

“当我们起誓时，我们应当考虑的并不是我们若违誓食言恐怕会遭到什么样的惩罚，而是我们起誓后负的责任：誓言是一种由宗教的神圣性支持的保证，郑重的诺言，比如在作为见证的神的面前所许的诺言，必须神圣地加以履行。因为问题已不再是关于神的发怒（因为没有这种事情），而是关于公正和诚信的义务。”[②]

西塞罗认为誓言的最大功能，不在于违誓食言的危险，而在于誓言本身的效力，即誓言所产生的稳定性和保障性功能——公正和诚信的义务。誓言通过仪式化的言说，以庄严、神圣形式，把话语表达为可视内容，从而建立言说内容与潜在效力的关联：“誓言的原始功能是保障语言的真实性和效力。”[③]所以，与其说誓言是因为上帝亲临见证而被神圣地信守，不如说上帝根本没有担保誓言的履行，只是在誓言引诸神为见证时，保证誓言自身的和谐、完善和有效。

誓言之所以具有如此功能，原因就在于起誓不是在描述事实状态，而是典型的“述行表达”[④]，是随言说立即产生一个事实并且实现其意义。“我发誓”，通过加入含有“我”的前缀，言说行为就成为返回主体“我”的语用学表达——“说即做”，这种表达不仅具备了现实意义，还必然实现了行为的真实性：“它让述行行为进入语言游戏，将自己作为一个决定性的事实而推进。在这里，真理的模式并非词与物之间的充分对应关系，而是述行关系，在其中言辞对自身意义的实现，永远不会失败。”[⑤]比如，安提罗科斯如果说“我没有阻挠墨涅拉奥斯奔跑”，这一表述仅仅涉及一种事实状态，这一事实可能为真，也可能为假，在语言

---

① FOUCAULT M. Truth and judicial forms [M] // Power. The essential works of Foucault. 1954-1984. New York: The New Press, 1997: 18.

② 西塞罗.论老年 论友谊 论责任 [M]. 徐奕春，译.北京：商务印书馆，2003：264.

③ 阿甘本.语言的圣礼：誓言考古学 [M]. 蓝江，译.重庆：重庆大学出版社，2006：10.

④ 本维尼斯特在《普通语言学问题》中对述行表达（performative utterance）和陈述表达（declarative utterance）做过区别。其中，述行表达是通过自我指涉使得特殊情形中的表达行为具有现实意义，BENVENISTE E. Problems in general linguistics [M]. FL: University of Miami Press, 1971: 231-238.

⑤ 阿甘本.语言的圣礼：誓言考古学 [M]. 蓝江，译.重庆：重庆大学出版社，2006：125.

层面无法判断真假；而如果说“我敢对神发誓，我没有阻挠墨涅拉奥斯奔跑”，这一表述的核心就发生了转移，不再是指出某种事实状态，而是通过“我敢对神发誓”来消除对后续表述的疑虑。可是，即便作出这种保证，述行言说仍然可能是谎言，而且任何誓言也都可能是伪誓，因此，誓言本身便蕴含了对伪誓的诅咒，换言之，诅咒才是誓言的根本与渊薮：

“两军之一要是谁首先破坏盟誓，
愿他们和他们的全体孩子的脑浆
如同这些酒流在地上，妻子受奴役。”①

可誓言中的诅咒为何会发生作用？人们往往认为在发誓之前存在一种源自神或巫术的神秘力量，人们因为这种神秘力量的存在而不敢发伪誓。阿甘本在对誓言进行考古学探究后则认为，我们不是因为信仰而起誓，而是通过起誓才拥有了信仰：“通过誓言，我们发现我们自己处于这样一个范围之中，即在那里，宗教和法律之间起源关系的问题必须在一个全新的基础上被重新考察。”②阿甘本认为，通过起誓，通过诅咒的不可或缺，诸神才开始与具体事实发生关联，而“我”则通过誓言，建立了神之名称与物之事态的对应关系，宗教或法律是通过“我”的誓言才具备了保障誓言效力和惩罚伪誓的诅咒力量，“我”作为誓言的主体，则直接承受了这一力量的考验。

所以，仅仅把誓言视为宗教或法律本身阐述，无法真正理解誓言的功能和效力，因为誓言是通过自我指涉来验证行为的真实性的，“神”不过是一种空洞的指向。对誓言考验的探究前提，即对宗教和法律的解读进行“倒置”：宗教或法律不是先于誓言中述行言说而存在，而是被创造出来用以保障语言的真实性和可信度的一系列装置。换言之，誓言旨在“考验”，即主体通过述行言说让自己进入了语言游戏，让自己与自己所肯定的真理关联起来；而宗教或法律却旨在“断言”（assertion）：断言的真理性与主体无关，只与词、物之间的充分指意有关，宗教和法律以各自的方式努力把词与物绑定在一起，并以诅咒的胁迫力量来消除

① 荷马.伊利亚特［M］.罗念生，王焕生，译.北京：人民文学出版社，1994：71.
② 阿甘本.语言的圣礼：誓言考古学［M］.蓝江，译.重庆：重庆大学出版社，2006：61.

伪誓和谎言——在宗教中，主体通过宣誓来表明其信仰中的教义；而在法律中，“所言之辞，法权得立”。[①]这种教义和法权，不是先于誓言，而是通过誓言所创造的诅咒力量以契入，主体一旦发誓，就必须承受这种考验力量。在司法实践中，誓言断讼、决斗断讼和神明裁判，均以这种考验力量来构建彼时的“法律真实”。

按照伯尔曼对“西方法律传统”的分析，西方法律传统诞生于一次“革命”，“在1050—1150年之前的欧洲与此后的欧洲之间存在着根本的断裂”。[②]那么，在“西方法律传统”形成之前，对最初司法形式中的言辞论辩或誓言考验，就要克服后来在宗教和法律的狭隘断言中所预设的前提。正如伯尔曼所言：“当流行的法律和宗教概念变得过分狭隘，并且此二者间的纽带因此而断裂的时候，社会便陷于混乱中。”[③]换言之，最初司法形式的言辞或考验机制的誓言，既是法律，也非法律；既是宗教，也非宗教。我们需要在历史谱系的视野下，跨过法律和宗教的“门槛”，进而追问法律和宗教的“门槛”如何生成，或者重新定义：何为法律，何为宗教。

---

① 《十二表法》第六表第一条即言：“When party shall make bond or conveyance, according as he has named by word of mouth, so shall right hold good.”即法权的范围，完全取决于所说的话。WARMINGTON E H. Remains of old Latin, volume III: lucilius and the Twelve Tables [M]. Cambridge, MA: Harvard University Press, 1938: 457.

② “曾经有一种称作‘西方的’文明；这种文明发展处了独特的‘法律的’制度、价值和概念；这些西方的法律制度、价值和概念被有意识地世代相传数个世纪，由此而形成一种‘传统’；西方法律传统产生于一次‘革命’，它在后来数个世纪的过程中被革命周期性地打断……”在伯尔曼看来，这种“西方法律传统”的生成或“革命”有一个明确的时期界定，即11、12世纪：“在1050—1150年之前的欧洲与此后的欧洲之间存在着根本的断裂。”BERMAN H J. Law and revolution: the formation of the western legal tradition [M]. Cambridge: Harvard University, 1983: 1-48.

③ 伯尔曼.法律与宗教 [M]. 梁治平，译.北京：中国政法大学出版社，2003: 2.

3　考验性真实：特殊断讼方式的运作

3.1　“不法行为”的特殊断讼方式

3.1.1　犯罪的史前史：“不法行为”与报复选择机制

在《古代法》的最后一章，梅因考证了“不法行为”（wrong，*delicta*）与“犯罪行为”（crime，*crimina*）的古代史，认为：

“……古代的刑法并非有关犯罪行为的法，而是有关不法行为的法，或者适用英文中的术语，它应该叫侵权行为法。”[①]

之所以得出这样的结论，是因为梅因发现古代社会中并没有侵害国家的概念，在现代社会被视为犯罪的行为，如盗窃、故意伤害、抢劫等，在当时只被当作对个人的侵害，这些行为产生了需要由个人来追究的所谓“债”或“法锁”。所以，古代社会的人们要想免受暴力或欺诈之害，只能依靠近似于现代的侵权行为法来自力救济。正如韦伯所指明

① 梅因.古代法［M］.郭亮，译.北京：法律出版社，2019：236.

“无原告，无法官”的原则，一直维持到中世纪盛期基于职权的起诉程序出现。[①]

但是，在不法行为发生之后，[②]并在以梅因所言的侵权行为法自力救济之前，被害者或其家庭首先面临着一种报复的二元选择：对施害者或其家属施行复仇，或者接受补偿代替复仇。

这种二元选择广泛存在于不同历史时期，早在赫梯时代的特利比努（Telipinu）就曾对谋杀行为特别下令：

“犯下命案的，由命主所有者决定。如果他说‘让他死’，他就得死。如果他说‘让他赔偿’，他就得赔偿。但对国王而言，毫无所涉。”[③]

甚至直到1439年，仍然能在那慕尔（Namur）的一份判决中发现法律对当事人选择复仇的肯定：

“如被审者之血亲愿意并能为被害者复仇时，则好歹任其命运为之，盖吾辈承审官与此事毫无关系也。”[④]

在报复选择机制的漫长时空里，可以观察到以下几个与“犯罪—刑罚”观念完全不同的特点：

首先，这种二元选择的主体以家庭而非个人为单位。因为在古代，社会的构成单位是家庭而非现代社会的个人，并且如梅因所言，这种父权式的家庭群集是绵绵无绝、永不消亡的，故其承担的罚则也是无限的。[⑤]《汉谟拉比法典》规定：“如强盗不能捕到，被劫者应于神前发誓，指明其所有失物，则盗劫发生地点或其周围之公社及长老，应赔偿其所失之物……倘生命被害，公社与长老应赔偿其亲族银一明那。”[⑥]可见，即便不法行为只是个人所为，也会被视为一个家庭甚至族群的行为，后果不仅由实际作恶的当事人承担，还会殃及家庭或族群的其他成

① 韦伯.法律社会学［M］. 康乐，简惠美，译.桂林：广西师范大学出版社，2005：168.

② 尽管很多研究在概念上并未严格区分“不法行为”或“侵权行为”与“犯罪行为”，或者按照现代观念把侵犯家庭利益的行为表述为“侵权行为”，把侵犯公共利益与私人利益的行为表述为“犯罪行为”，但是，这些表述都不能准确表达古代法中“不法行为”的概念。本书以“不法行为”来表述那些违反习惯法而要遭受一定报复的行为。参见李秀清.日耳曼法研究［M］. 北京：商务印书馆，2005：320-378.

③ WESTBROOK R. The trial scene in the Iliad［J］. Harvard Studies in Classical Philology，1992（94）：53－76.

④ 斯密.欧陆法律发达史［M］. 姚梅镇，译.北京：中国政法大学出版社，1998：54.

⑤ 梅因.古代法［M］. 郭亮，译.北京：法律出版社，2019：83.

⑥ 世界著名法典汉译丛书编委会.汉谟拉比法［M］. 北京：法律出版社，2000：20.

员，甚至在一些习惯法中，报复对象可以扩展至与作恶者有七代以内的血缘关系："在法国王国内，曾经有一种非常恶劣的习俗与私人战争有关。当某人因死亡、受伤或殴打引发争端时，受害者通常会寻找加害者家族中居住在远离案发地的成员，而这些人对争端一无所知。受害者会日夜奔袭，到达目标地后便杀死、伤害或殴打该人，或者对其为所欲为。这些人因毫无防备且不知道家族成员的罪行而成为目标。"①同样，对于这种家庭的不法行为，被害一方同样也可能以家庭为单位来进行报复。当然，这种共同承担风险的行为是有回报的："犯人的亲属有责任根据亲缘关系的远近分摊一定比例的补偿金。含冤受害一方的亲属也同样获得相应比例的赔偿。"②斯密曾言："观乎古日耳曼人之复仇，通常为一种宗族复仇，此种宗族复仇之实行，实即包含一种二血族团体间的小型战争，结局仅此二血族团体互相争杀，而部族中其余之氏族皆袖手旁观，严守中立。"③

其次，对于自行复仇者，往往不需要另行宣示或者获得法律授权，但是如果在复仇中发生了杀人的行为，则必须公开宣示这种杀人行为是复仇之举："在法兰克人中，常将复仇中所杀者之首级，挂于竿端，或将其尸体悬诸绞架，或公开陈列于尸架上以示众。后来荷兰法中规定：复仇者杀人以后，必将其杀人用之武器，留置于其所杀者之胸上，不得携去。"④换言之，法律禁止秘密的复仇行为，正如禁止公开的杀害行为一样。但二者的不同在于，公开杀害可以交由被害人及其亲属来判断如何回应，与他人无关；而秘密谋杀的事实一旦得以证明，人人可得而诛之。秘密杀害与公开复仇的区别，从古希腊开始就有质的不同："宙斯不肯宽容他，因为他是用诡计杀死了伊菲托斯，虽然他只是这样杀死了一个人；如果他是公开报复，宙斯倒会原谅他正当地打败了他的仇人。"⑤

---

① BEAUMANOIR. The coutumes de Beauvaisis of Philippe de Beaumanoir [M]. Philadelphia: University of Pennsylvania Press, 1992: 623.

② 李.迷信与暴力：历史中的宣誓、决斗、神判与酷刑［M］. X. Li，译.桂林：广西师范大学出版社，2016：10.

③ 斯密.欧陆法律发达史［M］. 姚梅镇，译.北京：中国政法大学出版社，1998：54.

④ 斯密.欧陆法律发达史［M］. 姚梅镇，译.北京：中国政法大学出版社，1998：56.

⑤ 索福克勒斯.特剌喀斯少女［M］//索福克勒斯悲剧五种，罗念生，译.上海：上海人民出版社，2016：219-220.

再次，虽然当事人如何选择是他们自己的权利，但是我们在“阿喀琉斯之盾”中已然看到，如果选择用补偿来取代复仇，实际上便意味着“城邦”的政治秩序和法律秩序进一步契入了当事人之间的关系中。尽管这并未消除当事人的复仇权利，但在城邦的政治秩序与法律秩序中，公开的司法程序对当事人的选择方式是否公正的评判，给双方施加了必须遵守的法律限制。所以，被害一方如何选择看似纯属私人事务，与他人无关，更与统治者无关，但是，司法程序的强制结构却能通过肯定二元选择机制为一种合法救济手段而得以运作，结果就是“战争”与“和平”的悖谬——复仇虽为一场小型战争，却并未破坏和平：“复仇乃法律上所认许敌对行为。法律上之承认复仇，由当时以合法复仇所施之报复手段并非破坏和平之观点一点，可以见之。”[①]

最后，在“城邦”的政治法律秩序下，在被害方选择报复方式的背后，实际隐藏着两条法律前提：(1) 被害方是否有权报复；(2) 有权报复的一方所采取的复仇或补偿的手段是否恰当。具体而言：

如果侵害本身是正当的，被害方就不能进行报复。诸多古代法律对哪些侵犯行为是正当的、哪些侵犯行为是不正当的有着明确的判断。如《十二表法》对行窃的规定：若是白日行窃，就不能将其杀死；但若是白日行窃却使用武器来拒捕，或者说夜间行窃，将其当场杀死就是正当合法的，这种杀害行为就不能施以报复。[②]《出埃及记》也有颇为类似的规定：“如果有人夜间破门进入别人的家，给发现了、被杀死，那杀他的人无罪；事情若发生在白天，杀他的人就有罪。”[③]

在满足有权报复条件的前提下，法律的主要功能是对报复手段予以合理限制，即根据不法行为的严重程度来限制报复的方式和报复对象的范围，以此维持一种对等关系。这便是广为人知的“以眼还眼，以牙还牙，以手还手，以脚还脚，以烙还烙，以伤还伤，以打还打”(《出埃及记》)。这种观念广泛存在于古代法中，如《十二表法》规定：“如果某人故意伤害他人肢体，与受害者没有和解，那么他本人也应受到同样

---

① 斯密.欧陆法律发达史［M］.姚梅镇，译.北京：中国政法大学出版.1998：53.

② WARMINGTON E H. Remains of old Latin, volume Ⅲ: lucilius and the Twelve Tables［M］. Cambridge, MA: Harvard University Press, 1938: 483.

③ 见《圣经》之《出埃及记》.

的伤害。”[①]但是这种对等关系也会根据不同的社会地位而调整变通：“人若打坏了他奴仆或是婢女的一只眼，就要因他的眼放他去得以自由。若打掉了他奴仆或是婢女的一颗牙，就要因他的牙放他去得以自由。”[②]“［如果］任何人打了一位自由［男人］或女人并导致他（她）死亡，但是，这是一次事故，他将（安葬）他（她）并交出二人，他将为此以房屋担保。如果任何人打了一位男奴或女奴并导致他（她）死亡，但是，这是一次事故，他将（安葬）他（她）并交出一人，他将为此以房屋担保。”[③]

除了对报复手段予以“平等”限制外，法律的主要作用其实是根据被害一方的不同身份、年龄以及肢体毁损程度而制定一份详尽、具体的赔偿价目表，以至于几乎任何不法行为都可以转化为一个确定数额，如《赫梯法典》规定：

“如果任何人打断了一个男奴或者女奴的臂和腿，他将赔偿给他（她）十舍客勒银，并以他的房屋作抵押。

如果任何人咬掉了一个自由人的鼻子，他将支付四十舍客勒银，并以房屋作抵押。

如果任何人咬掉一个男奴或者女奴的鼻子，他将支付三舍客勒银，并以房屋作抵押。

如果任何人撕掉了一个自由人的耳朵，他将支付十二舍客勒银，并以房屋作抵押。

如果任何人撕掉了一个男奴或者女奴的耳朵，他将支付三舍客勒银。

如果任何人使一位自由女子怀孕，如果孕期在第十个月，他将支付十舍客勒银，如果在第五个月，他将支付五舍客勒银，并以房屋作担保。”[④]

在数个世纪后的《萨利克法典》中，确立赔偿价目表同样是主要内容，而且，价目的差异不仅体现在自由人与奴隶之间，还体现在不同社

---

① WARMINGTON E H. Remains of old Latin, volume III: lucilius and the Twelve Tables［M］. Cambridge, MA: Harvard University Press, 1938: 477.

② 见《圣经》之《出埃及记》.

③ 李政.《赫梯法典》译注［J］. 古代文明，2009，3（4）：16-34.

④ 李政.《赫梯法典》译注［J］. 古代文明，2009，3（4）：16-34.

会地位的自由人之间：

“任何人杀死一个自由法兰克人或遵守萨利克法律而生活的蛮人，而经证明者，应罚付八千银币，折合二百金币。

如果有人杀死替国王服务的男人或同样的自由妇女，应罚付二万四千银币，折合六百金币。

如果有人杀死罗马人——国王的共桌人而被揭破，应罚付一万二千银币，折合三百金币。

如果有人杀死罗马人农夫而非国王的共桌人，应罚付四千银币，折合一百金币。

如果有人杀死负有纳税义务的罗马人，应罚付六十三金币。”[①]

在东哥特人那里，杀害他人的赔偿金，根据年龄作出了详细划分，见表3-1。[②]

表3-1 **年龄与赎杀金的关系**

年龄（岁）	赎杀金（索尔第）
20～50	300
50～60	200
超过60	100
15	150
14	140
13	130
12	120
11	110
10	100
7～9	90
4～6	80
2～3	70
1	60

① 世界著名法典汉译丛书编委会.萨利克法典［M］. 北京：法律出版社，2000：20.
② 李秀清.日耳曼法研究［M］. 北京：商务印书馆，2005：338.

这种命案发生后的赔偿金或者“命价”，几乎在所有古代社会或“野蛮”社会均有类似规定，从古希腊的“*ποινή*”到罗马人的“*poena*”，从日耳曼人的“*wergild*”到盎格鲁-撒克逊人的“*were*”、斯堪的那维亚人的“*bote*”，还有凯尔特人、俄罗斯人、塞尔维亚人和阿拉伯人等的相关规定。[①]但是，需要注意的是，这种赔偿“价目表”在本质上并非“犯罪”行为发生后的“刑罚”，而是一种促使受害方放弃报复的补偿：“其中的社会利益不在于抑制犯罪，而在于防止无休止的家族仇杀以维护和平。”[②]

总之，在犯罪概念出现之前，不法行为所引发的报复，常常演变为血亲团体之间的小型战争，虽然选择复仇或接受赔偿属于当事一方的正当权利，但政治与法律所构建的公共秩序往往通过肯定这种二元选择机制为一种合法救济手段而得以运作，也就是通过规定当事人对哪些侵犯行为能够报复以及何种报复手段才算恰当合理，使得当事人的报复行为受到法律的束缚。但是，这种束缚使得报复之下的“战争”与“和平”的关系，始终处于一种悖谬的共存状态，并常常在诉讼程序中延续为“特殊断讼方式”。

3.1.2　“战争”与“和平”下的“特殊断讼方式”

当我们按照梅因、斯密等学者的启示，把不法行为与犯罪行为予以区别后，就会发现不法行为与报复选择机制之间其实潜藏着一种“战争”与“和平”颇为悖谬的复杂关系，这是理解“特殊断讼方式”的重要前提。

不法行为开启了施害方与被害方之间的“战争”，尤其当被害一方选择了复仇而非媾和时，更会让双方的血亲团体陷入这种战争状态，以至于家族里的任何成员都可能会遭受报复而无法袖手旁观，最高统治者却并未牵涉其中。但是，如果任由这种战争蔓延而不加约束，显然极有可能造成冤冤相报的恶性循环，最终导致公共秩序的破坏，于是统治者

---

① SUTHERLAND A. The origin and growth of the moral instinct [M]. London: Paternoster Row, 1898: 164.

② 李.迷信与暴力：历史中的宣誓、决斗、神判与酷刑 [M]. X. Li，译.桂林：广西师范大学出版社，2016：107.

就需要通过法律的手段来限制战争，维持“和平”：

“在一个不以个人为单位而以血亲集团为单位的血亲组织社会中，法律的任务只是在各个好战集团之间保持和平这样一个简单任务。如果一个血亲成员伤害了另一成员，就由血亲集团的内部纪律来加以处理。如果某一个血亲集团的成员伤害了另一个血亲集团的成员，就没有一个共同的上级来调整所产生的争端。通常的结果就是血亲复仇。”①

所以，古代法律主要是一种维持和平的方式，正如斯密所言：“古日耳曼人以为法律主系一种维持和平之方法。当时一般常规视和平为法律。”②但是古代法律所表征的“和平”，并不是禁止或消除私人暴力的“和平”，而是维持、模仿私人暴力的“和平”。因为梅因在古罗马“盗窃法”中发现，当法官介入时，首先就需要参酌或模仿被害人可能要采取报复的程序作为裁断指南：

“古代法律还提供了其他证据，证明最古的司法官吏模仿着私人争执中人们的可能行为……‘十二（铜）表法’似将‘盗窃罪’分为‘显然的’和‘非显然的’两种，并根据罪行归类的不同而处以显著不同的刑罚。‘显然的盗窃’是指在行窃的屋子里被捕的人或是携带赃物向安全处所逃避中被捕的人。如果他原来是一个奴隶，‘十二（铜）表法’判处他死刑，如果他是一个自由人，‘十二（铜）表法’判处他为财产所有人的奴隶。‘非显然的盗窃’是指在上述以外其他任何情况下被发现的人。对于这一类的罪人，旧法典只是简单地要求他双倍偿还他所偷窃的价值。在该雅士时代，‘十二（铜）表法’对‘显然的盗窃’的过度严酷，大大减轻了，但是法律仍维持旧的原则，处以四倍于盗窃价值的罚金。至于‘非显然的盗窃’则仍旧继续给付双倍。古代立法者无疑地认为，如果让被害的财产所有人自己处理，则在他盛怒之下所拟加的刑罚，必将和盗窃在一个相当时期后发觉时他所能满意的刑罚，完全不同；法律刑罚的等级就是根据这个考虑而调整的。”③

需要注意的是，虽然法律不是旨在消除战争，但是可以通过维持与模仿战争而实现对战争的抑制，即以战争抑制战争，以暴力抑制暴力，

---

① 庞德．通过法律的社会控制［M］．沈宗灵，译．北京：商务印书馆，2008：10.
② 斯密．欧陆法律发达史［M］．姚梅镇，译．北京：中国政法大学出版社，1998：109.
③ 梅因．古代法［M］．沈景一，译．北京：商务印书馆，1959：243.

或者说“以武力对武力，以正义对正义”[①]。换言之，统治者通过是否有权报复、如何施行报复尤其是以赔偿数额的确定来代替血腥复仇的诸多方法，努力把私人之间的战争关系拉回到一种有限战争的约束范围。

但是，问题在于，法庭作为中立的裁判者，如何能够保证被告一方接受裁判结果。这时，最高统治者通过法律秩序便创设了一种无限制的战争状态，即对施害者处以死刑或“放逐法外”（outlaw），这与后来主权秩序下“犯罪”与“刑罚”的萌发有着十分密切的关联。

这两种战争状态，常常与两种截然不同的诉讼程序相关，经斯密考证，古日耳曼法的诉讼程序无外乎两种：一种是要求损害赔偿或罚金的“侵权行为之诉”，另一种则是诉请将被告“放逐法外”的“刑事诉讼”。前者是解决私人之间的有限战争问题，后者则是开启施害者与共同体之间无法媾和或退让的战争状态：

“在多数日耳曼语中，常呼此放逐法外者为狼（wolf）。在盎格鲁-撒克逊人占领下之英格兰境内，据云凡由自己之行为致自身放逐于和平之外，或经法院判决放逐于和平之外者，人皆谓其显系狼头。此种表示之意义，自不外指犯人像狼一样，乃人类之一公敌；同时，又同人类对待狼之情形然，凡过于涂者，皆可将之杀死，为人类除害。中世纪德意志中，尝谓一放逐法外之人，有禽兽之自由云。”[②]

这一放逐法外的“狼人”（*wargus*），即“缺乏和平之人”（*Friedlos*），也即所谓的“神圣人”（*homo sacer*）。[③]耶林曾在《罗马法的精神》一书中这样解释“神圣人”：“神圣人生活在一种宗教性和世俗性的双重放逐状态中。他因自己的罪行（*sacer*）冒犯了神明，因而被献祭给所冒犯的神明，并因此被排除在一切人类社会的交往之外，他的所有

① 埃斯库罗斯．奠酒人［M］//埃斯库罗斯悲剧六种，罗念生，译．上海：上海人民出版社，2016：325.
② 斯密．欧陆法律发达史［M］．姚梅镇，译．北京：中国政法大学出版社，1998：48-49.
③ “homo sacer”字面直译即“神圣人”，包含了被法律和宗教排除的双重含义，即可以被杀死（法律排除）却不能被祭祀（宗教排除）。阿甘本从这一概念出发追溯了主权权力与赤裸生命的复杂关系，参见阿甘本．神圣人：至高权力与赤裸生命［M］．吴冠军，译．北京：中央编译出版社，2016.

财产也被归诸神明。这种犯人可以被任何人处死。”[①]但是，这种对于“狼人”或“神圣人”所发动的无限战争，并不是一种“犯罪”后的“惩罚”，虽然这或许是可以想象的最严厉的惩罚，但它造成的更为重要影响的则是一种心理恐惧——遭到了诸神与人们的共同憎恨、诅咒与驱逐，就像瘟疫携带者一样，被逐出人类共同体，置于野兽之间，却又沦为非“人”非“兽”的非常境地。耶林认为，原始的惩罚除了造成肉体痛苦之外，还有一种净化作用，即经由惩罚让被惩罚者与神明、人类和解；但是“神圣人”的遭遇与此不同，这种战争状态会持续终生，哪怕被人处死，也无法赎罪净化或与人类和解。因此，“神圣人”只能被定义为一种“无神的罪犯”（malfaiteur impie），一种置身法律之外又缺乏和平的状态，一种完全失去重新融入人类共同体和宗教的非常状态。

耶林所发现的这种“狼人”、“神圣人”与“缺乏和平之人”的关系，突破了我们所熟知的法律常识：只有通过法律判决，或者至少有事实的确认，才可认定“罪行”（*sacer*）。“神圣人”的状态突破了法律与“罪行”之间的关系：通过把“神圣人”排除出法律范畴，反而实现了法律的永远在场。阿甘本认为，这是一种无法区分的“界槛”：“它其实是在动物与人之间、自然与约法之间、排除与纳入之间的一个无区分界槛，一个通道性的界槛：强盗的生命是狼人的生命，他恰恰既不是人也不是兽，他悖论性地生活于这二者之中，但又不属于这二者。”[②]按照这一解读，霍布斯的“自然状态”学说或许才能摆脱政治神话，具有真正的启发意义：自然状态不是城邦政治出现之前的政治虚构，而是内在于城邦中的一项原则；只有通过把人与人的关系比拟为狼与狼的关系，霍布斯才构建了极为重要的“主权”的概念，进而才能赋予罪犯极为重要的政治与法律意涵。

因此，血亲团体之间的有限战争以及对“神圣人”的无限战争是两种截然不同的战争状态。虽然二者都蕴含了战争的暴力因素，但前者是

---

① RODOLPHE JHERING. L' esprit du droit romain dans les diverses phases de son développement [M]. Paris: Marescq, 1886 : 280.

② 阿甘本. 神圣人：至高权力与赤裸生命 [M]. 吴冠军，译. 北京：中央编译出版社，2016: 148.

以暴力抑制暴力，以战争抑制战争，以正义对正义，而后者则破坏并超越了这种有限战争，制造了一个绝对暴力的行动领域，甚至可以在例外状态下悬置法律："关于人的行动的界限性领域，它只在一种例外关系中保持自身。这个领域，就是至高决断的领域，它在例外状态中悬置法律。"①前者构筑了有限战争下的"法律和平"关系，后者则构筑了无限战争下的"神圣人-至高权力"领域。最后，后者的暴力显露出前者的暴力中本并不具备的"残忍"，因为"暴力本身并不残忍，而在僭越中有组织者出现的话就会让暴力变得残忍。残忍是有组织的暴力的形式之一。"②

因此我们可以说，这种绝对暴力就是法律的原初事实，而例外状态则是法律的原初形式。法律之为法律，根本不在于标明违法、制裁违法的那种强制力量，而是通过重复那个"违法"行为却不遭受任何制裁来把自己呈现为一种例外的存在。因为，前者不过是内容类似、强度不同的暴力，后者却是在形式上区别合法与非法的关键："这一悖论是法则所固有的，法则既规定了违反行为，又将违反行为视为合法。"③

但是，这种非常的无限战争，正是通过非常的特殊断讼方式成为我们所熟知的犯罪史前史的诉讼形式，此即广为人知的"誓言断讼"（wager of law）、"决斗断讼"（wager of battle）和"神明裁判"（ordeal）。但是在具体讨论这些特殊断讼方式之前需要注意以下三点：

首先，无论是誓言断讼还是决斗断讼或神明裁判，都是一种特殊的断讼方式而不是案件事实的证明方式。尽管有学者试图在这些断讼方式中发现事实认定的"理性"因素，④但是，这种带着现代"偏见"的解读遭到了很多学者的批判，⑤原因就在于这些断讼方式的主要功能不是在认定事实的基础上适用法律，而在于通过有限的战争方式纠纷解决。誓言断讼，尤其是决斗断讼和神明裁判，往往是在一般证明方式穷尽之

---

① 阿甘本.神圣人：至高权力与赤裸生命［M］.吴冠军，译.北京：中央编译出版社，2016：117-118.
② 巴塔耶.色情［M］.张璐，译.南京：南京大学出版社，2019：119.
③ 巴塔耶.色情［M］.张璐，译.南京：南京大学出版社，2019：171.
④ COLMAN R V. Reason and unreason in early medieval law［J］. The Journal of Interdisciplinary History，1974，4（1）：571-591.
⑤ 惠特曼.合理怀疑的起源：刑事审判的神学根基［M］.佀化强，李伟，译.北京：中国政法大学出版社，2012：80-140.

后的司法手段，或者是作为打断和否定一般证明方式的断讼手段，因此这些断讼方式本身就带有一种例外状态下的特殊性。

其次，原告提出控诉本身就是一种危险性极高的冒险行为，因为他的败诉结果不只是无法维护自身利益，而且可能要承担他想施加于对方的惩罚："原被告双方都承担着巨大风险，如果原告不能证明他的案件，最糟糕的结果就是承受他希望施与对方承担的刑罚，最好的结果也要承受一些轻微的刑罚。"[①]因此，如果可以通过原告提供的证据以及证人证言来解决争议，自然无须启动特殊断讼方式，但这种情形往往在双方各执一词、针锋相对时让裁判者莫衷一是，因为被告对原告的回应不是绝对否认，便是完全承认，不能部分承认或部分否认，这种情况就需要启用断讼机制：如果被告符合誓证涤罪的要求，那么就不需要进行司法决斗和神明裁判；如果既无正式的原告，也无证人作证，被告完全否认，却又不能以誓证涤罪，最终才会采取司法决斗和神明裁判的断讼方式。[②]

最后，我们应当以前述"战争机制"来理解特殊断讼方式本身，进而才能理解特殊断讼时代下"考验性真实"的意味。这种战争机制既包括有限的战争机制，也蕴藏着无限战争机制的可能，特别是在神明裁判制度下，其中已然显露出誓言断讼和决斗断讼所不具备的"残忍"特性。这种特殊的法律暴力所构建的法律真实，即考验性真实。

3.2 誓言断讼

3.2.1 誓证的权利

在最初的司法形式中，誓言往往以一种类似游戏或挑战的考验方式降临到当事者身上，他必须决定是否接受这种考验，拒绝起誓便是认输，而接受考验就把最后的决断权力交给了神明，神明会通过惩罚伪誓

---

① CAENEGEM V. Legal history: a European perspective [M]. London: Hambledon Press, 1991: 1.

② 惠特曼.合理怀疑的起源：刑事审判的神学根基 [M]. 佀化强，李伟，译.北京：中国政法大学出版社，2012：91.

者而伸张正义；反过来，神明也正是通过誓言中不可或缺的诅咒力量才开始与具体事物发生关联，也就是通过作为述行主体的“我”的誓言，宗教或法律才具备了保障誓言效力和惩罚伪誓的诅咒力量，而“我”作为誓言的主体，则直接承受了这一力量的考验。因此，可以说誓言本身创造了惩罚伪誓和保障誓言效力的诅咒力量，而宗教与法律又通过这种力量申明了自身的存在。当我们把誓言与宗教或法律的关系如此“倒置”之后，就会看到誓言与宗教或法律之间的紧张关系：起誓者能够仅凭誓言就获得后者权力的担保、涤除罪责，而后者又对誓证的程序设置了一系列限制性措施以此来构建自身权力。这种紧张关系便是理解誓言断讼的关键所在。

在诸多古代法律中，被告一方通过起誓就能涤除原告希望施加于己的惩罚，这种誓证（compurgation）的特殊程序，“究其起源，规则不过是将亲属们聚合在一起抵挡来自法庭的沉重压力，就如同他们在战斗中共同御敌一样；正如他们对任何犯罪所需支付的罚金都共同承担那样——对自由人处以人身自由刑的做法尚未萌生——他们大可以冒着被判处伪证罪、支付罚金的危险，以求避免因亲属被定罪而肩负沉重负担”。[①]可见，法庭上的誓证究其本质，不过是受到法律约束的有限战争。

因此，誓证作为一种特殊断讼方式，其目的并非佐证事实真相，而是经由法律程序来解决当事人之间的纠纷。如韦伯所言：“在诉讼里作为法律形式主义先锋的，是拘泥于形式的证据法。此种证据法绝不在于规制现今意味里的诉讼上的‘证明’，换言之，并不是要人拿出证明手段来证明某一‘事实’为‘真’或‘伪’。重点毋宁在于：当事者的哪一方可以或者必须针对自己是否有理的问题诉诸巫术力量，以及这可以或者必须出于何种形式。因此，诉讼的形式本身正相对应于裁决手段之全然非理性的性格。”[②]韦伯以形式/非形式、理性/非理性的划分，标识出证明机制与断讼机制的根本差异。前者是以形式性的诉讼对应于理性的裁决手段，而后者则是以形式性的诉讼对应于非理性的裁决手段。

① 李.迷信与暴力：历史中的宣誓、决斗、神判与酷刑［M］. X. Li，译.桂林：广西师范大学出版社，2016：67.
② 韦伯.法律社会学［M］. 康乐，简惠美，译.桂林：广西师范大学出版社，2005：157.

前者是拿出证明手段证明某一事实的真伪，是用事实佐证诉求的“义务”；而后者则是法律赋予当事人诉诸巫术力量证明自己正确的“权利”。

但是，这种“权利”也不是人人普遍享有的，根据社会地位的不同，是否可以誓证、如何誓证的“权利”各不相同。比如，在7世纪末的《威特雷德法典》(Laws of Wihtræd)[①]中，誓言涤罪的特权等级秩序分明：

“主教和国王，无须誓言，一己之言即确凿无疑。

修道院院长，可以通过驱逐神父而为自己涤罪。

牧师，可以通过自己的誓言来涤罪，他在祭坛前，身穿圣衣，如是声明：‘在基督的见证下我讲的是真话而非谎言。’执事也可以同样的方式为自己涤罪。

教士，则应在四位同事的陪伴下，将手放在祭坛上，其他人在旁边站着，进行宣誓涤罪。

外来者（如国王的臣民），也应以类似的方式，在祭坛上为自己宣誓涤罪。

平民，可以与同阶层的三个人在祭坛上为自己宣誓涤罪，这些人的共同誓言应被视为无可争议的。”[②]

国王、主教和修道院院长根本不必起誓就可涤罪，牧师需要自己起誓，一般教士、外来者和普通平民则需要在他人见证下来宣誓涤罪。誓言与涤罪的关系，根据社会地位、特权的差异而不同。与此类似，早期的《萨利克法典》也对誓证有着明确规定，尽管在后来的修订中这些内容被删除了：

“在法庭上，证据的确定是通过誓言（共同誓证）或神判来实现的。共同誓证是一种司法证明方法，其中原告和被告都提供誓言，并由一定数量的誓言支持者或誓言辅助人来支持他们的陈述，这些数量取决于涉及事件的严重性。誓言辅助人并非证人，他们无须提供宣誓后的证据。

---

① 《威特雷德法典》是英国中世纪早期由肯特国王威特雷德（Wihtræd）颁布的法典，与后来的《埃塞尔伯特法典》(Laws of Æthelberht)、《伊内法典》(Laws of Ine)、《阿尔弗雷德法典》(Laws of Alfred the Great) 构成了盎格鲁-撒克逊法律的基础.

② ATTENBOROUGH F L. The laws of the earliest English kings [M]. London: Cambridge University Press, 1922: 27-28.

他们宣誓是为了支持一方当事人，无论是原告还是被告。整个程序非常形式化。如果在这一过程的任一时刻，宣誓辅助人犹豫或拒绝发誓，那么誓言就是失效的。如果誓言是为了被告，被告就会‘被证明’有罪；如果誓言是为了原告，那么原告就输掉了诉讼。共同誓证是法兰克法庭中最广泛使用的证明形式。”①

可见，誓言断讼确实是一种曾经广泛使用的重要断讼方式，甚至“从性质上来说，并非某一个孤立的不足的誓词，而是谱写欧洲命运的几乎所有民族的誓词”。②除了受罗马文明影响较深的东哥特人和西哥特人（西班牙及法国南部）没有规定誓证制度外——因为，众所周知，罗马法律制度的成熟很早就让神判等制度销声匿迹③——其他民族，如萨利人（the Salians）、里普利安人（the Ripuarians）、巴伐利亚人（the Baiorians）、伦巴底人（the Lombards）、弗里斯人（the Frisians）、斯堪的纳维亚人、萨克逊人（the Saxons）、盎格鲁人（the Angli）、瓦累尼人（the Werini）、威尔士人（the Welsh）均有关于誓证的规定，甚至在《摩奴法典》中也能发现誓言的重要作用：“在没有证人的案件中，法官不能彻底了解真理在诉讼两造中哪一造时，可利用宣誓取得认识。”④

需要注意的是，尽管誓言和神判（包括决斗）都是断讼方式，但是，哪些案件会采取何种断讼方式，需要根据当事人的社会地位以及案件自身的性质及严重程度来决定。一般而言，誓证和决斗是自由人的权利，神判则适用于非自由人：

“倘若他是自由民，让他与12位共同宣誓人一道宣誓；倘若为非自由民，则让其与12块炽热的犁铧洗刷嫌疑。

倘若任何人破坏和平，若其为自由民或贵族，让其以12倍的誓言

---

① DREW K F. The Laws of the Salian Franks [M]. Philadelphia: University of Pennsylvania Press, 1991: 34.

② 李.迷信与暴力：历史中的宣誓、决斗、神判与酷刑［M］. X. Li，译.桂林：广西师范大学出版社，2016：30-31.

③ 耶林认为，罗马法中的“誓金”（sacramentum）诉讼便是对原始神判制度的取代：“誓金的性质是一种补偿费，是罗马人用于换取神明裁判权的一笔钱。换言之，誓金诉讼就是以金钱补偿取代了身体补偿”。参见耶林.对法学的戏谑与认真：给法学读者的礼物［M］. 张焕然，译.北京：法律出版社，2023：219-238.

④ 摩奴.摩奴法典［M］. 迭郎善，译.北京：商务印书馆，1982：179.

洗刷嫌疑；若为非自由民，则以冷水神判洗刷嫌疑。”[①]

但是，在这种客观的社会身份的划分中，誓证的资格会逐步融入一种主观评价。在诺曼征服英格兰之前，英格兰及丹麦的国王克努特大帝曾在《克努特法典》中对宣誓涤罪和神明裁判的适用资格作出过分类：第一种是从未在宣誓或神判中失败，且声誉良好、值得信赖的人，他们被准许以其自身的誓言洗刷嫌疑；第二种是不值得信赖的人，他们就需要宣誓辅助人帮助；最后一种是既不值得信赖又无法找到宣誓辅助人，这些人只能进行神判。[②]这一规定很大程度上延续了前述的《威特雷德法典》，誓证往往是一种涤罪权利；但不同之处在于，誓证的权利不再直接根据社会地位划分，而是根据是否“值得信赖”这一较为主观的标准来进行区分：只有声誉良好、值得信赖的人才能宣誓涤罪，那些不值得信赖的人需要找到宣誓辅助人来共誓涤罪；如果既不值得信赖又无法找到宣誓辅助人，留给他们的只能是神明裁判，这无疑宣告了那些背负恶名者的厄运。可见，誓证与决斗代表了法律所承认的涤罪免责的特权，而只有地位卑微、恶名背负者才会经历水审、火审那样的神明裁判。

如果参照案件自身的性质和严重程度，不同断讼方式之间的区别会更为明显。根据斯密的考证，在古日耳曼法中，要求赔偿的“侵权行为”案件多以誓言断讼，而逐出法外的“刑事诉讼”多以神判断讼。[③]究其原因，其实是上述两种断讼方式所应对的战争状态不同。要求赔偿的“侵权行为”案件，只是让两个血亲团体陷入了战争关系，法庭要做的不过是将其拉回有限战争的范畴，这样便可达成以战止战的目的，这种案件自然可以保留并承认誓言涤罪的权利，只需要以程序性规则的设置来保证公平即可；而所谓“刑事诉讼”，则是共同体对“神圣人”发动的全面战争，至高权力需要通过神判的“残忍”来证明自身的合法性，换言之，神判在一定意义上充当了后来刑

---

① 巴特莱特.中世纪神判［M］.徐昕，喻中胜，徐昀，译.杭州：浙江人民出版社，2007：47.

② 巴特莱特.中世纪神判［M］.徐昕，喻中胜，徐昀，译.杭州：浙江人民出版社，2007：44.

③ 斯密.欧陆法律发达史［M］.姚梅镇，译.北京：中国政法大学出版社，1998：70-72.

讯和刑罚的作用。

总之，作为一种特殊断讼方式，誓证并非现代意义下佐证事实证明的“义务”，而是众多习惯法中明确规定的重要涤罪“权利”。被告凭借自己或共誓人的誓言，就能够涤罪免责，这既是对等级秩序中具有特定社会身份之人的保护，也是把血亲团体的战争拉回有限战争范围的重要手段，因此，就需要通过各种手段对誓证予以限制，保证其公平对峙。

3.2.2 誓证的限制

尽管法律承认某些人以宣誓来涤罪免责的特权，但其适用并非毫无限制：“如果有适格的证人能够证明事实真相，被告就不能再利用共同誓证的特权。由此可以清楚地看到，即使在最古老的时期，这种作证模式也仅仅是处理疑难案件的权宜之计，其必要与否常要由法官来决定。”[①]可见，要么是在缺乏证人或其他证明手段的情况下，要么是在双方各执一词、莫衷一是的“疑难案件”中，才能以誓证涤罪。

既然誓证是一种特殊情形下涤罪的权利，那么，要想让争执双方感到信服进而接受裁判结果，无疑要从誓证程序着手而维持“公平”。虽然誓证本身意味着一种“不平等”的权利，但这并不妨碍誓证程序的“公平”。实际上，诸多法律对誓证的规定，主要表现为从程序上限制誓证而维持“公平”。

1.誓证的资格

如前所述，能否以誓证涤罪，主要根据当事人的社会地位和案件性质及严重程度来区分。如果一个案件仅仅是两个血亲团体之间要求赔偿的诉讼，那么，当事人的社会地位越高，就越适合誓证。因此，诸如外国人或者奴隶，这些无所归属或身份卑微者，无疑不具备誓证的资格。此外，如果一个人丧失名誉，誓言不再可信，或者无法满足共同誓证人数等要求，也无法誓证涤罪。实际上，名誉丧失和不能满足誓证要求等

---

① 李.迷信与暴力：历史中的宣誓、决斗、神判与酷刑［M］. X. Li，译.桂林：广西师范大学出版社，2016：53.

情形都指向了一个特征：声名狼藉（infamy）。

一个人丧失名誉、背负恶名，或者无法找到一定人数的支持，这不仅是一种社会地位或者道德评价，还直接关涉在司法程序中的权利。从蛮族习惯法到后来的教会法规均体现了这一原则：

“被怀疑犯罪的自由民可通过誓言洗刷嫌疑，‘但倘若他们被怀疑这样一种犯罪，即他们被民众视为有罪且属誓言已损者，则其应当自白或以热铁予以检验’。同一宗教会议明确规定了共誓涤罪可能不被接受的场合：‘倘若（被告）在盗窃、伪誓或伪证中被抓捕，则不承认其誓言’。

对于曾经被指控伪誓之人：倘若该指控被证明属实；或是倘若代表其利益的誓言已经瓦解，或为更强有力的证言所否定，则其永不享有以誓言洗刷嫌疑之特权，而只可采用神判。”[①]

到了《格拉提安教令集》，不仅规定了“那些被判定犯有伪证罪的人不能被允许发誓”（C.22，q.5，c.6），还排除了未成年人、无行为能力者（C.4，q.2，c.15）、被胁迫者（C.22，q.5，c.3）、异教徒（C.3，q.1，c.23）以及被教会判处“绝罚”（*excommunicatio*）之人（C.4，q.1，c.6）的发誓权利。[②]在前述的资格要求外，这些被排除的主体中，出现了之前从未虑及的新的因素——“意志”，尤其是目的在于“忏悔”（*confessio*）和“赎罪”（*penitentia*）的“绝罚”，“罪”与“罚”的理念已然与特殊断讼时代的战争机制不同，誓证涤罪的权利自然也无法存续。

2.共誓人的限制

既然誓证是把亲属们聚集在一起，像在战争中共同御敌一样来抵御对方的压力，那么共誓人的范围最初也以其亲属为限，如威尔士的法律规定：

“如果某人被反对作为誓言参与者（*raith-man*），除非他不是家庭成员，否则不应拒绝；要成为某人的誓言参与者，他必须是与其亲属关系

① 巴特莱特.中世纪神判［M］.徐昕，喻中胜，徐昀，译.杭州：浙江人民出版社，2007：44-45.

② GRATIAN. Decretum Gratiani［M］. Ed. Emil Friedberg. Leipzig：Bernhard Tauchnitz，1879.

如此之近，以至于需要与其共同支付或接受赔偿金（*galanas*）。”①

而且，对于誓证亲属的构成，如其属于父系亲属还是母系亲属，各自的比例与人数都有极为细致的规定：

“对于一头母猪、一只羊，需要五个与他身份或价值最接近的人进行宣誓：其中包括父系亲属中与他最近的两人，这两人如果他被杀可以继承其价值；母系亲属中与他最近的两人；以及他本人作为第五人。

……

对于一匹马的价格、一头牛和三倍的银币，需要七个与他价值最近的人进行宣誓，与前述类似；但其中三分之二必须来自父系亲属：所有誓言都如此，但五个人不能分成三份。”②

对于誓证的人数与构成，不同法律的规定差异很大。早先萨利克人规定需要25名共誓人；墨洛温王朝时期曾规定需要6名共誓人，3名来自被告的同伴，另外3名来自法庭的指定；到了查理曼大帝时期，则规定需要7名指定的共誓人，或者12名任选的共誓人。③从这种誓证人员的构成中可以看到，随着王权的增强和集中，法庭指定的誓证人出现在了誓证人员构成中，或者至少成为一种可选择的方式，从而打破了由纯粹血亲团体来进行誓证的习惯，这无疑是对誓证权利的限制。

在威尔士法律中，则是通过誓证人数的极高要求来限制誓证。誓证所要求的人数，会根据侵犯行为的轻重而变化。对于一般盗窃行为，针对不同盗窃物，可能需要6名或12名共誓人；但是对于伤害或谋杀行为，誓证所要求的人数便陡然上升。对于那些谋杀行为参与者，根据案件的严重程度分为了三个等级：第一个等级，“向谋杀者指出将要被谋杀的人”“劝说谋杀者去杀害他人”“同意或默许谋杀的发生”。对于这三类行为，如果当事人否认，就需要100个共誓人的支持；如果承认，

---

① OWEN A. Ancient laws and institutes of Wales [M]. London: Commissioners on the Public Records of the Kingdom, 1841: 108.

② OWEN A. Ancient laws and institutes of Wales [M]. London: Commissioners on the Public Records of the Kingdom, 1841: 248

③ 李.迷信与暴力：历史中的宣誓、决斗、神判与酷刑［M］. X. Li，译.桂林：广西师范大学出版社，2016：41-42.

则赔偿90枚硬币。第二个等级，“担任间谍”“与谋杀者结伴或有联系”“在谋杀发生时在场，但没有阻止谋杀的发生”。对于这三类行为，如果当事人否认，就需要200个共誓人的支持；如果承认，则赔偿180枚硬币。第三个等级，“提供协助”“控制住被杀的人，直到谋杀者到来并实施谋杀”“看着某人在自己面前被杀，却不进行任何救援”。对于这三类行为，如果否认，就需要300个誓证人的支持；如果承认，就赔偿270枚硬币。[①]对于誓证人数要求最高的便是杀害行为，杀害行为又分为两类：对一般的谋杀和流血伤害，需要同族300个男子的誓证才能将其释放；而如果否认以血腥暴力方式杀害他人的行为，则需要600名男子的誓证。[②]如此庞大人数的规定，一般人显然难以满足，从而最大限度地降低无罪判决的可能性。

在11世纪的英格兰法律中，誓证程序已悄然具备了陪审团制度的雏形。在克努特（Canute）时代，被告需要从14位指定的人当中找到11位愿意为他誓证的人，“这些有其实而无其名的陪审员们，很可能是由治安官选择的，他们可能会因有偏见之嫌或其他原因，被认为不适合而遭否决，除非每一位在每一方面都无懈可击”。[③]誓证程序经过这些巧妙的调整与限制之后，就从血缘亲属聚集在一起来抵御对方压力，逐步转变为获取法官指定人员的认可，这样不仅可以极大降低无罪判决的可能性，还把案件结果的决定权交给了法官。至此，誓证的权利无疑已经发生了改变。

3.2.3 誓证的衰败

如前所述，誓证与后来的证人证明不同，不是对事实真实性来起誓证明，而仅仅是表达了对本方当事人品质的支持和确信，这一点从誓证的誓词中也可见一斑：

“谨向我主，发下诚实无欺的誓言。”

---

① OWEN A. Ancient laws and institutes of Wales [M]. London: Commissioners on the Public Records of the Kingdom, 1841: 106-107.

② OWEN A. Ancient laws and institutes of Wales [M]. London: Commissioners on the Public Records of the Kingdom, 1841: 112-113.

③ 李.迷信与暴力：历史中的宣誓、决斗、神判与酷刑［M］. X. Li，译.桂林：广西师范大学出版社，2016：49.

“被告谨以诚实起誓，愿我主帮助我。”

“威廉誓言真实无欺，愿我主和圣徒们相助。”①

“以主之名，我无罪，无论是行为上还是谋划上，对某某指控我的罪行，我完全无辜。”

“以主之名，某某所发的誓言是清白无伪的。”②

因此，当誓证不再是血亲团体之间的战争，而转变为对事实真实性的起誓时，誓证制度的衰败便必然蕴藏其内。

在英吉利海峡彼岸的英格兰，从12世纪格兰维尔编写《论英格兰王国的法律和习惯》开始，一边见证着誓证制度逐步沦为一种无关紧要的制度，只被用于解决主要问题之外的附带问题，如否认法庭令状的送达，否认法庭记录的错谬；另一边则是陪审团逐渐从共誓制度衍生出来，最终包揽了起诉者和审判者的双重角色，导致原本是否定罪行的誓言，现在恰好成为肯定罪行的要求。③

在罗马法复兴的影响下，欧洲大陆的法律理论经历了深刻变革。就权力结构而言，一直以来，“由于受到顽固守旧势力的保护，以及长期苦苦抵制中央集权和君主专制的独立精神的庇佑，外省才是如上所述的共誓制度最富有生命力的地方。”④而复兴的罗马法，则把贵族的地方权力集中于君主一人，这便从根本上导致了誓证制度的衰落。推及法律理论，誓证制度本来旨在否定某一行为，可是如果就事实角度而言，对某一行为的否定往往难以证明，因此举证责任应当主要归于指控一方，此即法谚所言“无罪无须证据证明”。博马努尔（Beaumanoir）编纂的《博韦习惯法》，正好体现了蛮族习惯法的没落和罗马法理念的发展，其中，誓证制度下的战争机制，已彻底被追求事实真相的证明方式所替代，出于对事实真相的追求，亲属的证言往往不可信，除非是那些不利于当事人的证言：

---

① 李.迷信与暴力：历史中的宣誓、决斗、神判与酷刑［M］. X. Li，译.桂林：广西师范大学出版社，2016：58.

② ED. OLIVER J. Thatcher. The early medieval world ［M］. Milwaukee：University Research Extension Co，1901：227-228.

③ 格兰维尔.论英格兰王国的法律和习惯［M］. 吴训祥，译.北京：中国政法大学出版社，2015.

④ 李.迷信与暴力：历史中的宣誓、决斗、神判与酷刑［M］. X. Li，译.桂林：广西师范大学出版社，2016：86.

“当某人被指控犯下某种严重罪行，而一旦罪名成立可能被判处死刑时，法庭会传唤证人以查明事实真相。在这种情况下，如果被告的直系亲属、血亲或配偶为他作证，这些证言将不会被采信，因为他们可能会为了避免羞耻或挽救被告免于死刑而作伪证。然而，如果这些近亲或配偶作不利于被告的证词，这些证言则应被认为和其他人一样可信，甚至更可信，因为这表明他们是出于诚实的动机选择说出真相，而非作伪证。”①

导致誓证衰败的另一种重要力量来自教会：从13世纪开始，教会让誓言不再是对当事人的信任和支持，而是直面事实的真实性。教皇英诺森三世（Innocent Ⅲ），不仅在1215年的第四次拉特兰会议上宣告了神判制度的死刑，还曾在1199年下令：“那些被招来为某人洗清名誉的人，仅有义务通过宣誓，确认他们相信正在接受清白证明的人在宣誓时说的是实话。”②这种仅仅针对真实性的誓言，无疑从根本上取消了共誓人有罪或无罪的分担者角色。

总之，在特殊断讼时代的战争机制下，誓言与法律之间维持了一种紧张关系：诸多法律都规定了哪些人才能享有誓证涤罪的特权，使其凭借自身或共誓人的誓言就能实现法律担保下的涤罪免责；但是，法律又在规定誓证程序的过程中设置了一系列限制性措施，从誓证者的社会地位、名誉状态，到共誓人的人数和构成等。这些限制性措施的本来目的在于承认且维持血亲团体之间的有限战争关系，与待证事实的真伪无关，只有誓证结果的胜败之别；但是随着案件事实真相的要求最终落在誓言之上，誓证程序便无可避免地走向了衰败和瓦解，这就需要通过其他特殊断讼方式来裁判战争的胜败。

---

① BEAUMANOIR. The coutumes de Beauvaisis of Philippe de Beaumanoir［M］. Philadelphia: University of Pennsylvania Press, 1992: 427.

② Gregory Ⅸ. Liber Extra. Book V, Title 34: De clericis qui delinquunt. 1160-1241. https: //www.hs-augsburg.de/~harsch/Chronologia/Lspost13/GregoriusIX/gre_5t34.html

3.3 决斗断讼

3.3.1 决斗与决斗断讼

决斗（duel）与决斗断讼或司法决斗（judicial battle）不同：在人类文明史上，不管是国家大事还是私人情感，均存在以武力来决出胜败的方式；而决斗断讼或司法决斗仅指在司法程序中以决斗的方式来判别胜败、解决纠纷。二者的内涵尽管有广狭之分，但其精神气质往往是一致的："正义要靠剑来捍卫。"[①]

在古希腊史诗《伊利亚特》中，因海伦和财产而发动的战争，也从两位当事人之间的决斗拉开帷幕，一方是夺走海伦的特洛伊王子帕里斯，另一方则是海伦的丈夫斯巴达国王墨涅拉奥斯：

"如果你要我战斗，你就叫特洛亚人
和全体阿开奥斯人坐下，把战神喜爱的
墨涅拉奥斯和我放在两军之间，
为争取海伦和她的财产单独决斗。
我们两人谁获得胜利，比对方强大，
就让他把这个女人和财产带回家。
其余的人就保证友谊，发出誓言，
你们好住在肥沃的特洛亚，他们好回到
牧马的阿尔戈斯平原和多美女的阿开奥斯土地。
……
普里阿摩斯之子赫克托耳和奥德修斯
首先为即将进行的决斗量出地面，
再把两只阄拿来，放在铜盔里摇动，
决定两个对手谁首先投掷铜枪。
将士同声祈祷，把手举向天神，

① GROTIUS H. The rights of war and peace［M］. Indiana：Liberty Fund，2005：75-77.

阿开奥斯人和特洛亚人中有人这样说：

宙斯、伊达山的统治者、最光荣最伟大的主宰啊，

他们两人谁给双方制造麻烦，

就让他死在枪下，阴魂进入冥府，

让我们保证友谊和可以信赖的誓言。”①

谁是海伦和财产的正当拥有者，双方只能以公平决斗的方式来决定，而最终的胜利归属于谁，只能靠神眷顾。这种正义要靠剑来捍卫的观念，几乎遍布在从古希腊到前现代社会的诸多事项中，甚至在法律程序上正式废止司法决斗之后，仍然能够在诸如莎士比亚的作品中看到以复仇和决斗来反思政治、法律与个人命运的关联。②在中世纪，作为骑士文学开端的《罗兰之歌》，在最后决定加纳隆是否有罪的问题上，便是一场典型的司法决斗。

但是，“罗兰之歌”之所以像“伊利亚之歌”那样荡气回肠、凝重悲切，深刻之处绝不是所谓正义或美德击败了卑鄙、阴险或残酷——罗兰把加纳隆推荐给查理曼大帝作为回见马西勒的使臣，并不比加纳隆使计让罗兰殿后涉险“高贵”多少——而是代表加纳隆和罗兰进行决斗的那两个人，比那贝尔和蒂埃里。他俩并非武力过人、以一敌十的军中猛士，但就是这两个闻所未闻的骑士，凭着一股勇气，为自己信任的当事人，哪怕已经去世，甘愿以命相抵。在决斗前，两个人披坚执锐，跨骥而立：“这时十万骑士哭了起来，他们爱罗兰而怜悯蒂埃里。只有上帝知道结局是什么。”③罗兰之歌便在这场决斗中终结。从这场文学化的司法决斗中可以看到，结局的胜败，并不由无所不能的查理曼大帝决定，也不由痛哭悲泣的十万将士决定，而是交给了战争和上帝。如果说支持罗兰的蒂埃里获胜，冥冥中仿佛神助，那么，这个结局不过是罗兰信念的不死：“一旦开战就要血战到底。”④

实际上，把裁判结果交与战争和上帝，正是司法决斗作为一种特殊断讼方式的根本意涵，即把战争机制中的暴力行为维持、规范于司法程

① 荷马.伊利亚特［M］.罗念生，王焕生，译.北京：人民文学出版社，1994：61-71.

② MORRIS C. The discovery of the individual：1050-1200［M］. Tronto：University of Toronto Press，1972.

③ 佚名.罗兰之歌［M］.马振聘，译.长春：吉林出版集团有限责任公司，2011：223.

④ 佚名.罗兰之歌［M］.马振聘，译.长春：吉林出版集团有限责任公司，2011：13.

内，从而在公平规则之下，令双方以决斗来中止战争，实现和平："合法决斗的前提，并非以胜过敌人为目的，而是要发露个人之气力、雄武和技艺之抵抗——打过同等的好手……与敌人平衡。"①

博马努尔曾总结了13世纪法国地方习惯法中四种结束私人战争的方式：第一种是双方通过协议达成和平，第二种是以和平的保证结束战争，第三种就是决斗断讼，第四种是因法庭惩罚侵犯者而结束战争。对于决斗断讼，博马努尔非常明确地指出其以决斗中止战争、实现和平的功能："当上流人士之间因为某些行为发生了私人战争时，如果某位家族成员就此行为提出决斗断讼，私人战争即告中止，因为很明显，对该行为的复仇，正在通过法庭寻求解决，因此，战争必须终止。在诉讼期间，如果有人对他人造成伤害，则该行为将根据其性质受到惩罚，仿佛从未发生战争一般。当决斗断讼结束后，无论是因为被告通过判决获释，还是因为结果体现为决斗的结局，这些家族都不能再次因该行为发动战争。如果他们因决斗断讼已经解决的行为而再次发动战争，伤害彼此，他们应根据具体的侵害行为接受审判，就像从未有过任何私人战争一样。"②

所以，决斗断讼的目的，并非激起与之对抗的无穷无尽的战争，而是以战争所达成的胜利或失败结果，中止战争状态。这一观念与后来霍布斯努力把战争变成战争状态，进而把战争状态变成潜在的契约状态、和平状态完全不同，不是自然理性，也不是缔结契约，而是战争机制本身，要求以战争的方式中止战争状态。③换言之，讨论战争与和平的关系，其实并不需要借由理性契约来拟制法权，从而超越战争、追求和平，④因为战争本身就蕴含着中止战争的必要和中止战争的方式。其实这也是康德觉察到的战争与和平的关系：不能用正义等价值来谈论战争目的，而是胜利产生的和平——尽管"短暂"——才是战争追求

---

① 尼采.尼采自传［M］.徐梵澄，译.武汉：崇文书局，2017：22.
② BEAUMANOIR. The coutumes de Beauvaisis of Philippe de Beaumanoir［M］. Philadelphia：University of Pennsylvania Press，1992：662.
③ 施特劳斯.霍布斯的政治哲学［M］.申彤，译.南京：译林出版社，2012.
④ GROTIUS H. The rights of war and peace［M］. Indiana：Liberty Fund，2005：133-179.

的结果。[①]

决斗断讼的战争机制，不仅以决斗的方式中止战争，追求和平，而且成为欧洲各个民族一种世代相传的内在精神，哪怕在皈依基督教之后，决斗断讼在法律体系中仍然扮演了极其重要的角色：

“在吸收了每一个时代和国家的偏见和信念之后，司法性决斗被小心翼翼地塑造成型，由此完全可以想象，司法决斗在日常生活事务中扮演着何等重要的角色。它如此巧妙地与整个法学体系交织在一起，以至于人人自危，因为人们不可避免地随时可能作为原告、被告或证人受到法庭的传唤，不得不依靠自己的武力或者一帮专业人士，甚至很可能是些不可靠的亡命之徒，以保护自己的财产和生命。这些有组织的暴力行为本身，被认为是合乎教义的爱与和平的拘束……”[②]

可见，司法决斗本身是一种证明方式，但是，这种证明方式与誓证相同，不是在证明事实真相如何，而是凭借武力证明只有强者才能赢得诉讼，即作为特殊断讼方式的决斗，可以随时打断、超越和否定一般事实的证明过程：

首先，决斗是应对诬告的有效策略。如果某人被起诉犯下了某些恶行，自己又无法以其他手段证明自己的清白，他便可以向起诉者提出司法决斗，以此来克制诬告。

其次，决斗不仅可以指向双方当事人，还可以指向双方当事人的共誓人与证人，以此排除证言：“无论一个人有多少证人，如果其中一名证人通过决斗断讼被证明虚假且不诚实，那么其余证人也可能不被接受，或者在所证事项上不具有证明力，该证人的召集者也会因此失去他试图证明的内容。”[③]因此，证人在提供证言证明事实之外，还必须具备能够以武力支撑自己证言的能力，而那些无法进行司法决斗的人，如

---

① 康德认为：“既然战争只不过是自然状态之下的一种可悲的、以武力来肯定自己的权力的必需手段（在自然状态之下并没有现成的法庭可以作出具有法律效力的判断）；这里双方之间的任何一方都不能被宣布为不义的敌人（因为这就得预先假定有一种法庭的判决），而是战争的结局（就好像是面临一场所谓上帝的审判那样）决定了正义是在哪一方的。”康德. 历史理性批判文集［M］. 何兆武，译. 北京：商务印书馆，1990：195.

② 李. 迷信与暴力：历史中的宣誓、决斗、神判与酷刑［M］. X. Li，译. 桂林：广西师范大学出版社，2016：144.

③ BEAUMANOIR. The coutumes de Beauvaisis of Philippe de Beaumanoir ［M］. Philadelphia：University of Pennsylvania Press，1992：428.

神职人员、妇女、农奴、麻风病人等，其证言根本就不被采纳。[①]由此导致的结果，就是不能强迫证人作证："在可能涉及决斗断讼的案件中，不愿意作证的人可以拒绝作证。"[②]

再次，除了挑战证人、排除证言外，决斗还是一种武力上诉的方式，也是推翻原判的唯一可能。如果某人对裁判不满意，想提出上诉，他应该作如下陈述：

"大人，我声明某某非法且背信地谋杀了某某，该人是我的亲属，此行为是他本人所为或指使所致。如果他承认此事，我请求您按谋杀罪处理他；如果他否认，我愿意通过个人决斗来证明此事实，或者通过他人代表我来以决斗证明此事……如果上诉人未指定代理人，他必须亲自进行决斗，不能由他人代替。"[③]

最后，法官也没有因其地位的特殊而避开决斗挑战的危险。如果在地方法庭中，当事人认为对自己的判决既不公正也不合法，是"伪造判决"，就可以对判决自己的法官诉诸决斗。如果法官在决斗中失败，就会遭到惩罚，轻则褫夺公职、处以罚金，重则被没收财产或流放。当然，如果上诉人失败，也会承担罚金。这种"上诉的程序是非常必要的，因为正是通过这种方式，才能纠正法官的背叛行为和他们的愚昧无知"。[④]但如果是王室法庭，可免于决斗上诉，因为没有法庭可以审理该案件。这导致那些可能面临决斗的法官在裁判案件时，往往会带上一位王室法官同坐，以此免于决斗的危险。

需要注意的是，尽管决斗断讼是一种赢得诉讼以惩罚对方或涤除罪责的非理性方式，但决斗本身以及失败的风险对当事人而言都是同等危险和沉重的。它既是整个诉讼中任何人都无法掉以轻心的威胁，又是"罪大恶极者"倚强凌弱逃避惩罚的方式。可是，正是因为它对每个人都具有危险性，甚至正是因为它的绝对酷烈与"不公"，反而才能到达

---

① BEAUMANOIR. The coutumes de Beauvaisis of Philippe de Beaumanoir [M]. Philadelphia: University of Pennsylvania Press, 1992: 425-426.

② BEAUMANOIR. The coutumes de Beauvaisis of Philippe de Beaumanoir [M]. Philadelphia: University of Pennsylvania Press, 1992: 644.

③ BEAUMANOIR. The coutumes de Beauvaisis of Philippe de Beaumanoir [M]. Philadelphia: University of Pennsylvania Press, 1992: 628.

④ MARNIER M A J, ed. Le conseil de Pierre de Fontaines ou traité de l' ancienne jurisprudence française [M]. Paris: Joubert & Durand, 1846: 297.

战争止息的临界。在1127年佛兰德斯一场司法决斗的记载中，其惨烈残酷可见一斑：

“双方激烈地战斗。古伊将其对手挑落下马，而每当赫尔曼试图翻身上马时，他都如愿地用长矛加以阻止。其后，赫尔曼靠近，将古伊的战马开膛剖肚，持剑向他刺去。古伊此时已滑落马下，亦拔剑冲向对手。现在，一场持续而激烈的搏斗开始了，剑来剑往，相互厮杀，直至双方皆因武器装备的重负而耗尽力气；他们扔掉盾牌，匆忙展开肉搏，力求赢得决斗的胜利。铁汉赫尔曼精疲力竭，倒在地上，古伊压上其身，以金属护手猛击这位骑士的脸和双眼。而赫尔曼俯伏在地，从冰冷的土地上一点一滴地重新汲取力量……并机智地静躺于地，以使古伊确信自己必胜无疑。与此同时，赫尔曼缓缓将手移至古伊无防备的胸铠下缘……一瞬间凝聚全身之力，把古伊从自己身上摔将出去；通过这一急速的动作，古伊的下半身碎裂了，他此刻躺在地上，认败服输，哀号着自己被击败了，行将就木。”①

在那些可能遭受严酷惩罚的案件中，决斗本身几乎成为一场生死较量，如果最后失败，不只意味着诉讼程序的失败，还面临着伪证罪、诬告罪，甚至会反受其罪，面临严酷惩罚：

“如诺曼底人的习惯条文中就规定：决斗的败方被判处伪证罪，说假话的证人和其他名誉扫地者以后不得出庭作证，亦不得充作陪审员。据此，我们发现被击败的一方，无论是原告还是被告，都会受到或轻或重的惩罚，因时间和地点不同而各异。与此类似，在819年，‘虔诚者路易’的敕令规定：在双方各执一词、真伪难辨的案件中，各方应当选出一位证人格斗以决出结果，败方会遭受伪证罪的通行惩罚——砍掉一只手；而败方其余的证人们被允许有特权，可以支付法定费来为受难的同侪赎罪。

……中世纪的立法者对败诉的申诉者，通常都不是那么宽仁。对诬告者适用‘同态复仇’法则而使其受到的刑罚，与若其控诉成立被告将会受到的刑罚相同，这是广泛流行于中世纪的做法。”②

---

① 巴特莱特.中世纪神判［M］.徐昕，喻中胜，徐昀，译.杭州：浙江人民出版社，2007：145.

② 李.迷信与暴力：历史中的宣誓、决斗、神判与酷刑［M］.X.Li，译.桂林：广西师范大学出版社，2016：183-184.

总之，在决斗的特殊断讼方式中，可以看到“正义要靠剑来捍卫”的内在精神体现。这种中止战争的方式尽管残忍酷烈，甚至可能导致恃强凌弱、逃避惩罚，但是，只有我们不再以理性主义和人道主义的观念谈论战争与和平，我们才会理解决斗断讼的战争机制，才会理解以决斗来中止战争、追求和平的意涵。

3.3.2 决斗断讼的限制

决斗断讼与誓言断讼均是具有一定社会地位的人或者自由人的特定权利，法律允许这些人以决斗或誓言的特殊断讼方式超越和否定一般事实证明过程，从而赢得诉讼。但是，决斗的惨烈和危险在一定意义上要比誓证更为公平地体现了以战止战、追求和平的战争机制的意涵，而这种结果又是通过一系列对决斗断讼的限制来实现的。

1.案件的限制

决斗断讼并非在任何案件之中都可适用。11世纪意大利的《伦巴第法文集》（*Liber Papiensis*）列举了23种可能导致司法决斗的情形，包括叛逆罪、性犯罪、纵火罪、投毒罪、证言冲突、对书证异议、财产案件以及一定金额的盗窃。①这些情形既包括了“刑事案件”，还有“民事案件”和对证明产生异议的情形。这三类情形也是欧洲大多数地区适用决斗的情形。

在英格兰，决斗断讼与其他诺曼习俗由征服者威廉引入后，可适用决斗断讼的案件有三种：“第一种是在军事法庭或骑士和荣誉法庭中使用；第二种是在涉及重罪上诉的刑事案件中使用；第三种则是在针对土地所有权提出的‘权利之诉’中使用。”②还有一种可能适用决斗的情形：

由于决斗的残忍和危险性，一般的“民事案件”如果争议金额太小，自然鲜有人愿意冒着毁损伤残的风险发出决斗，可是，为了防止纯粹的好勇斗狠，不同地区的法律还是对决斗断讼的最低金额作出了规

---

① 巴特莱特.中世纪神判［M］.徐昕，喻中胜，徐昀，译.杭州：浙江人民出版社，2007：139。

② BLACKSTONE W. Commentaries on the laws of England, Book IV: Of public wrongs［M］. Oxford: Oxford University Press, 2016: 223.

定："盎格鲁和瓦累尼人规定允许进行决斗的最低金额是2索里达。而巴伐利亚人则限定危案值在一头牛的价值以上。在10世纪，奥托二世决定6索里达是决斗裁决的最小数目。英格兰亨利一世的律法规定在民事案件中，案值达到10索里达方可诉诸决斗。在法国，'年轻的路易'于1168年颁布敕令禁止为案值5索利达以下的案件举行决斗。"[①]从这些规定中反而可以看到决斗断讼的适用范围有多么普遍。

2.主体的限制

司法决斗的适用主体，一般是所有男性自由民，司法决斗也常常在同一阶层之间适用。

对于社会地位较低的农民和奴隶，早先法律还允许他们使用司法决斗为自己抗辩，比如《伦巴底法典》甚至允许奴隶通过这种方式向他们的主人要求自由。弗里斯兰人（Frisians）同样也允许奴隶对主人以武力来证明其主张。[②]但是，随着封建制度的逐步确立，社会阶层的差距被拉开，司法决斗逐渐成为贵族的一种权利。在封建时代，社会地位较高的人，可以向同一阶层以及较低阶层的人发起决斗，如果是社会地位较低的人向社会地位较高的人发起决斗，后者可以接受决斗，也完全可以拒绝。在13世纪的法国一些地区，博马努尔明确提到："农奴不得与自由民决斗。"[③]《萨克森明镜》中还规定了当事人如何才能证明自己的社会地位："凡有资格成为陪审法官的人，向同等级的人发起决斗，需明确列举其四位祖先的身份及其家族财产；否则，被挑战者有权拒绝决斗。"[④]

对于那些社会地位较低的人，如女性、农奴、残疾人、私生子、未成年人、麻风病患者，一般情况下不能直接参与司法决斗。但是这些规定往往存在例外。比如，在主人同意的情况下，农奴与农奴可以决斗，

① 李.迷信与暴力：历史中的宣誓、决斗、神判与酷刑［M］. X. Li，译.桂林：广西师范大学出版社，2016：165.

② 李.迷信与暴力：历史中的宣誓、决斗、神判与酷刑［M］. X. Li，译.桂林：广西师范大学出版社，2016：167.

③ BEAUMANOIR. The coutumes de Beauvaisis of Philippe de Beaumanoir［M］. Philadelphia：University of Pennsylvania Press，1992：659.

④ MARIA DOBOZY. The Saxon mirror：a Sachsenspiegel of the fourteenth century［M］. Philadelphia：University of Pennsylvania Press，1999：83.

私生子与私生子可以决斗。[1]尤其在日耳曼地区的某些法律中，可以看到女性走上决斗场的情形，甚至取得了胜利。当然，为了平衡男女之间的力量悬殊，男性会被掩埋至腰部，左手捆绑背后，以钉头锤作为武器，而女性则可以肢体不受束缚，以石头重锤作为武器[2]（如图3-1所示）。

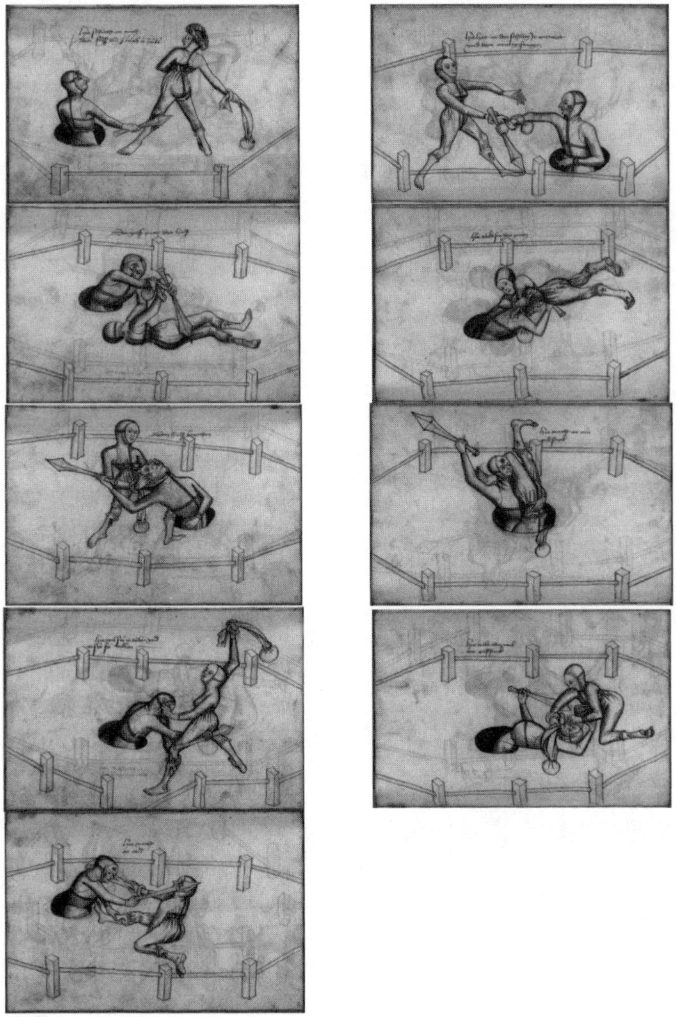

图3-1　男女决斗

① BEAUMANOIR. The coutumes de Beauvaisis of Philippe de Beaumanoir［M］. Philadelphia：University of Pennsylvania Press，1992：659-670.

② Hans Talhoffer在1467年《决斗》（Fechtbuch）一书中，描绘了男女如何决斗的情形。TALHOFFER H. A fifteenth-century manual of swordfighting and close-quarter combat［M］. South Yorkshire：Pen & Sword Books，2014.

对于神职人员，尽管在一般法律规定中也不允许其参与司法决斗，但是在不同地区与不同的教会，往往可以见到神职人员亲自或者选用决斗士来进行决斗："这一时代的习惯和偏见显然太顽固而不容易去除。因此，看到高级教士们在行使作为世俗领主的权限时，竟然已经惯于进行决斗，就像进行其他任何法律程序一样，也不必大惊小怪。这样的做派，不仅是标榜封建上层的特权之一，而且是附加于收费和刑罚之上的一项收益。这些教会的官员急不可耐地寻求这些权力，并对其严加守护，与那些穷兵黩武的爵爷们毫无二致。"[①]

此外，在《萨克森明镜》中还规定了如何为死者进行决斗：如果某人因为实施抢劫、盗窃或者类似行为被杀，对方可在七名誓证人的宣誓下对其定罪而不需要进行决斗。但是，如果死者的亲属提出要在决斗中代表死者，那么共誓人的誓词都将无效。在这种情况下，原告如果不进行决斗裁判，就不能将死者绳之以法，除非死者已经被宣布为法外之徒。[②]

3.程序的限制

在决斗程序中，从决斗双方的装备与武器到决斗的过程与规则，均旨在维持双方平等。

对于装备与武器，根据博马努尔的记载：贵族对贵族，骑马作战，可使用长矛和剑，但不得携带尖刀或狼牙棒（如图3-2所示）；平民对平民，双方步战（如图3-3所示）。此外，博马努尔还特别强调，如果是贵族对平民，贵族必须下马，与平民在相同条件下步战。

决斗通常在法庭指定的公开场合和时间进行，以确保公正与透明。如果当事人未按时到场，可能被判败诉。《萨克森明镜》对司法决斗的过程有着极为细致的描述：[③]

在准备阶段："法官应当委派两名代表，分别对每一位即将决斗的人进行检查，以保证他们是按照正确的方式进行装备的……他们可以随其所愿地穿着亚麻布或皮革衣物，但头和双脚必须是裸露的；而且只允

① 李.迷信与暴力：历史中的宣誓、决斗、神判与酷刑［M］. X. Li，译.桂林：广西师范大学出版社，2016：177。

② The Saxon mirror: a Sachsenspiegel of the fourteenth century［M］. Philadelphia: University of Pennsylvania Press，1999: 89.

③ 高仰光.《萨克森明镜》研究［M］. 北京：北京大学出版社，2008：270-271.

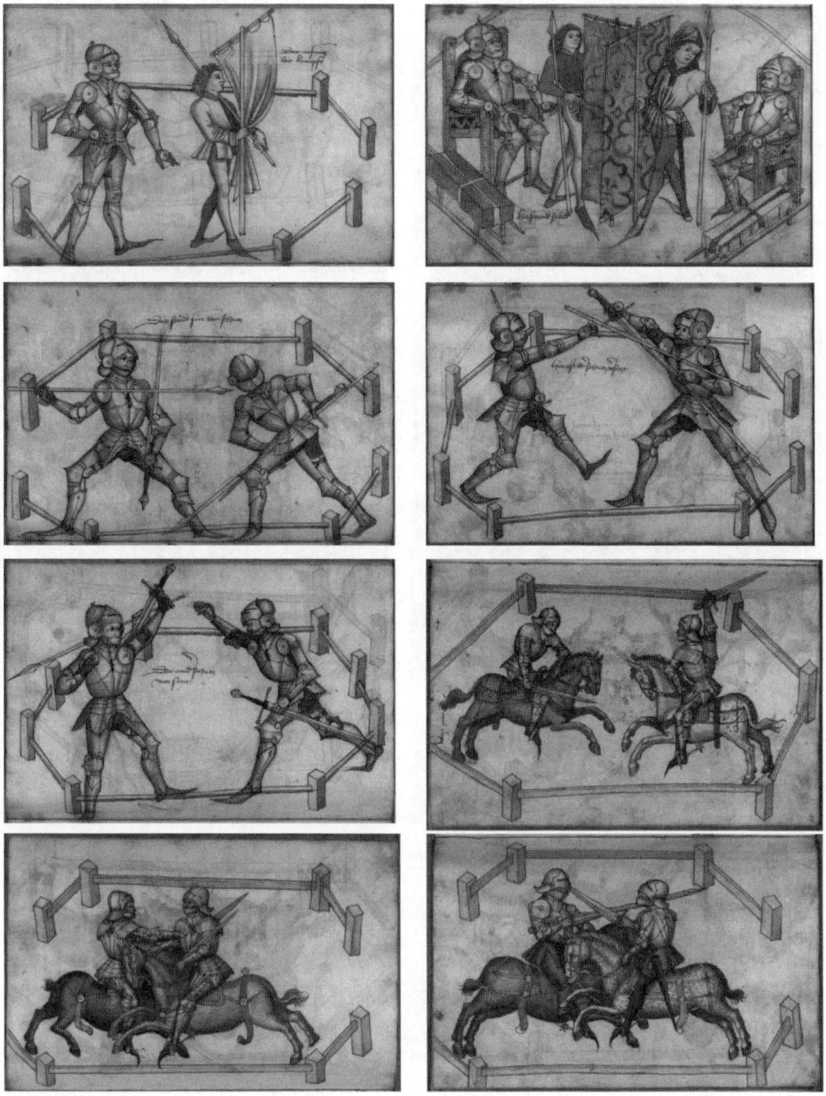

图3-2 贵族与贵族决斗

许在手上戴一副薄手套。他们须一手执出鞘之剑，并可以随其所愿地在腰带上配挂一至两把剑；另一手执木制或皮制圆形盾牌，盾上的雕饰可以是铁制的。在盔甲外面可以穿一件无袖外套。”另外，“如果被告请求，法官应当向他提供剑和盾”。法官还需要维持决斗期间的场内秩序，如“格斗场内施行处以死刑的禁令，以防止有其他人干扰双方的决

图3-3 平民与平民决斗

斗。法官应当为每一位即将决斗的人指定一个助手，为他们各自举起木杆”。

在决斗正式开始之前，决斗双方还需要在法官的指挥下履行一定手续，如“格斗场准备好之后，决斗者可以要求进入场地，但要得到法官的允许。他们可以打开剑鞘的盖，但也要得到法官的允许。两个人须全副武装地到法官面前并且宣誓——原告宣誓称他向被告提出指控的罪行是确凿的，而被告则宣誓说他是无罪的，因此上帝在决斗中会帮助其中一个人取得胜利”。

在决斗正式开始之后，“两个人第一次相见时须面向同一侧，以免其中一方因为阳光晃眼而处于不利地位”。与法庭上的审判一样，法官也必须保证决斗是在公平的条件下进行的。而当双方分出胜负之时，

“如果其中一位决斗者倒下了，或者受伤了，或者投降，助手须将木杆插在他们中间的地方。助手不得擅自这样做，除非他得到了法官的允许”。

此外，“原告首先进入格斗场。如果另一方在场外逗留太久，法官须派遣一名法庭执行官和两名陪审官进入被告穿戴装备的房间对他进行催告。催告可以进行第二次和第三次。如果被告在三次催告之后仍不出现，原告可以站起来并请求赢得这场决斗。他可以挥剑空砍两下、空刺一下，并用这样的行为证明他所控诉的人是有罪的。然后，法官可以对被告径行判决，就如同他已经在决斗中战败那样”。

最后的决斗结果，就是诉讼的最终裁判，胜利者的主张就是合法的结果，或者让对方接受惩罚，或者让自己涤罪免责。如果一方在决斗中被杀，幸存者即被视为胜诉方。

4.决斗士的出现

鉴于决斗主体的限制和决斗过程的惨烈，以决斗为职业的决斗士便应运而生。

首先，当事人提出由他人代表自己来决斗的理由必须合法，比如博努瓦尔规定，只有在以下情形中才能由他人代表自己决斗：

“请求代理的人证明他失去了一部分肢体，显然身体因此变弱；第二个合法理由，已年满60岁；第三个合法理由，突发疾病，如痛风；第四个合法理由，患有疟疾或其他公开知晓且非欺诈性的疾病，第五个合法理由是如果上诉方或被上诉方是女性。”[①]

其次，决斗士虽然可以代替上文所述的那些主体进行司法决斗，但其身份却是以“证人”的方式出现的：

“在英格兰，直到1275年爱德华一世颁布威斯敏斯特第一部规约为止，在一桩涉及不动产的诉讼中，受雇的被告方决斗士必须被假定处于证人的地位，通过发誓声称他个人亲自到场并看到了对地产的合法占有，或者说他的父亲弥留时嘱咐他尽孝道、遵父嘱保护被告的权利，就如同他自己曾经亲眼见证过一样。这种奇怪的法律拟制在同时代诺曼人

---

① BEAUMANOIR. The coutumes de Beauvaisis of Philippe de Beaumanoir ［M］. Philadelphia： University of Pennsylvania Press，1992：628.

的法学体系中也很普遍。在这类案件中，原告的决斗士必须发誓说他曾经听到或看到过支持本方诉求的事务，而对方的决斗士则发誓说他们是在弄虚作假。”①

最后，这些决斗士虽然能够获得报酬，但也面临着巨大风险。如果决斗失败，不仅会导致诉讼程序的失败，自己也会被视为伪证犯而受到沉重惩罚，甚至会被砍掉一只手。如此巨大的风险，也是为了防止决斗士被对方收买而背叛雇主。②

这种职业逐渐在道德上变得名声不佳，《萨克森明镜》中直接将决斗士及其子女与地位最卑劣的私生子、游吟诗人和罪犯同列，一起剥夺法律权利。③最受鄙视的决斗士是英格兰的“同案犯揭发者”(approvers)，这些人虽犯重罪，但作为皇家证人，他们除了在揭发同案犯之外，还会与同案犯或其他重罪犯进行决斗，以此获得赦免。

总之，这些普遍、详尽几乎无以复加的法律规定，就是希望以形式化的公平决斗来中止战争、追求和平——以战止战、以战止讼。在平等原则得到遵守的前提下，决斗结果就是这种法律诉讼所能实现的最大“正义”。

3.3.3 决斗断讼的衰败

决斗断讼的衰败与誓言断讼的衰败相同，主要源自教会的反对、罗马法的复兴和新的诉讼证明模式的出现。

对教会而言，司法决斗的血腥与酷烈，无论如何难以与基督教的仁爱精神相适应，而对上帝的试探也不符合信仰的基本教义：

“难道至高正义真的就需要矛和剑来审判案件？我们常常看到合法的土地保有人或权利请求人在决斗中被非正义一方以更强的力量或某些阴谋诡计所击败。我们并不否认上帝的庇佑有时会开释无辜者并惩治有罪者，但除末日审判外，这绝非意指上帝在每起案件中都注定

---

① 李.迷信与暴力：历史中的宣誓、决斗、神判与酷刑［M］. X. Li，译.桂林：广西师范大学出版社，2016：197.

② BEAUMANOIR. The coutumes de Beauvaisis of Philippe de Beaumanoir［M］. Philadelphia：University of Pennsylvania Press，1992：630.

③ MARIA DOBOZY. The Saxon mirror： a Sachsenspiegel of the fourteenth century［M］. Philadelphia：University of Pennsylvania Press，1999：80.

会如此。”[①]

虽然从理论和教会层面不断反对和禁止司法决斗，尤其在第四次拉特兰会议上，英诺森三世不仅禁止神职人员主持神明裁判，还再次重申神职人员禁止参与决斗，但即便如此，教会的禁止仍然没有摧毁司法决斗在世俗法庭中的旺盛生命力。

对于罗马法的复兴，尽管有学者论证司法决斗不为罗马法所禁止，[②]可是，罗马法中的王权至上理论与封建贵族特权的对立、王室法庭与领主法庭的对立，终究会导致司法决斗这一断讼权利的衰败和消失。只不过这一对立、替代的过程颇为漫长，法学家阶层所掌握的法律知识仍然需要几个世纪的时间才能彻底消除习惯法的民间记忆。

决斗断讼衰败的最重要原因，无疑来自世俗法庭中新生的诉讼证明模式，即英国陪审制度的发展和欧洲纠问制诉讼程序的出现。尤其是纠问制诉讼程序中对事实问题的证明要求从根本上替代了司法决斗所表征的特殊断讼机制，反而是在陪审制度中，直到18、19世纪，仍然保留了司法决斗尚且合法有效的蛛丝马迹。[③]

总之，决斗断讼正是凭借人人牵涉其中的威胁、恐怖、残忍、酷烈的战争机制，超越战争的未知才可能被探知和体验，不可言说之物也才能在外部以竞争、对抗、诅咒的方式抵达，神秘的“上帝”最终也才能在决斗过程中惨烈地化身为“正义”根源的终极力量。战争机制是以战争的方式蕴含了非战争的可能结果——中止战争状态，这正是荷马史诗、罗兰之歌得以传唱的缘由：“战斗是拯救和解脱，胜利的残酷是生命之欢悦的顶峰。”[④]

---

① 巴特莱特．中世纪神判［M］．徐昕，喻中胜，徐昀，译．杭州：浙江人民出版社，2007：154.

② 巴特莱特．中世纪神判［M］．徐昕，喻中胜，徐昀，译．杭州：浙江人民出版社，2007：161.

③ 李．迷信与暴力：历史中的宣誓、决斗、神判与酷刑［M］．X. Li，译．桂林：广西师范大学出版社，2016：263.

④ 尼采．荷马的竞赛：尼采古典语文学研究文稿选编［M］．韩王韦，译．上海：上海人民文学出版社，2018：157.

3.4 神明裁判

3.4.1 神明裁判的自证与信仰

神明裁判虽然与誓言断讼和决斗断讼都属于悬置在一般证明程序之上的特殊断讼方式，尤其与酷烈血腥的决斗相比，神判似乎基于信仰更为谦抑，可是，神判却与前两种断讼方式有着本质的差异，正如亨利·查尔斯·李（Henry Charles Lea）所言：

“决斗断讼，就起源而言，单纯只是一种规范模式，在相对公平的考量之下，是最强者的原始法则。正如我们所言，如此混合交织之下，出现了一种诉诸神权的申诉，人们借此自我催眠，认为神明会进行干涉，并且使格斗事项按照永恒的正义进行……其他神判代表了人类更晚近的进步，蛮力已经多少从最早的野蛮至尊地位上逊退下来，而一种对全知全能的、正义的神性干预的依赖，无论是单一形式还是多种形式，已经成长得足够强大，从而成为指导日常生活的支配性原则。”①

查尔斯·李认为神判所代表的人类更为“晚近”的进步，这无疑不是时间的早晚，而是神判所代表的司法权力的行使方式更加偏向未来而非过去：神判的功能更加接近后来的司法刑讯（judicial torture），而不是过去在复仇基础上的司法决斗。尽管刑讯与决斗都有野蛮、暴力的一面，但两种制度所要塑造的法律主体完全不同：在刑讯之下，当事人在法律强力的压迫下不得不供认坦白；而在决斗中，当事人则把战斗视为拯救和解脱的方式。前者需要在法官面前坦承自己对公共秩序与和平的破坏；后者则遵循着战争机制的和平观念，以战止战、以战止讼。因此，虽然同为断讼方式，但必须把神判作为与誓证和决斗完全迥异的更为“晚近”的司法形式。

在人类早期的法律与习惯中就出现过神判的身影。比如，早在古波斯的《阿维斯陀》中就有近乎沸水神判的记载：

---

① 李.迷信与暴力：历史中的宣誓、决斗、神判与酷刑［M］. X. Li，译.桂林：广西师范大学出版社，2016：267.

“造物主啊！他知晓并采用了沸腾的金水这一方法，仿佛说的是真话，但是向密拉特撒了谎；

应当如何惩罚呢？

于是阿胡拉-马兹达答道：让他们被赶马棒打700下，被克劳修-查拉那打700下！”①

古希腊悲剧诗人索福克勒斯在《安提戈涅》中也提到类似热铁神判的方式：

“我们准备手举红铁，身穿火焰，凭天神起誓，我们没有做过这件事，也没有参与过这计划和行动。”②

但是这些神判的身影过于渺茫晦暗，它们更接近作为誓言效力担保的诅咒方式，而非一般诉讼手段。最早在法典中提及神判，要到6世纪以后的《萨利克法典》：

“如果有人被判处［把手放入］沸水锅的考验，那么，双方可达成协议，使被判决者可赎回自己的手，并须提出共同宣誓的证人。如果过失是这种情况：即已有犯罪证据，依照法律应予判罪者，应付六百银币，折合十五金币，那么，他可以一百二十银币，折合三金币来赎买自己的手。”③

可以看到，即便被判处了沸水考验，被判决者仍可以通过赎金和誓证取代法庭的判决。这一习惯法随着法兰克人在欧洲的扩张和发展，也逐步散播于其他欧洲民族。如《图林根法》中规定的热铁神判：

“如果一个女子被指控用毒药杀害了她的丈夫，或者通过恶意谋划导致他的死亡，那么她的近亲可以通过决斗来证明她的清白。如果她没有近亲能够代为决斗，她本人必须接受八块炽热犁铧的神明裁判。”④

自9世纪开始，神判进入了全盛时期，前后持续了大概400年。这一期间神判的数量不仅大幅增加，更为重要的是，统治者开始强

---

① 李.迷信与暴力：历史中的宣誓、决斗、神判与酷刑［M］. X. Li，译.桂林：广西师范大学出版社，2016：285.

② 索福克勒斯.安提戈涅［M］//索福克勒斯悲剧五种.罗念生，译.上海：上海人民出版社，2016：29.

③ 世界著名法典汉译丛书编委会.萨利克法典［M］. 北京：法律出版社，2000：34.

④ SCHWERIN，FREIHERR C V，ed. Fontes iuris Germanici antiqui in usum scholarum ex monumentis Germaniae historicis separatim editi： leges Saxonum et lex Thuringorum ［M］. Hannoverae et Lipsiae： Impensis Bibliopolii Hahniani，1918： 65.

调神判的正当性。查理曼大帝在809年的《亚琛法令》中表达了对神判的观点：

“所有人应毫无疑虑地相信神判。在审理可能导致死刑的案件中，当事人不得担任法官、陪审员或证人，也不得被允许参与任何宣誓程序；然而，在其他人需要以宣誓证明自己的情况下，该当事人必须始终接受上帝的审判以接受检验。”①

可以看到，从9世纪开始，世俗统治者不仅强调了神判的不可怀疑，还进一步对神判的适用作出限定：一方面，限定了神判的适用情形，神判仅适用于那些可能判处死刑的案件；另一方面，剥夺了当事人誓证涤罪的权利，强调了死刑案件中神判适用的强制性。

但是，在所谓的全盛时期，神明裁判并不仅仅是一种司法形式，还具有极强的政治、宗教意涵。但是，罗伯特·巴特莱特（Robert Bartlett）指出，有必要区分国事审判（state trial）的神判和针对盗窃、谋杀等行为的一般司法神判。②这种分类蕴含了极强的现代司法理念，即把司法诉讼视为与政治、宗教事件完全不同的行为。可如果按照战争机制来理解，就会发现不管是政治的、宗教的案件，还是盗窃、谋杀这类纯属司法的“犯罪”行为，诉讼的实质都是力量的对决，而诉讼的功能则是限制当事人之间的这种战争状态，以战断讼、以战止战。神判像誓言、决斗一样，容纳了政治、宗教、法律的多种力量对抗，但不再是个体之间的直接对抗，而是把对抗转移至个体与自然力量之间，使得对抗成为被告一方自证无罪的最后方式，因此，在两类案件中，神判的适用尤为突出：一类是贞洁案件，一类是信仰与异端案件。

第一类贞洁案件，往往发生在女性身上。比如，在9世纪著名的特贝尔加（Teuberga）事件中，洛泰尔二世（Lothair Ⅱ）为了废除与妻子特贝尔加的婚姻，就诬告特贝尔加与自己的兄弟私通。特贝尔加否认指控，并坚决维护自己的名誉，于是接受冷水神判。但是，教会允许她的家臣代她受审，最后，神判认定了她的清白，婚姻也没有解除。通过神

---

① BORETIUS, ALFRED, ed. Monumenta Germaniae historica: Capitularia regum francorum, tomus I [M]. Hannoverae: Bibliopolii Hahniani, 1881: 150-151.

② 巴特莱特.中世纪神判［M］.徐昕，喻中胜，徐昀.译.杭州：浙江人民出版社，2007：17.

判来自证贞洁的事件，大量出现在那个时期的文学作品中。在《诗体埃达》中，王后古德隆恩（Gudrun）被侍女赫尔吉娅（Herkja）诬告通奸，古德隆恩通过沸水神判丝毫无损，反过来侍女的手则被烫得满是浆泡。①到了后来，甚至专门有法律规定，针对女性的贞洁指控要由神判自证："13世纪斯堪的那维亚半岛的法典规定'倘若一位女子的丈夫指控其通奸，她必须以烙铁来洗刷嫌疑'。12世纪早期，法兰西贵族对他们妻子的怀疑，也正是诉诸此种相同的证明。"②此外，贞洁问题又会延伸至亲子关系的争议，尤其牵涉到贵族甚至国王，神判是解决此类难以言明的问题的常用手段。

另一种常见的神判类型与信仰有关。这种神判又可分为两类：

一类是利用神判来打击异端邪说，特别是针对巫师。因为异端邪说的证明对常规的司法程序而言往往难以胜任，而神判却能把这一认定过程在众目睽睽之下展示出来。比如在1207年，圣多明我和阿尔比派的代表之间举行了一场关于信仰的公开辩论，为了证明天主教的正统性和阿尔比派思想的错误性，圣多明我提议将两派的书籍同时投进火中，以此交与神判，看哪一方的书籍可以通过烈火考验。这类神判可以让大众直观看到何谓正统、何谓异端，具有极强的可视性和剧场效应。因此，"当在女巫和男巫嫌疑者的审判中使用神判业已成为普遍习惯时，利用神判来打击来自内部的宗教异端犯罪或许是顺其自然的，针对巫师和那类紧密联系的坚持异教习俗之人，神判的使用得到了跨越时空的广泛传播"。③

另一类则是以神判来自证信仰。信仰与贞洁类似，自身到底如何往往是不可见的，而神判却是将这种不可见之物可视化的有效方式；而且，之所以教会能够最为有效地促进神判的适用，④根本缘由就在于，基督教本身就需要通过奇迹来证明、维系信仰。比如，《新约》几部对观福音，为了宣扬基督伟迹，讲述了诸多发生在耶稣身上的神迹，如治

① 埃达［M］. 石琴娥，斯文，译.南京：译林出版社，2000：383-384.
② 巴特莱特.中世纪神判［M］. 徐昕，喻中胜，徐昀，译.杭州：浙江人民出版社，2007：28.
③ 巴特莱特.中世纪神判［M］. 徐昕，喻中胜，徐昀，译.杭州：浙江人民出版社，2007：35.
④ 李.迷信与暴力：历史中的宣誓、决斗、神判与酷刑［M］. X. Li，译.桂林：广西师范大学出版社，2016：299.

病的奇迹、水上行走的奇迹、异常气候的奇迹等，而基督教中的最大神迹，就是“基督复活”：耶稣作为上帝的儿子、基督，死在十字架上之后又复活了。基督教正是凭借“基督复活”这一神迹，得以在两种结构严密的知识图景或话语机制中——希腊智者的逻各斯、犹太先知的律法——创造一种新的使徒话语。与希腊的理性、智慧对立，基督教选择了愚拙；与犹太教的神迹、强壮、高贵对立，基督教选择了耻辱、软弱、卑贱。一言以蔽之，上帝选择了那无有的，而要废掉那有的：

“基督—事件使得非存在者而不是存在者成为上帝的证明，而且这里说的要废除的，是此前的所有话语声明‘实存’或者‘存在’的东西……基督教的话语是围绕着一种语言的发明建立起来的，在这种语言当中，愚拙、耻辱和软弱代替了认识的理性、秩序和力量，非存在是存在的唯一有效的肯定。”①

信仰本身就是一场自我建构的神判事件，而所谓“复活”，就是召唤主体在信仰之中识别自己的“复活”。②但是，精神“复活”的神圣性，在反抗现实性之外，又将不可避免地重蹈现实性本身：“只有以一切必要的残酷，建立一个教会，才能够保护自己。但是，这个教会把神圣性变成了圣职……这种残酷被预设为可以防止神圣性被历史腐败，但其自身就是一种根本性腐败，是教士对圣徒的腐败。”③随着教会把信仰的神圣性转变为圣职，神判便从自我与事件的建构关系转变成事件对自我的建构，原本所蕴藏的反抗、荒蛮、愚蠢和暴力，也迅速成为权力嵌入的正当契机。在使徒保罗之后，检验、审查、矫正保罗话语的教士出现了，基督复活的圣迹也无可避免地成为掩藏欲望的“不轨之举”。④

---

① 巴丢．圣保罗［M］．董斌孜孜，译．桂林：漓江出版社，2015：59.

② “或有人问：‘死人怎样复活，带着什么身体来呢？’无知的人哪，你所种的，若不死，就不能生！并且你所种的，不是那将来的形体，不过是子粒，即如麦子，或是别样的谷。但神随自己的意思给它一个形体，并叫各等子粒各有自己的形体。凡肉体各有不同：人是一样，兽又是一样，鸟又是一样，鱼又是一样。有天上的形体，也有地上的形体。但天上形体的荣光是一样，地上形体的荣光又是一样。日有日的荣光，月有月的荣光，星有星的荣光；这星和那星的荣光也有分别。死人复活也是这样：所种的是必朽坏的，复活的是不朽坏的；所种的是羞辱的，复活的是荣耀的；所种的是软弱的，复活的是强壮的；所种的是血气的身体，复活的是灵性的身体。若有血气的身体，也必有灵性的身体。”科纳．《哥林多前后书》释义［M］．上海：华东师范大学出版社，2010.

③ 巴丢．圣保罗［M］．董斌孜孜，译．桂林：漓江出版社，2015：47-48.

④ 参见布朗．不轨之举——意大利文艺复兴时期的一位修女［M］．王挺之，译．北京：商务印书馆，1995.

对神判而言，在教会和世俗主权者的推动下，检验、审查、矫正神判受试者的法官也出现了，神判成为一种法律强力下的自我证明，神判的结果则成为法律权力施展手段的空间。本来在“基督复活”的神迹中，“我”作为主体，是构建事件的绝对主导者、在场者，这场事件如果缺失主体先在的偶然、无理、狂热和不可预测，缺失主体对复活的信仰、缺失主体自身的决断，则根本不会发生。但是现在，那个主体只是一场神判案件构建出来的一个受试者、演示者、验证者，不仅主体先在的偶然、无理、狂热和不可预测彻底缺失不见，而且任何决断的可能性、必要性也无法存身。主体从构建事件的主导者沦为证明奇迹的表演者，或者说，成为法律权力之下的被惩罚者：

“这样的一种体制，如此完全地与‘奇迹般地干预保护无辜并惩罚罪人’的理论背道而驰，以至于我们只能将它看作疑难案件中档次各异的惩罚，如此列出的某种惩罚，作为对那些希望因罪行隐秘而侥幸逃脱的人的警告，毫无疑问，有了一种安慰剂般的定罪判决。”①

总之，从信仰的角度来看，当神判背离信仰的神圣性而成为一种特殊断讼方式后，尽管仍有某种身体力量与自然力量对抗的征象，但个体决断的力量已经难以显现，在战争中以战止战、以战止讼的作用也越来越微弱不足，而原本作为中立第三方的司法权力却可以凭借神判的剧场化效应，把当事人不可见的行为可视化，以至于当事人哪怕是遭遇到纯粹子虚乌有的诬告，也不得不以神判自证清白。这种被迫自证的有组织的法律暴力，显然已经显露出决斗等暴力方式完全不具备的“残忍”。

3.4.2 神明裁判的司法实践

1.神判的条件

神判所适用的案件，尽管有的法律将其限制在可能判处死刑的案件中，如前所述的809年《亚琛法令》，但在很多地区诸多“犯罪”行为都可适用神判，如谋杀、纵火、巫术、伪造、盗窃等，从“民事”案件

① 李.迷信与暴力：历史中的宣誓、决斗、神判与酷刑［M］. X. Li，译.桂林：广西师范大学出版社，2016：424.

到“刑事”案件均有神判的身影。[①]但是这些案件与性贞洁和信仰类案件相同，都是在无法通过一般证明方式证明，同时又无法以誓证、决斗等特殊断讼方式来解决争议的情形下，最后采取的手段：

“神判是一种最后的而非最初的救济。它仅在没有‘确凿证据’时方得运用。这样的看法有时被提升为一项普遍原则。正如12世纪英格兰的规定，‘唯有当未证明的事实无法以其他方式探知时，方可采取热铁神判’。或者用大约1220年《萨克森明镜》中的话来说，‘除非没有其他方式可知悉真相，否则在任何案件中使用神判皆属不当’。”[②]

有学者将神判适用的前提概括为以下四点：(1) 没有正式原告；(2) 没有证人作证；(3) 被告完全否认；(4) 被告不能采取誓证或决斗来涤罪免责。[③]因此，虽然仍为一种特殊断讼方式，但神判的运作已然与决斗和誓证出现了巨大差异。

首先，学者一般把神判分为单向神判和双向神判。所谓单向神判，即水审、火审类的神判；而双向神判则包括了决斗。因为这两种方式差异极大，故这里的神判仅指单向神判。对这种单向的神判而言，它不是原告指控的手段，而是被告防御的手段，被告完全否认罪行，却又无法通过证人等一般证明方式和其他特殊断讼手段涤罪免责，最后只能以神判涤罪。

其次，除了那些自愿接受神判的少数情形之外，适用神判的对象一般是非自由民。其具体可分为以下三类：第一类是女性、奴隶这样不具备宣誓、决斗资格的人（若其领主自愿加入案件，则另有不同）；第二类是外来者，因为他们不具有任何社会地位，自然也没有前述法律权利；第三类就是那些伪证者、犯有前科者，还有因为言行恶劣、声名狼藉而无法誓证和决斗的人，这类人早已无人再为他们的名誉担保，只能适用神判。

再次，除了适用条件和适用对象与誓证决斗不同，适用神判，往往

---

① 巴特莱特.中世纪神判［M］. 徐昕，喻中胜，徐昀，译.杭州：浙江人民出版社，2007：37.

② 巴特莱特.中世纪神判［M］. 徐昕，喻中胜，徐昀，译.杭州：浙江人民出版社，2007：39.

③ 惠特曼.合理怀疑的起源：刑事审判的神学根基［M］. 佀化强，李伟，译.北京：中国政法大学出版社，2012：91.

意味着已经有罪的怀疑，并且对其信誉、地位和过往的行为作出了否定性判断。当被告要从一锅沸腾的热水中，徒手捞出锅底的小石头或戒指时，当被告双手拿着一块烧红的烙铁走出约定距离时，当被告手脚被捆缚着推入水中以察看是否下沉时，其实已经在根据怀疑而行使惩罚。即便有些人凭借偶然机运和强壮体魄能够逃出一劫，结果判定的模糊性、主观性、灵活性，如手掌是否烫伤，伤口是否痊愈，最后完全操控于裁判者之手。

最后，在某些情形中，神判不是定罪的方法，而是定刑的方式。比如在9世纪初，一支法兰克人的法律中直接表明："凡窃贼已犯某盗窃罪，则必须交付审判，即诉请神判。苟神判中为火所灼伤时——换言之，即不能经火审时，则处以死刑；反之，如不为火所灼伤，则可允其主人代付罚金，得免除其处死。"①

2.神判的类型

神判主要围绕人们视为洁净之物的水与火来展开，但水与火又会通过类似于铁的介质来显示。根据查尔斯·李的考证，水审与火审主要有四种类型：热铁神判、沸水神判、火焰神判和冷水神判。其他的神判方式还包括天平神判、十字架神判、吞食神判、生产神判、抽签神判和尸棺神判等。以下是四种主要的神判方式：②

热铁神判（Ordeal by Hot Iron）主要有两种方式：第一种方式，在一定间距间放置6个、9个或12个烧红的铁犁头，被告光脚在此间行走，纯凭运气是否能够通过，有的时候还会被蒙上眼睛，有的则会被强制赤脚踩踏每一个铁块。第二种方式，被告手持一块烧红的烙铁走上一段距离，烙铁重量则根据案件严重程度而有所区别，几天之后再根据手脚伤情作出判定。如果该手痊愈而洁净，就是清白的；反之，如果发脓不洁，就是有罪的。在欧洲，这种神判得到最为广泛的适用。

沸水神判（Hot Water Ordeal），又称"汤釜"（cauldron）神判，其具体细节虽然有所差异，但主要方式基本相同：一锅水烧至沸腾，被告需要徒手捞回其中的小石头或者戒指。有的沸水神判不需要捞起物品，

① 斯密.欧陆法律发达史［M］.姚梅镇，译.北京：中国政法大学出版.1998：51.

② 李.迷信与暴力：历史中的宣誓、决斗、神判与酷刑［M］.X.Li，译.桂林：广西师范大学出版社，2016：301-416.

但需要根据案件的严重程度，把手、手腕或手肘伸入其中。然后把手包起来，盖上图章，三天之后打开，根据伤情来宣判是否有罪。

火焰神判（Fire Ordeal），不需要通过铁或水为中介，直接将手置于火中，即我“愿以手试火”。但是后来火焰神判被修改得更为壮观：搭建两堆木柴，中间仅留狭窄的通道，并且在通道上覆盖着烧红的火炭，在两堆木柴的熊熊大火之间，被告需要从通道中间走过，然后根据情况作出判断。

冷水神判（Cold Water Ordeal），在一系列将水圣化的宗教仪式后，将被告捆绑起来，如左手与右脚、右手与左脚互相捆绑在一起。然后用绳子拉着牵入水中，若浮出水面，就被视为有罪，因为“圣水”拒绝罪人；若沉入水中，则被视为无罪。但这种情况下被告可能溺水而死，所以必须及时将其拉出。

此外，水审，无论是沸水神判还是冷水神判，多用于社会地位较低的平民，如农奴、妇女，特别是对女巫的审判；而热铁神判则多用于社会地位较高的人。之所以如此，除了成本、便捷度和象征意义以外，更为重要的原因可能在于不同神判的结果，在人为干预下判定罪行的可能性不同。正如查尔斯·李所言：“某些要靠发生奇迹才能获得无罪宣判，另一些则需要奇迹才能获得有罪判决；有一些完全取决于意志力，另一些则纯粹靠运气，而还有一些，则通过对受试者的精神施加影响而发挥作用。”①

3.4.3 神明裁判的终结

1215年，第四次拉特兰会议第18条明确规定，神职人员不得参与与流血相关的事务，其中还特别提到神职人员不得参与沸水神判、冷水神判和热铁神判：

“任何神职人员不得下令或宣判涉及流血的判决，也不得实施此类惩罚，或出席此类惩罚的执行。然而，如果有人利用本条规定作为掩护，对教会或教会人士施加伤害，应以教会责罚加以制止。神职人员不

① 李.迷信与暴力：历史中的宣誓、决斗、神判与酷刑［M］. X. Li，译.桂林：广西师范大学出版社，2016：301.

得撰写或口述要求实施流血惩罚的信件；在君主的法庭中，这项职责应交由世俗人士而非神职人员。此外，任何神职人员不得指挥雇佣兵、弩手或其他类似的“嗜血”人员；副执事、执事或神父也不得从事涉及烧灼或切割的外科手术。此外，任何人不得为沸水考验、冷水考验或热铁考验等神圣考验赋予祝福或圣化礼仪，但关于司法决斗和战斗审判的此前禁令仍须遵守。”①

至此，兴盛了近4个世纪的神判开始走向终结。需要注意的是，在神判进入兴盛的初期，就已经存在诸多质疑、反对的声音。如里昂大主教阿戈巴尔德（Agobard of Lyon）表示：“忠实的信徒不应当相信全能的上帝会希望通过沸水或热铁来解释人们显示生活中的秘密。”一方面，神判“是一项人类的发明，一种上帝从未指示、从未期望的证明，且正如可论证的那样，一种并未通过圣徒或任何忠实信徒的范例而引入的证明”。另一方面，“上帝的神判是隐秘而深不可窥的……倘若一切未来之事皆不确定，则试图通过可憎的决斗令不确定之事确定下来是何等惊人的愚昧”。②一直到12世纪，格拉提安在《教令集》中表达了同样的批判：热铁神判和沸水神判是不应接受的，因为这与神圣的教规相违（c.23，q.5，c.47.）③。但是，这类批判直到拉特兰会议，才真正引来神判废除的转折点。

在信仰层面，如前所述，神判对教会而言是一种不当承认又无法否认的悖谬存在。一方面，信仰本身就是一场自我建构的神判事件，即召唤主体在信仰之中识别自己的“复活”；而另一方面，教会又把信仰的神圣性转变为圣职，把神判从自我与事件的建构关系转变成事件对自我的建构，以此通过神判来行使一种正当权力，从而校验信仰、打压异端。

这种信仰层面的悖谬进一步延伸至教会内部的观点不一致。原因之一，就是神职人员在神判中可以获得重要的政治利益和经济利益：

“当神职人员被敦促废除神判时，他们被要求交出一项重要权利，

① Fourth Lateran Council (1215), in Papal Encyclicals Online, accessed January 19, 2025,［2025-02-18］. https://www.papalencyclicals.net/councils/ecum12-2.htm#21.

② 巴特莱特.中世纪神判［M］.徐昕，喻中胜，徐昀，译.杭州：浙江人民出版社，2007：96-97.

③ GRATIAN. Decretum Gratiani［M］. Leipzig: Bernhard Tauchnitz, 1879.

因为主持神判的特权提高了其司法权的威信，且在许多案件中，将裁决有罪与否的权力交于他们手中。倘若神明裁判消失，拥有神判池和圣铁的教会领主，以及习惯于解开受检者包扎的手掌并宣布上帝审判的牧师，将会因此遭受权力与权威的现实萎缩。高级教士对主持神判权的高度重视体现于他们捍卫该权利的坚韧固执之中。”①

因此，主持神判是地方教会的重要财产来源和司法威信的体现，这才会出现地方神职人员不顾教皇教令而竭力维持神判的情况。可是，教会内部的角力和矛盾，最终还是随着教会顶层的不断坚持和教皇权威达到顶峰而告终。尽管在第四次拉特兰会议之后，仍然存在以神判来惩罚异端的案例，甚至在一些偏远地区，恰恰是从13世纪开始才大规模地适用神判，②但是，1215年的教令确实是促使神判走向终结的转折点，世俗主权者，如英格兰、苏格兰、丹麦、冰岛、挪威以及法国等地纷纷开始立法抵制神判。可正如巴特莱特所言，并不存在神判的衰落，而只有神判的废弃，因为反对神判的声音久已存在，而教皇的决定并非神判衰落漫长过程中一项迟来的确认，而仅仅是一项导致神判被废除的政策决定。③

之所以说神判的终结不是一个漫长的衰落过程，而是一种政策性废弃，原因可能在于：

首先，神判的废除与忏悔的兴起密切相关，忏悔在一定程度上替代了神判的功能。随着教会对信徒宗教生活的规范日益加强，从12世纪开始，圣事神学（sacramental theology）得到了长足发展。在第四次拉特兰会议上，不仅正式废除神判，还提到了忏悔、圣餐这类圣事，规定世俗信徒每年至少要向神父进行一次忏悔，并在复活节期间领受圣餐。这些要求不再是个人信仰的选择，而成为法律强制的义务。忏悔和圣餐圣事的普及，不仅可以在人们的日常生活中巩固教会权威，还能比神判更进一步地强化对世俗事务的干预：

① 巴特莱特.中世纪神判［M］.徐昕，喻中胜，徐昀，译.杭州：浙江人民出版社，2007：119.

② HYAMS P R. Trial by ordeal: the key to proof in the early common law［A］. On the laws and customs of England: essays in honor of Samuel E. Thorne［C］. Chapel Hill: The University of North Carolina Press, 1981: 90-126.

③ 巴特莱特.中世纪神判［M］.徐昕，喻中胜，徐昀，译.杭州：浙江人民出版社，2007：131.

“如果某人因正当理由希望向另一位神父忏悔罪过，应首先向自己的神父请求并获得许可；否则，另一位神父将无权赦免或约束他们。神父应当具备辨别力和谨慎态度，像一位熟练的医生一样，将酒和油倒在受伤者的伤口上。他应当仔细询问罪人及其罪过的相关情况，以便明智地判断应给予何种建议和施行何种补救措施，并运用各种方法医治患病的灵魂。”①

既然忏悔已经成为一种法定义务，一个人向神父进行忏悔，而神父也像一位医生一样询问相关情况、给出补救措施，那么这个人就不应当再把忏悔事务交付神判：“某位编年史家记录了1183年的事件，他报告说，‘在伊普尔市，12人被提交热铁神判，但由于忏悔，所有人皆平安无事地被释放’。”②

其次，随着忏悔圣事的发展，基督教还从理念上区分了“罪恶”（sin）与“罪行”（crime），在理论层面提供了忏悔与赎罪的依据。阿奎那在《神学大全》中对此进行了系统的阐述：罪恶（*peccatum*）是理性意志违背上帝法则的行为，是灵魂的一种内在状态，罪恶可以通过忏悔和补赎而被赦免（I-Ⅱ，q. 71，a. 6）；罪行（*delictum*）则是外在、可见的，是对人类法律的直接违反，罪行涉及公共秩序，需要通过法律审判和惩罚加以纠正（I-Ⅱ，q. 96，a. 2）。③既然罪恶与罪行不同，如果上帝要对一个人的罪恶作出裁判，那么仅需神父即可完成对其罪恶的赎罪，而不再需要经由世俗权力交付神判：“忏悔和赦罪应由牧师主持并与有罪者在教堂中单独进行，而上帝的裁决应在忏悔和赦罪之中聆听，而非在法庭世俗的公开中获悉。牧师权力的一种形式即神判管理，将不得不让位于另一种形式的权力——忏悔室的权威。”④

最后，替代神判的新诉讼证明模式出现，即英格兰的陪审团制度和欧陆的纠问制度。尽管某些地区废除神判后，誓证和决斗反而得到发

---

① Fourth Lateran Council （1215），in Papal Encyclicals Online，accessed January 19，2025，[2025-02-18]. https：//www.papalencyclicals.net/councils/ecum12-2.htm#21.

② 巴特莱特.中世纪神判［M］. 徐昕，喻中胜，徐昀，译.杭州：浙江人民出版社，2007：106.

③ THOMAS AQUINAS，Summa Theologica ［M］. Fathers of the English Dominican Province，accessed January 19，2025.

④ 巴特莱特.中世纪神判［M］. 徐昕，喻中胜，徐昀，译.杭州：浙江人民出版社，2007：107.

展，但更为普遍的情形是，法官在新的诉讼模式中拥有了更大的自由裁量权：

“神判废除所导致的最初混乱，体现在1219年向法官颁发的王室训令中。在禁止神判后，它继续提供某些特别措施以处理刑事被告人，并作出决定：‘由于我们的议事会目前尚不会就此事项作出任何更明确的安排，因而对你们如何在你们的巡回法庭上遵循这些指令，我们将其留待你们自由裁量。依你们的自由裁量及良知处理此事，尽你们所能查明涉案人的品格犯罪性质及事实真相。’”①

在罗马法和教会法的影响下，欧陆的纠问制度彻底改变了以私力救济为基础的诉讼模式，检察官、法官更为积极地介入犯罪行为的调查之中，而司法刑讯则成为一种还原案件事实不可缺失的最后保证，就像神判一样，刑讯也成为某些案件最后诉诸的自证手段：

“‘在民事和刑事案件中，当真相无法通过任何其他方式发现时，人们便被施以刑讯。’它适用于像异端一样‘不可见的’信仰犯罪。12世纪的异端审判经常在戏剧性的火审或水审中达到高潮；中世纪后期那些异端审判导致了宗教裁判所的法官室和刑讯室的秘密行动，甚至在像英格兰这样刑讯极为罕见的国家中，过去常以神判审理的叛逆罪也往往通过刑讯来处理。”②

至此，法律权力袪除了无罪的断讼历史，开启了犯罪与刑罚的法律时代。从此，人们只能通过拒绝和反抗来接受服从。

3.5 考验性真实的构建

3.5.1 进化论与功能主义立场

誓言断讼、决斗断讼和神明裁判，作为三种各有差异又暗自关联的特殊断讼方式，其作用并非在查明事实真相的基础上适用法律，而是在

---

① 巴特莱特．中世纪神判［M］．徐昕，喻中胜，徐昀，译．杭州：浙江人民出版社，2007：108.

② 巴特莱特．中世纪神判［M］．徐昕，喻中胜，徐昀，译．杭州：浙江人民出版社，2007：186.

不法行为所开启的私人战争状态下以有限制的战争方式来止战断讼，维持和平。这种战争机制下的法律真实是一种建立在考验基础上的真实，而非基于案件本身的真实。要想理解这种考验性真实，首先需要摆脱常见的进化论观点与功能主义立场。

特殊断讼方式的产生前提，即古代社会的“不法行为”并无现代的“犯罪”概念，而这种不法行为又引发了当事人的报复选择机制：施行复仇还是接受赔偿。很多学者把从“不法行为”到“犯罪”、从报复选择机制到“刑罚”的演变过程概括为一种文明进化论：

“复仇是存在于法治之前或法治初期的普遍现象，文明国家曾经经历过复仇时代，未开化的民族现在仍旧存在着复仇现象，这是人类聚居生活发展史初期必然要经历的社会进化之路……

复仇是私力制裁，刑罚是公权制裁。复仇是个体力的作用，刑罚是社会力的作用。随着文明的进步，该个体力集中转化，产生了社会力，公权制裁的惩罚就代替了私力制裁的复仇。”①

穗积陈重把这种从复仇的自力救济到刑罚的公力救济的演变过程概括为三个阶段，即法律出现之前的“复仇义务时期”、法律产生初期的“复仇限制时期”和法律完备的“复仇禁止时期”。穗积陈重认为，在法律出现之前的原始生活状态下，复仇作为一种义务，与动物本能的复仇相似，就像达尔文所记录的狒狒复仇以及蜜蜂蜇毁巢者、毒蛇反噬攻击者等一样。复仇是人类文明最初期的现象，也是世界现存文明最低等族群的现状，复仇是生存竞争的一个必要条件。到了法律产生的历史阶段，随着私力的公权化，统治者便通过一系列办法来限制复仇，如限制复仇者的范围、限制复仇的方法、设置复仇的调停机构、设置复仇的申告、许可以及允许赔偿等同于复仇进而逐渐优先于复仇等。尽管这些方法力图限制复仇，但仍然没有禁止复仇，而允许复仇的前提便是复仇本身不会导致社会凝聚力的崩溃和危害社会治安，如果超出这一范围，就会动用公权而制裁私力。在这些限制措施中，“以赔偿代替复仇，和平解决纠纷，乃防止私斗最有成效的对策，是私力公权化的开端。权力者

① 穗积陈重.复仇与法律［M］. 曾玉婷，魏磊杰，译.北京：中国法治出版社，2013：27-31.

劝告当事人以赔偿来和解，在出现争议时出面居中调停，或是设立仲裁机构，或是制定赔偿额度，这些皆意在劝诱当事人放弃复仇。权力者规定被害一方未事先请求赔偿便不能复仇，或者留下人质作为担保，或是惩罚拒绝接受赔偿之人，这些行为皆旨在发挥威慑作用”。[①]这样，随着公权力的兴盛和法律的完备，经由赔偿的中介，复仇最终彻底转化成为刑罚，复仇本身则成为明令禁止的行为。

这种文明进化的历史观点，其实预设了如下两个判断：“无主社会”（acephalous society）的野蛮混乱、国家权力法治的和谐秩序：

“只有当法律机构的发展旨在压制私人暴力并为私人冲突提供具有约束力的最终解决方案时，社会才能得到维续。这种解释通常建立在历史变革的进步理论基础之上，根据这些理论，随着现代（西方）国家遵循其不可阻挡路径而出现，制度也会按照阶段而发展。因此，复仇、神判和私人争端解决最终让位于旨在促进法治的中央集权机构，而完全成熟的国家必须依赖法治。”[②]

当我们按照这种进化观点，把国家公权力并不发达、任私人自行复仇的社会视为混乱、落后、未开化甚至如动物本能一般的野蛮状态，而把以国家为代表的中央集权机构依照法律所规定的犯罪与刑罚来维护和平秩序视为文明状态，就会进一步得出证明方式的“理性”与“非理性”之别：“中世纪前期的许多证明方式在很大程度上是非理性的，也就是说，法庭经常召唤超自然力量或神明来揭示真相，支持无辜的一方，并使正义的事业胜利。”[③]而神判的废止则代表着证明方式的理性化进步，向着更高级的社会结构和更高级的智识水平发展。

当然，也有学者在理性与非理性的简单分别上，试图发现二者紧密交织之处：“中世纪早期的诉讼证明制度并非以‘原始、非理性或神秘’为核心，而是建立在可确定性的原则基础之上，[④]并且从神判到调查纠问制度的转变也非断裂式变化，而是理性化程度逐步提高、逐步发

---

① 穗积陈重.复仇与法律［M］. 曾玉婷，魏磊杰，译.北京：中国法治出版社，2013：169.

② COHEN D. Law violence, and community in classical Athens ［M］. Cambridge：Cambridge University Press，1995： 13.

③ CAENEGEM V. Legal history： a European perspective ［M］. London： Hambledon Press，1991： 73.

④ REBECCA V. COLMAN. Reason and unreason in early medieval law ［J］. The Journal of Interdisciplinary History，1974（4）： 571 - 591.

展的结果。”

这种分析进路其实已经从进化论转移至功能主义立场。功能主义立场的代表人物皮特·布朗（Peter Brown）认为，12世纪前后发生了从“共识”到“权威”的重大转型，统治者则从“和平的调停者”转变为“法律和秩序的强制施行者”。在11世纪之前，统治者的主要角色是调停地方冲突，以维持社区内部的和平。这种模式依赖传统习惯法、仪式性调解以及社区共识，如通过神判来达成和平协议。而在12世纪后期，统治者逐渐转型为法律秩序的强制实施者，他们通过绞刑架等无须复杂仪式的实际工具来直接展示强制力，以此震慑和惩罚犯罪。①

保罗·海厄姆（Paul R. Hyams）在皮特·布朗的基础上，继续强调神判在小型共同体中达成共识、重建和平的功能：“中世纪早期的法律变革，很少直接源于积极的、以更高理性为驱动力的公共决策，或许这种情况从未发生过。无数个体通过追求自身目标，逐步推动了中世纪法律的变革。在旧神判制度的转型背后，隐藏着一种政治需求，如谴责那些惹怒领主的无名村民，压制那些不公正的盗窃指控，或者争夺那块渴望已久的水草地。这些都是日常的世俗需求，而非来自教会和国家领导人那些迟来的、平庸的声明。”②

事实上，巴特莱特批评这种功能主义立场深受社会人类学的影响，过于强调群体的内聚性和自治性，却遗漏了最关键的“领主制”的“王权”因素。因为神判的大规模盛行与加洛林王朝的兴起相伴随，从而体现出强烈的强制性和侵入性特征：

“在刑事案件中，神判最普遍地适用于誓言已损者、外国人和非自由民。就值得法律保护的共同体之界定而言，这些人将被排除在外。据此观察，当共同体的内部机构作为一种处理共同体外纠纷的机制出现时，对于那些超出常规程序如共誓涤罪范围之外的案件，神判并不完全是维系共识的一种装置。在一种微弱的意义上，任何司法程序皆系一种达成共识的装置，因为可以获得一个意图赋予约束力的结果。神判有别

---

① PETER BROWN. Society and the Holy in Late Antiquity［M］. Berkeley and Los Angeles: University of California Press, 1982: 302-332.

② PAUL R. HYAMS. Trial by Ordeal: The Key to Proof in the Early Common Law［A］. On the Laws and Customs of England: Essays in Honor of Samuel E. Thorne［C］. The University of North Carolina Press, 1981: 90-126.

于其他事物的特征不完全是它可能产生的共识，而是以下事实：它是在特别棘手的案件中获得结果的一种方式。但面对这些棘手案件的共同体并非自治的，它们不能制定自己的规则。它们有领主，而神判的功能不仅要反映共同体的需要，也需体现领主的要求……显而易见，对神判结果影响最大的是牧师和法官的能动性，而非地方群体的能动性。”①

巴特莱特的意思是，不能看到13世纪神判开始走向终结就认为此前存在着一场神判的危机，进而在“社会变革”的宏大视角下按照现代价值观来推论。这种理性、非理性、共识、超自然信仰等观点透露出强烈的现代启蒙色彩，但是，社会变革和功能主义的观点，既无法解释神判在12世纪仍然欣欣向荣而从未衰败的现实，也无法厘清中世纪复杂的“社会”观念。

当然，一览无遗地清晰阐述特殊断讼方式的运作与意义，本身就是一种无视“界限”的现代式“幻想”，②巴特莱特无非是在提示我们：要想理解特殊断讼方式，需要破除进化论观点与功能主义立场价值预设。

3.5.2 特殊断讼方式的“事件”

进化论观点与功能主义立场的价值预设是什么呢？

进化论在“野蛮”与“文明”之别、理性与非理性之别下，其实预设了“野蛮”必然向“文明”的发展、非理性必然向理性发展。换言之，在一个去中心化的无主社会，复仇引发冲突、混乱和不稳定，必然会促进中央化机构的发展，私力救济必然向中央化的机构屈服，最终则会实现完整的国家法律之治。

功能主义则常常把社会视为一个有机体，就像生命体的每个器官都

---

① 巴特莱特.中世纪神判［M］.徐昕，喻中胜，徐昀，译.杭州：浙江人民出版社，2007：53-57.

② 正如维特根斯坦所言：“整个现代的世界观都建立在一种幻觉的基础上，即认为所谓的自然律是自然现象的解释。所以，当代人们站在自然律面前，就像古代人们站在神和命运面前一样，把它视为某种神圣不可侵犯的东西。事实上他们二者都是正确的，也都是错误的：虽然古代人们的观点更为清楚一些，因为他们承认有一个明白的界限，而现代的系统则力求显得似乎一切东西都已经得到解释。”参见维特根斯坦.逻辑哲学论［M］.贺绍甲，译.北京：商务印书馆，1996：100.

要承担一种功能，社会有机体的每个组成部分也必然具备一定功能。在这种维持共同体“健康”视角下，复仇和战争的功能便显得含混不明。因为这种功能主义立场已经预设了社会生活必然要由规则统治，而规则需要通过规范性的概念来解读，这就导致了冲突和纠纷本身成为一种病理、偏离、混乱和失范，而社会机构的存在就是要将其疏导分离、重归正轨。

可是，当我们在历史谱系的视野下，跨过法律和宗教的“门槛”，回到特殊断讼方式的战争机制中便可发现，只有当我们不再以正义、和平等现代价值来论及、否定战争，历史之为历史的真实，才可能得以呈现。“野蛮人”的古老风俗确实粗粝、暴虐甚至荒诞，但可能正因为如此，它才有它的力量来维系一种“竞赛式社会”（agonistic society）的活力。

首先，正如柏拉图在《法义》中所言：“在公共领域，一切人对一切人皆是敌人，而在私底下，每个人自己对自己均是敌人。”[①]冲突与复仇是公共生活中再正常不过的现象，可是，如何在这类似于霍布斯所谓的“一切人对一切人的战争状态”下确保“安全”呢？这便体现出古今价值的不同，古代的法律和诉讼并不追求霍布斯放置在现代国家与法律秩序首位的“安全”价值，同时也不意图消除战争，反而是将战争维持、延续在诉讼程序上，从而以公开的方式施加程序性限制。这就是为何在古代法中经常发现，秘密复仇行为就像公然杀害行为一样得到禁止，因为公然表达“敌意”（enmity）就是一种公开宣告的战争状态，而秘密暗中伤害则是对公开宣告的战争状态的破坏，二者的法律后果自然应当有所不同；敌意的表达除了口头宣告外，往往也需要通过行为来宣示，某个人对他人提起诉讼，便是这种敌意的宣示。[②]这种敌意深深契入法律与诉讼程序之中，决定了双方的冲突很可能无法一劳永逸地经由法庭解决：“法庭并非冲突的最后解决方式，而是提供了另一个竞争舞台，因此，法律既有助于维持社会秩序，同时也可能威胁着社会秩序。”[③]

---

① 柏拉图.法义［M］. 林志猛，译.北京：华夏出版社，2023：70.

② COHEN D. Law violence, and community in classical Athens ［M］. Cambridge: Cambridge University Press, 1995: 70-71.

③ COHEN D. Law violence, and community in classical Athens ［M］. Cambridge: Cambridge University Press, 1995: 23-24.

其次，在诉讼中，双方的冲突或战争就像一场竞赛游戏，双方都在限制性规则所保证的平等基础上，力求打败对方，赢得胜利。所以，双方为何冲突，争议的事实本身往往并不重要，重要的是在竞赛游戏中获得胜利："沉迷复仇的原因，主要不在于造成毁损的欲望，而正像一场游戏的胜利可以提高一个人及其团体在共同体内部和他人眼中的声望……因此，复仇，也是作为内部政治地位及外在临时统治力基础的原始方式。"[①]需要明确的是，这种胜利的目的并非旨在惩罚对方或赢取赔偿，而是在追求荣誉与声望："在复仇的社会中，荣誉与权力是同义的，二者相互依存。一个群体对自身荣誉的捍卫，本质上也是对其生存权的捍卫，以及对其世袭自然资源使用权的维护。"[②]这样才能理解为何誓证和决斗是自由民或贵族的特权，而社会地位较低者，如奴隶和女性，只能接受神判；因为荣誉与声望是自由民或贵族作为其生存价值和维护社会地位的不可缺失的一环。当然，证明这种荣誉与声望，不可避免地要由其他人来承受代价。

最后，在追求荣誉和声望之外，复仇或胜利本身就是愉悦的。正如亚里士多德在《修辞术》中所言：胜利会令人愉悦，报复本身也会令人畅快和愉悦。[③]因为复仇和胜利不仅意味着地位和力量的强大，可以得到他人的畏惧和尊重，还意味着自己被冒犯后的"愤怒"感得以释放。所以，愤怒也会产生愉悦。正如荷马借阿喀琅斯所言："愤怒，它使聪明的人陷入暴戾，它进入人们的心胸比蜂蜜还甘甜。"[④]尼采在"荷马的竞赛"中也才能感受到："战斗是拯救和解脱，胜利的残酷是生命之欢悦的顶峰。"[⑤]

总之，当我们以这种"竞赛式社会"的价值理念来理解特殊断讼方式时就会发现，相对于一般证明方式要证明的"事实"，特殊断讼方式则意在"事件"。二者的区别在于：

---

① BLACK-MICHAUD J. Cohesive force. feud in the mediterranean and the middle east［M］. Oxford：Basil Blackwell，1975：26-27.

② BLACK-MICHAUD J. Cohesive force. feud in the mediterranean and the middle east［M］. Oxford：Basil Blackwell，1975：16.

③ 亚里士多德．亚里士多德全集：第九卷［M］．苗力田，主编．北京：中国人民大学出版社，1994：385.

④ 荷马．伊利亚特［M］．罗念生，王焕生，译．北京：人民文学出版社，1994：424.

⑤ 尼采．荷马的竞赛：尼采古典语文学研究文稿选编［M］．韩王韦，译．上海：上海人民文学出版社，2018：157。

“事实和事件的区分建立在自然性或中性情势（它们的标准是整全的）和历史性情势（其位的实存的标准是具现的）的区分基础之上。事件仅仅存在于那些至少包含一个位的情势之中。在其定义上，事件触及了那个场所、那个点，即在那一点上，情势的历史性得到了集中体现。所有的事件都有一个可以在历史性情势中独特化的位。”①

简言之，事实的鉴别标准是整全的、自然的、中性的，符合事物的因果性，而事件则包含了偶然、异常、反自然或反因果性的历史性情势。所谓事件，就像保罗心中的基督复活，②事件不需要证据或反证，事件也无法以证据证明，事件是超出原因的结果，事件本身会发出一种全新的力量和话语，从而代表着某种全新世界的可能：

“从定义上说，事件都带有某种‘奇迹’似的东西：它可以是日常生活中的意外，也可以是一些更宏大，甚至带着神性的事情。基督升天的事件性，恰恰在于它要求人们对一个特定事件（亦即基督复活）的信仰。”③

因此，不论特殊断讼方式如何维护着强弱、大小、等级、地位的不公平秩序，只要还原至战争机制的事件，就会释放不可预测的未知和偶然，而未知和偶然又会转变为必然，因为如巴迪欧所言，事件就是一种被转化为必然性的偶然性。④所以，复仇的战争机制本身就必然包含着对复仇行为的抵消和抑制。在特殊断讼时代，发起诉讼与发动战争极其相似，本身就担负着沉重风险，双方当事人除了可以通过誓证涤罪免责外，还可能发起决斗挑战，被迫令其以武力来证明自己的控诉，这种威胁还会波及对方的证人、助讼者，甚至可以和法官以决斗来上诉。在特殊断讼方式中，正因为诉讼的每个人都面临着不可预测的危险，反而才会让双方的战争状态达到断讼止战的临界。

因此，事件之为事件，虽然不可避免地导致最大的不公与最大的恶，不可避免地会有韦伯那样充满自信地责难：这样的恶与不公不是个案，是普遍存在的不平等秩序，但是，如果克服现代的价值判断，回到

---

① 巴迪欧.存在与事件［M］. 蓝江，译.南京：南京大学出版社，2018：222-223.

② 对于“事件”的意义，巴迪欧以“保罗心中的耶稣复活”为例予以了深刻解读，参见巴丢.圣保罗［M］. 董斌孜孜，译.桂林：漓江出版社，2015.

③ 齐泽克.事件［M］. 王师，译.上海：上海文艺出版社，2016：2.

④ 巴迪欧.存在与事件［M］. 蓝江，译.南京：南京大学出版社，2018：238-251.

“竞赛式社会”的敌意、荣誉和愉悦本身，就能看到事件也可能引发最大的正义和最大的善。正如基督耶稣的审判和复活，力量秩序的末端竟然可以成为最大的强力和必然，在事件中，最弱小者很可能就是最强壮者，最卑微者很可能就是最高贵者，最无知者很可能就是最睿智者，最恶者很可能就是最善者。

所以，在善与恶、正义与不正义等价值倒置的意义上，特殊断讼方式作为一种事件，让主体与其话语产生全新的力量关联：这种关联是在话语与话语的交织抵触中，让力量与力量、诅咒与诅咒、厄运与厄运彼此竞合、对抗、角逐，从而在冲突与竞争中构建战争与和平的新的可能。

3.5.3 考验性真实的特征

无论是誓言断讼、决斗断讼还是神明裁判，这些特殊断讼方式都在某种程度上继承或维持了最初司法形式中的“对话”和“竞争”。这种“对话”和“竞争”可能是誓证中社会地位与特权的显示，也可能是决斗中个体力量的直接对决，还可能是神判过程中的身体力量与自然力量的博弈和考验。但是，代表统治者的法律权力逐渐从中立的裁判者转化为积极的拷问者，战争机制也在当事人的有限战争之外，通过“神圣人”的确立开启了无限战争。战争机制的变化，预示着新的诉讼证明程序即将到来。

特殊断讼方式所存在的时代并非一个严格准确的历史时段，而是存在于从古希腊、蛮族到封建时代这一漫长历史时期的“竞赛式社会”中：只要国家权力趋于集中，如罗马时期、墨洛温王朝和加洛林王朝，“竞赛”的精神气质和特殊断讼方式便陷入低迷消沉状态中；而一旦权力趋于分散，私人战争机制与特殊断讼的特权便会陡然凸显。但是，从12、13世纪开始，我们可以发现特殊断讼方式的一系列变动。

首先，对于神明裁判，从保罗以“基督复活”为象征的最大神明裁判事件开始，到教会和世俗统治者有意识地把神明裁判转变为法律权力大展身手的舞台，过去在偶然、无理、狂热和不可预测的复活神迹中建构信仰的绝对主导者和在场者，现在成了审判者或教士所掌控下的一场奇迹表演者或有罪者；并且随着忏悔的技术、罪的理念以及新的诉讼证明手段的出现，法官获得了更大的自由裁量权，不仅可以更为主动地深入犯罪行为的调查之中，还能围绕着案件事实展开司法刑讯，从而把隐匿在神明裁判背后的司法权力完全以公开的方式施向作恶者。

其次，虽然在正式废除神判后，某些地方仍然承认誓证和决斗的权利，但是二者的功能也发生了巨大改变。对誓证而言，誓言真伪的意义发生了彻底改变，宣誓的内容不再是“我相信他无罪”的品质证明和地位确认，而转变为针对事实本身真实性的表态，这便从根本上取消了共誓人有罪或无罪的分担者角色。对于司法决斗，尽管在英格兰地区仍然被保留为一项贵族的权利，[①]但在欧陆地区以“公共诉讼”为代表的调查纠问程序中，注定无法保留司法决斗的适用空间。这些变动都表明一个与特殊断讼时代的考验性真实完全不同的时代即将到来，同时，也能帮助我们更加清楚地界定出两种法律真实的异质和断裂。

之所以把特殊断讼时代的种种司法形式所确认的法律真实概括为“考验性真实”，主要原因在于这种法律真实的构建是一个司法性考验的过程：“当一个人挺身向前提出控诉和争议，控告另一个人的杀害或抢劫行径时，双方的争议就会通过二者都接受、二者都受束缚的种种考验来解决。”[②]而且，由于这种司法性考验是对复仇的战争机制的承认、延续和模仿，所以考验性真实并非事实真相的证明，而是通过诉讼胜利来证明考验者自身力量、地位和话语的重要性。某种程度上，是否说真话，或者所称事实是否真实，都是无关紧要的，只要在司法性考验中获胜——不管是誓言的考验由更具地位者发出或由更多的共誓人发出，还是在决斗考验中打败对方、赢得胜利，抑或在神判考验中展示奇迹——整个诉讼的证明目的就已经达到，即作为一种特殊断讼方式的目的已经达到：从战争机制出发断讼止战、维持和平。

所以，考验性真实具备如下几个特征：

第一，考验性真实与寻找事实真相无关，而是一种二元结构的游

① 格兰维尔.论英格兰王国的法律和习惯［M］. 吴训祥，译.北京：中国政法大学出版社，2015：26.
② FOUCAULT M. Truth and judicial forms［M］// Power. The essential works of Foucault. 1954-1984. New York：The New Press，1997：16.

戏。对于受考验者，他要么接受要么拒绝。如果接受考验，他就必须以自己的社会地位、自然力量或身体素质来证明自己，结果要么成功要么失败；如果拒绝考验，就相当于承认考验的失败，并且承认接受考验失败的后果。司法诉讼的当事人面对这种二元机制都有选择的权利，但是只要作出了选择，就要承担沉重后果且没有后悔的可能。选择的方式既是诉求表达的形式，也是诉求表达本身。

第二，考验性真实与后来由法律话语所构建的正义价值或公平价值无关，而是当事人在战争机制中或胜或负的必然结果。因为在考验性程序或特殊断讼方式中，只涉及当事人双方，至多扩展至各自代表的血亲利益集团，而与他人或第三者无关。按照诉讼程序的一般性表述，这种诉讼证明程序更接近涉事双方的“控告”，而没有法官以第三方角色介入的“纠问”。[①]所以，诉讼的结果也就是当事人之间强弱胜败的必然结果。

第三，考验性真实的结果某种程度上是“自动”得出的结果。作为居间裁判的第三方，只是考验程序或断讼程序的维持者，他要么是双方当事人都同意而指定的人，要么是担负法官之名的政权代表，但他的职责只是保证宣誓程序、决斗程序或神判程序按照规则进行，而在考验程序中，或胜或败的考验结果是“自动”显示的，裁判者只需依照规则读出结果，裁判者对案件事实以及孰是孰非并不关切。

第四，考验性真实是战争机制确认的真实，即强者就是胜利者、正确者。即便在考验程序中出现了“证人”，举证目的也不是简单证明其目睹的事实，而是增强一方的对抗力量，他的证言必须能够在司法决斗的挑战威胁下自我佐证。换言之，如果不能经受考验，证言就是虚假的。所以，证人不是证明事实或说真话的人，而是司法性考验或战争机制的直接参与者，是验证强弱实力的参考因素。

总之，我们可以看到，司法性考验是双方当事人之间的一种力量与力量的较量、话语与话语的“诅咒”，考验性真实不过是这种较量、“诅咒”结果的自动显示。这里所谓的法律真实，不过是仪式化战争的真

---

① ESMEIN A. A history of continental criminal procedure, with special reference to France [M]. Boston: Little, Brown, and Company, 1913: 3-12.

实，也即强者就是胜利者和正确者。

如果说整个特殊断讼时代的“普遍性的不公平秩序”是考验性真实的断讼后果，那么，与其从“文明”与“理性”的角度对此进行否定和批判，不如祛除现代价值的预设，深入研究构建考验性真实的种种断讼机制，察看誓言诅咒的考古学意义，察看战争机制的生成、运作和抑制过程，察看神明裁判的最大肯定力量、启示力量以及司法权力隐匿力量。当我们真正理解了特殊断讼方式的“事件”与证明机制的“事实”的区别时，我们或许就能理解考验性真实下愤怒、敌意的战争机制所带来的荣誉与愉悦。

4　坦白性真实：证明方式的要求

4.1　诉讼证明方式的变革

4.1.1　诉讼程序的一般分类

在诉讼程序的一般学术分类上，按照时间顺序，大致可以分为三种：控告制（accusatory system）、纠问制（inquisitorial system）和混合制（mixed system），但这并不意味着历史进化的单一线性顺序，正如在20世纪初，阿德玛·艾斯梅因（Adhémar Esmein）所说：

"每个国家的刑事法律都以控告程序为开端，并随后转为纠问程序。然而，相反方向的演进，现在又显而易见；各个地方都兴起了恢复控告制的根本安全保障，即公开性（publicity）和对抗性（confrontation）。在纠问制中，唯一一个能够挫败抨击，并且可能比以往任何时候都更加强大和普遍的机制，就是公诉人（public prosecutor）。”①

所以，要想对现代混合制下诉讼及证明程序的支撑要素进行分析和解剖，不管是英美法系还是大陆法系，都需要按照历史谱系的视野重新审视控告程序和纠问程序。如果它们具有“集中型”“对抗型”或“整体式”“原子式”的特征，②那么提炼此类特征的目的绝不是以此来固化某种诉讼类型，而是提示我们如何把它们还原至诉讼程序的本质。因此，我们除了要关注诉讼与证明的一般司法形式外，还要关注诉讼证明程序之外的诸多“系列”：犯罪演变的历史、犯罪意志和“共同善”的历史、刑罚与司法刑讯的历史以及法学理论的历史。正是这些“系列”的叠加、交互和影响，才使得特定的诉讼证明程序得以可能。总之，当我们进入诉讼证明程序的历史并思考法律真实的意义时，我们希望追溯并展开的是使其得以可能的制度性背景。

4.1.2 控告程序的突破

在特殊断讼时代，在不法行为发生后，选择自行复仇或告知法庭，原本属于当事人及其血亲团体的权利，不必另行宣示或者再获法律授权，其他人也不得代替或僭越。但是在“阿喀琅斯之盾”中已然看到，如果选择用补偿取代复仇，则意味着“城邦”的政治秩序和法律秩序已经开始契入到私人战争关系中，通过被害方是否有权报复及报复手段是否恰当的评判标准，私人的战争状态成为一种法律之下的有限战争。从古希腊到蛮族习惯法，再到欧洲封建时代，都能在控告程序中看到有限战争的特点：

“控告人缺失，刑事行为就不存在。因此，刑事行为仅仅是一场私人双方的对抗，与民事行为在具体细节上的唯一区别就在于所涉情境的不同性质……这种程序是公开的、口头的、形式的。听审，总是在开阔

① ESMEIN A. A history of continental criminal procedure: with special reference to France [M]. Boston: Little, Brown, and Company, 1913: 3；艾斯梅因.欧陆刑事诉讼史［M］. 郭烁，等译.北京：法律出版社，2023.该中译本将此段落中的“公诉人”译为“检察官”，检察官虽为通用翻译，但艾斯梅因在此强调代表国家提起公诉的人，既包括英美法系的控告制，也包括大陆法系的纠问制，并未涉及监督等检察官职能，译为公诉人更妥当。本书主要参考艾斯梅因的英译本。

② 达马斯卡.漂移的证据法［M］. 李学军，等译.北京：中国政法大学出版社，2003；达马什卡.司法和国家权力的多种面孔——比较视野中的法律程序［M］. 郑戈，译.北京：中国政法大学出版社，2004.

地举行，比如城堡的大门前或市镇的公开集会处。双方当事人，除非能够符合封建程序认可的理由，否则必须在指定的日期亲自到场。他们不能由别人代表，尤其是在刑事案件中……控告人口头说出他的控诉，不能遗漏任何必要的词汇或者犯任何错误，否则他的对手就能以此宣布他的指控无效。被告必须当场回应，一直保持沉默就相当于认罪……他的抗辩，只能包括对具体指控的否定，以言词对言词的反驳……”①

但是，这种由私人启动、强调形式平等、延续战争机制的诉讼模式，最大的问题就在于如何强制被告接受裁判结果：“我们很难想象氏族——一个没有行政机构的组织，能够强制推行赔命价的运用，而又没有给氏族带来混乱的局面（该局面是赔命价制度本来要避免的）。氏族中的参审员会根据罪行的性质来宣布命价的数额，但是他们不可能拥有保证赔偿真正支付的有力手段。”②为了解决这一问题，一方面，国王会帮助氏族迫使复仇者接受命价，并敦促不法行为者支付命价；另一方面，根据罪行本身的严重程度，由国家负责对“不可赎之罪”的犯罪者实施处罚。③可见，最高主权者正是从强迫复仇者接受赔偿金以及对“不可赎之罪”施以强制性处罚中觅得了权力扩展的契机。具体而言，在国家或公共利益作为受到损害者介入私人侵犯之前，控告程序中至少在以下情形中突破了私人之间的对抗。

第一种情形，当场逮捕。在特殊断讼时代，之所以在一般证明方式之外还存在誓证、决斗、神判的特殊方式，原因之一就在于大部分侵害发生之后，对于矢口否认或各执一词的行为难以证明。但是，当不法侵害者在施害过程中被当场抓获，人赃俱获，待证事实清晰明了、毋庸赘言。在中世纪，如果侵犯者被当场逮捕，就不必再有控告者，也不能再适用决斗断讼等方式，举报者可以对法官说：“我告发（denounce）您面前的Jehan，他犯下了某种行为，您应当像一位公正的法官那样，对

① ESMEIN A. A history of continental criminal procedure: with special reference to France [M]. Boston: Little, Brown, and Company, 1913: 56-57.
② 甄克斯.中世纪的法律与政治［M］. 屈文生，任海涛，译.北京：中国政法大学出版社，2010：73-74.
③ 甄克斯.中世纪的法律与政治［M］. 屈文生，任海涛，译.北京：中国政法大学出版社，2010：71-105.

此进行报复（avenge）。”[①]如果不法行为像当场逮捕一样明确且众所周知，便能够突破一般控诉程序，法官仅依职权就可以审判那个当场逮捕的人。这种情形给公共诉讼提供了一个正当但狭窄的适用可能。

第二种情形，当一个没有任何亲属的人被谋杀，如果仍然把控告的权利限制在被害者及其亲属就明显不再合理，这时公共当局就有介入之责。“国王指控某人杀害了另一个人，并希望对此人施以惩罚。对此，那人回答道：‘既然没有人向我提起指控，只有您作为司法权力的代表在要求我回答，那我不会回应，除非这是正义的；因为没有人对这种行为提出指控，除了您。’人们问：‘对此法律怎么说?’答案是：‘如果死者有孩子、侄子或其他近亲，且他们有能力为亲人报仇，那么责任在于他们，而不在于领主；但如果死者的亲属中没有人能够进行报复，那么国王可以介入并施加惩罚。这一惩罚应根据案件事实对身体进行适当的处罚。’”[②]当然，如果被指控者矢口否认，仍需按照特殊断讼方式指定一个决斗士代替死者与被指控者进行决斗。

第三种情形，当被害人及其亲属没有提出控告，虽然公共当局不能以自己的名义直接施加惩罚，但有权力根据怀疑逮捕作恶者，并采取必要程序招致利益相关者的控告。“领主负有义务，通过喇叭的声音来招引注意并宣布：他因为某种罪行而逮捕了某人，号召受害者或其亲属来提出控告。如果三次这样的公示以后，在一年零一天的时间内，没有任何人提出控告，那么这个人的罪行就彻底清洗干净，他也将不会应对任何针对他的控诉。……如果怀疑的根据不清楚明确或者不合乎常理，没有人能因怀疑而被逮捕从而导致死刑等刑罚。如果某人因为这样的怀疑而被逮捕了，他可被拘押四十天。如果四十天内无人出现并提出控告，他就能毫发无损地得到保释。……如是可逮捕三次，如果一年零一天内，仍然没有人提出控告，那么这个人将彻底被宣告无罪。”[③]

这种因怀疑而逮捕，可视为对个人控告的激发和鼓动，但仍然不是

① BEAUMANOIR. The coutumes de Beauvaisis of Philippe de Beaumanoir [M]. Philadelphia: University of Pennsylvania Press, 1992: 80.

② RAPETTI, PIERRE-NICOLAS. Li livres de jostice et de plet [M]. Paris: Firmin Didot Frères, 1850: 317-318.

③ ESMEIN A. A history of continental criminal procedure: with special reference to France [M]. Boston: Little, Brown, and Company, 1913: 63-64.

以国家名义提起公诉。所以，这种程序甚至可能会被某些人反过来当作洗脱自身的方式：当某人犯下罪行之后，无疑会招来被害人或其亲属的控告，为此他自己主动到领主那里，促使领主按照惯例来公布事实，使符合要求者提出控告。如果在一年零一天内，没有人提出任何诉讼，则此人再没有任何担忧和恐惧，因为针对此事的控告再也不能提出了。

在此之外，另一种主动投身以洗清罪责的情形，就是“官方调查（inquest by the country）”。当某人因涉嫌犯下严重罪行而被逮捕，被逮捕者为了洗清自己的嫌疑，可能会冒险同意接受官方调查。需要注意的是，官方调查程序能否最终启动，与他本人是否同意至关重要，法官不能在没有被逮捕者同意的情况下主动开始调查。按照博马努尔的记载，这种“官方调查”与后来的“纠问程序（inquisition）”并不相同：

“纠问（inquiry）与调查（inquest）的区别在于，调查能够终结争议，而纠问不能，因为纠问仅仅是为了让法官对其所纠问的事项获得更多的信息。例如，当领主认为自己对封臣拥有某项权利时，他可以进行纠问，以确定他是否真正享有该权利。这样，当纠问结束后，如果他发现自己并没有权利，他就应当放弃诉求，因为在自己没有权利的情况下还继续与封臣争执，是一种罪过。但如果在纠问后，他确认自己确实享有该权利，那么他可以正式启动诉讼程序，依法维护自己的权利。”①

尽管二者极为相似，但不同之处就在于当事人的选择问题。被逮捕者的同意是调查程序得以启动的决定性因素，没有人会在不同意调查的情况下被定罪。所以，“为了获得当事人的同意，需要用极其费力的说服手段：如果他不接受官方调查，他应被法官逮捕并关押一年零一天，少吃少喝。如果可以的话，任何人都不应该让自己接受调查，因为这样做可能会使自己陷入极大的危险之中，因为并非所有人都会对他友好。然而，他可以正式授权法官，使其以对上帝和灵魂负责的名义，向其封臣进行纠问，并在没有原告的情况下进行这种纠问。”②

---

① BEAUMANOIR. The coutumes de Beauvaisis of Philippe de Beaumanoir [M]. Philadelphia: University of Pennsylvania Press, 1992: 449.

② ESMEIN A. A history of continental criminal procedure: with special reference to France [M]. Boston: Little, Brown, and Company, 1913: 65.

可以看到，无论是当场逮捕、无法控告、因怀疑而逮捕，还是允许“官方调查”，这些情形都能突破一般控告程序的基本方式。一方面，对于当场发现的公然侵害以及独身一人无法控告的情形，虽然司法权力的介入可以免去控告程序由被害一方发起的限制，但这种情形毕竟罕见，大部分案件无法适用；另一方面，因怀疑而逮捕的情形，虽然会使当事人之间的对抗略有退却，但是最后司法程序的启动要么有赖于有权控告者同意控告的决定，要么有赖于被逮捕者对官方调查的同意，最终的决定权仍属当事人所有，法官无法剥夺或代替，只能催告和诱导。

总之，这些情形都达到了控告程序的临界，具备了越出控告的可能，但似乎总是无法彻底突破私人对抗的限制，反而会让控告程序的边界清晰起来。正是在教会法的影响之下，才真正颠覆了控告对抗模式，开启了法官纠问先河。

4.1.3 教会法的影响

教会法在日耳曼法和罗马法的影响下，也是采取着严格的控告制度，但从9世纪开始，教会法迈出了诉讼程序变革的重要一步：

“在罪行发生以后，如果某个人被众意（public opinion）指责、怀疑，并且这种恶名（mala fama）或恶行（infamia）得到法官的确认，那么教会法允许在控告还未出现的时候，给予法官一定的行动权利来反对声名狼藉者。”①

这种积极的介入行动，最初仍带有很强的控告色彩，即法官并不是就此有权来传唤证人、作证指控、定罪宣判，他只能要求被告通过誓证或神判来涤清自己的罪行。如果被告经过这些程序涤清了自己，就能无罪释放，反之，如果拒绝涤罪或者涤罪失败，就会被定罪宣判。但是，众人的排斥与厌恶，再加上法官对恶名的确认，就产生了必须涤除污名的法律强制，这已经大幅度突破了控告制的基本限制，原来必须出现的控告者——一个必须发起控告并承担风险的人，现在被一种嫌疑和污名替代，敌对双方原本对抗和竞争的形式，现在成了一个人面对法官的单

① ESMEIN A. A history of continental criminal procedure: with special reference to France [M]. Boston: Little, Brown, and Company, 1913: 79.

方面自证涤罪。最重要的是，这种嫌疑并非直接对不法行为的指证，而是涉及日常生活的一言一行，身怀恶名者的人际关系、行为方式、态度、作风、性格以及过往种种行迹，都可能成为一种需要自我证明的内容。所以，与其说惩戒处罚那个犯下罪行的人是迫切而必要的，不如说迫切而必要的是惩戒处罚日常生活的“声名狼藉”。

因此，过去在控告制决定是否以及如何追究恶行的当事人意愿，此时则扩散为每个人都参与评价、表达厌恶的共同意愿；罪行从只与某个具体的人有关的私人事件，开始普遍化为几乎与人人有关的公共事件。对于污名的自证清白，就这样以一种和缓而不甚觉察的方式开始了。尽管这一方式隐藏在等级、家族等社会地位的特殊断讼手段之下，可一旦失去面对面的控告者而只有被告一人独自面对法官时，整个控告对抗结构就会迅速瓦解崩塌，被迫涤罪之人，在对手“缺席”的情况下，即将面临新的“对手”。

在这种以特殊断讼方式自证清白的手段之外，教会法再辟蹊径，开创了“昭著罪行的控诉程序”，这便是后来纠问诉讼的原型。正如格言“罪行昭著，无需控告人（notoria accusatore non indigent）”所言，对于那些众所周知的恶行，法官可以在没有控告者的情形下，自行起诉、证明和定罪：

“昭著罪行控诉程序（per notorium）的要义是，如果某人的罪行是众所周知的，通常的刑事程序就不必严格遵守，法庭可以从重从快处罚之，不需要有目击者的证词，只要地方上众人相信该人有罪就可以定罪了。”①

但是，问题在于，在司法实践中，这一规则常常难以适用，原因也很简单：“罪行昭著”的标准往往带有很大的主观性，难以鉴定和施用。更为重要的是，法官既是起诉者又是裁判者，这违反了程序正当的一般常理。

对于罪行的“昭著”尚可通过程序性方式予以解决，但对于既是起诉者又是裁判者、自己做自己的法官的难题，在法律理论上确实不易论

---

① 彭小瑜. 教会法研究：历史与理论［M］. 北京：商务印书馆，2011：50-51.

证，但是仍有教会法的学者提出了可能的理论支撑。首先，在宗教层面，阅读《圣经》就知道，上帝及其先知对人类逾越行为的介入和调查是自然而然的，根本不存在既是当事人又是裁判者的问题，教会法庭只不过是运用了这种象征性介入的权力。其次，在事实层面，昭著罪行的控诉程序也不是直接介入，在其启动之前，必然要有众所周知的恶名。换言之，恶名昭著在某种程度上就相当于一种控告，所以法官也不是完全充当了起诉者的角色。①但是，不管怎样解释，法官既是起诉者又是裁判者的正当性问题，一直延续到13世纪、14世纪“推动者”的出现才真正解决。

可是，“推动者”是谁？又是如何出现的？在此，针对众所周知或声名狼藉的确认，有一种不得不提及的纠问形式，即“普遍纠问（inquisition generalis）”，其中重要的方式就是主教的巡查（visitation）：

“教会的法官，即主教，在巡视管辖教区时，会把所有教会人员和信众召集起来，他会从信众中选取一些人，让他们在发誓后检举告发他们所知道的罪行，或者说出那些恶名昭彰者……那些被检举出来的人，根据案情性质，必须用涤罪程序洗清自己的恶名或罪行，否则就会被定罪。”②

可以看到，这种普遍纠问的主要目的，不只是建立某个人的所谓恶名，而是在一定的社会群体中，强迫他们检举或告发所属社区中是否有人犯有错行或罪行。主教的巡查，除打击声名狼藉的作恶者之外，更为重要的影响是在信徒和非信徒中培养了一种检举、揭发、告发的习惯和机制。

在普遍纠问的基础上，如果主教认为某个人应当被交付审判，普遍纠问即告结束，而开始“特别纠问（special inquisition）”。普遍纠问和特别纠问的区别在于，前者侧重于查明恶行、找到声名狼藉者，后者则是确定被告人是否犯罪。所以，“当普遍纠问完成后，一旦调查者发现

① ESMEIN A. A history of continental criminal procedure: with special reference to France [M]. Boston: Little, Brown, and Company, 1913: 81.

② ESMEIN A. A history of continental criminal procedure: with special reference to France [M]. Boston: Little, Brown, and Company, 1913: 84.

某人犯有罪行，他就会把那个人传唤到自己面前，并把他准备对罪行进行检验的证人名单提供给那个人，而且传唤证人，让他们面对这个在第一阶段的普遍纠问中被认定的犯罪者进行宣誓。”①

可见，在“普遍纠问”阶段，无论一个人犯下罪恶的嫌疑有多么明显，都不能直接判定罪行，而必须进入“特别纠问”阶段，以至于同一种犯罪证据只有在第二个阶段再展示一次，才能作为罪行判定的依据。二者的区别在于，“普遍纠问”阶段的罪行证据是秘密、缺席获得的，不能传唤当事人也不能采取刑讯措施，而“特殊纠问”则必须公开对质，还可以传唤与刑讯。②

从“普遍纠问”程序开始，就在鼓励检举告发行为，并且这种检举告发行为很快就从一种信仰或道德层面的鼓励上升为法律的强制要求，而那些经常告发的人，自然而然地成为在告发中获得利益的职业告发者。所以，除了那种基于信仰或道德感人人都可告发他人的“福音告发（evangelica denunciation）”外，还有一些人被法官任命，针对某些犯罪进行“司法告发（judicialis denunciation）”。本来这种“司法告发”只能由控告者发出，但很快就成为一个常设的司法机构，这些职业“告发人（promotor）”的职责，就是向法官检举揭发罪行，以推动纠问程序的进行。这样法官在按职权进行纠问调查时，常常会面对很多仅凭一己之力难以解决的问题，纠问推动人的出现则可以解决这类难题。更为重要的是，纠问推动人能够在理论层面改善纠问程序的偏颇不公，虽然法官作为纠问程序的唯一起诉者的本质仍未触动。

在控告制下，一次不成功的控告，可能会按照报复原则，把试图加在被告身上的惩罚反过来由控告者承担。可是当告发职业化后，告发者就不再承受对等的惩罚，尽管滥用告发牟利会招致惩罚，但是在教会法中，除一般控告程序（accusation）之外，已经从恶名恶行的自证清白程序发展出了法官依照职权的纠问程序（inquisition），尤其是发展出了推动纠问的告发程序（denunciation）。

---

① HERRMANN F R, SPEER B M, Facing the accuser: ancient and medieval precursor of confrontation clause [J]. Virginia Journal of International Law, 1994 (34): 481-552.

② 佀化强. 形式与神韵：基督教良心与宪政、刑事诉讼［M］. 上海：上海三联书店，2012：174-185.

4.1.4 公诉的出现

到了13世纪，通过借鉴、模仿教会法庭的纠问与告发，世俗法庭也在“公诉（aprise）”的名义下出现了官方起诉。当国王授权某人查明某一地区时，他就会把这一地区的某些人召集起来，令其宣誓后，对某一诉争事实表达自己的观点，根据这些陈述指控，作出宣判：

“当在一个地区发生了严重的冒犯行为时……法官有职责召集该地区的某些人，并让他们宣誓（符合宣誓资格的人）。询问他们，当罪行发生时那个白天和黑夜，他们都在哪里。如果法官发现了那些居所一直变动的人，就能逮捕他。如果法官能通过第三方途径得到指向某人的怀疑，他就会根据惯例在这样的案件中起诉那个人。然后，法官就能讯问他，他是谁，住在哪里，和谁吃饭，他们是干什么的，他们都吃了什么，诸如此类的问题。虽不涉及行为本身，但这样的提问才会揭露自相矛盾之处。”[①]

可是，这种纠问与调查的技术，除了受到教会法影响外，世俗统治中原本就有类似的权力手段：

“在1066年，诺曼征服者征服英国；他们夺取了盎格鲁—撒克逊人的财产，而且就这些财产的所有权与当地人以及其他人卷入了诉讼。为了建构秩序，为了把新的诺曼人口整合到古老的盎格鲁—萨克逊人口中，在财产状况、税收状况、地租体系等方面，征服者威廉一世采用了庞大的调查。这就是著名的《末日审判书》(*Domesday Book*)，这是我们拥有的调查中，那种曾作为加洛林皇帝们的古老行政实践，唯一全面的案例。”[②]

这些以王权名义展开的调查，并非局限于刑事领域，而是一种行政调查程序，主要进行财产性调查，然后从行政性调查逐渐转移到司法性调查。[③]在13世纪法国的北部地区，可以看到哪些案件适用调查程序，

---

① ESMEIN A. A history of continental criminal procedure: with special reference to France [M]. Boston: Little, Brown, and Company, 1913: 67.

② FOUCAULT M. Truth and judicial forms [M] // Power. The essential works of Foucault. 1954—1984. New York: The New Press, 1997: 45.

③ CAENEGEM V. Legal history: a European perspective [M]. London: Hambledon Press, 1991: 81.

哪些案件不适用调查程序：

“如果国王要求某人归还动产或不动产，这些财物已被占有或被认定为属于他，则应通过调查程序决定结果，国王可能因此获胜或失败。

如果有人殴打或攻击了国王的侍从，其原因与履行职责有关，这种案件就不适用调查程序。

任何人都不应因肢体伤害的案件被纳入调查程序。

侍从的逃离应通过调查程序处理。

如果有人声称自己被剥夺了占有权，或要求继承其父亲的占有权，而相关占有权未超过规定期限，则此事应通过调查程序处理。

如果陌生人拘捕了国王的囚犯，并占有其他属于国王的物品，那么此事应通过调查程序处理。

如果有人对一位穷人造成伤害，而这位穷人既无法通过自己、其财产，抑或其朋友维护自身权利，此事应通过调查程序处理。因为不能容忍因贫穷而让这些问题得不到解决。如果该案件涉及身体上的惩罚而导致死亡，则不适用调查程序；相反，国王应根据自己的意愿施加惩罚或罚款。

所有已经通过判决确定的事项，如果判决被否定，则此事应通过调查程序重新处理。

如果财产分配存在错误，且一方对此提出异议，则此事应通过调查程序处理。

凡是以武力进行抢掠、盗窃或毁坏的行为，都应通过调查程序处理。

国王可以通过调查程序处理臭名昭著的行为，如经营妓院、抢劫、敲诈勒索或其他违法行为。”①

可以看到，对于财产性问题，一般通过调查程序来处理，而对于肢体伤害性质的案件，一般不通过调查程序来处理，但是对于难以维护自己利益的“穷人”，或以武力进行抢掠、盗窃、毁坏财产的行为，尤其

① RAPETTI，PIERRE-NICOLAS. Li livres de jostice et de plet［M］. Paris： Firmin Didot Frères，1850 ： 317.

是经营妓院这类臭名昭著的行为，国王可以主动进行调查。

在教会法和原本调查程序的基础上，由国王来发动的公诉制度最终得以成型，在14世纪已经出现了完整的公诉人（public prosecutor），他们作为国王或贵族的代理人（procurator）或财政代理人（fiscal），主要职责就是代表国王和贵族监督某些罪行的公诉程序，在罪行中的罚款与没收财产是其主要收入来源之一。但需要注意的是，从现在的观点来看："是法官授权国王代理人行事，而非国王代理人促使法官作出行动。"①

所以，当时的刑事诉讼程序至少已有四种方式：控告、告发、当场逮捕和公诉。控告制仍然秉承私人对抗的传统理念，控告对方仍然承担着反受其罚的风险，但从14世纪开始，这类诉讼程序就很少被使用，到16世纪便销声匿迹了。告发程序，不仅可以免除控告程序中反受其罚的风险，还能解决当事人不愿意控告对方的难题。当场逮捕，同样突破了私人控告程序的限制，法官可以主动开展审判和定罪惩罚。另外，根据广为流传或众所周知的恶名，或者通过事先调查的信息，法官可以凭借自己的官方身份或者指示公诉人来提起刑事诉讼。

值得注意的是，从控告程序到纠问程序的转变，除有权提起控告的当事人之外，出现了两类新的角色：一类是声名狼藉者；另一类是检举告发者。他们都是在私人对抗的传统程序之外的新的角色或辅助者，但是这两类角色的存在都属于否定性的缘由，仍然缺少为纠问程序提供肯定性的正当理由。于是，在纠问制度之下，第三类人出现了，正是这第三种人，连同前面二者，一起构建了刑事纠问的专断权力：

"任何人，如果他侵犯了未成年人或者是在法律、教堂保护下的人，或者侵犯了贫穷的、无亲无靠的、衰弱的男人和女人，或者侵犯了那些去教堂和市场、去朝圣、参加领主结算日、在家或在外救火救水的人，或者在海上或公路上侵犯了从家或市场而来要去市镇的人，无论是何种侵犯，法律都可以在告发会议上追诉这样的侵犯者。"②

---

① ESMEIN A. A history of continental criminal procedure: with special reference to France [M]. Boston: Little, Brown, and Company, 1913: 118.

② ESMEIN A. A history of continental criminal procedure: with special reference to France [M]. Boston: Little, Brown, and Company, 1913: 105.

总之，儿童、妇女、老人、穷人、残疾人、无亲无故者……这些需要怜悯、照顾和保护的人，填补了在刑事领域进行纠问的必要性和正当性。一方面，纠问程序针对邪恶的声名狼藉者展开，用以防卫妓女、窃贼、作奸犯科者、暴徒以及那些惯于作恶的人，只有这样，诚实、善良的穷人、孤儿以及老弱病残者才不会因此受到煎熬。前者是社会需要打击的人、消除的人，后者则是社会需要珍视的人、保护的人。在这“善”“恶”对立的两极之间，还有一个要素：拥有最高主权的国王，而法官、公诉人或告发人不过是从国王主权中分离出来的影子。

在这三种角色之间，似乎每个角色都必须途经第三者才能抵达。首先，声名狼藉的恶人，是国王、法官以保护的手段抵达弱者、善者的必须方式；其次，弱者、善者又是国王、法官以打击的手段抵达罪犯、恶人的必要前提；最后，国王、法官也是沟通罪犯、恶人和弱者、善者之间的必经之路。这种形成稳固三角关系的角色，不能将其简化为三种价值判断，即“善”“恶”“正义”，因为这种简化恰好会遮蔽抵达正当价值的重要过程：“恶”的意义需要通过扬“善”来彰显，“善”的意义需要通过惩“恶”来突出，而“正义”则是“善”“恶”之间必要的联结方式。这个过程的运转就像永动机的运转，一旦上帝之手触碰了隐蔽的开关，三角关系之间的运动就不会停止，正是这种不会停止的运动，才保证了运动本身的持续稳定。

4.2 犯罪与犯罪的“自由意志”

4.2.1 从犯罪行为到“自由意志”

在诉讼程序从个人之间非胜即败、非输即赢的二元战争机制向这种三角永动关系的转变，除了需要司法制度追究、惩罚犯罪的强制性，还需要罪犯自己心理认同犯罪事实的主动性，这便是从犯罪行为到“自由意志”的理论构建。

按照法律事实的制度性构建理论，我们已经知道，不是犯罪行为引发了纠问诉讼程序，而是纠问诉讼程序“预设”或者“发明”了犯罪，正如哈特所言，在强制性刑法出现以后，才出现了犯罪或违规，也才出现了谋杀或盗窃。[①]哈特并不是说在刑法出现之前不存在谋杀或盗窃等“犯罪”行为，而是说即便这些行为存在，如果没有犯罪理论的制度性构建，我们也不可能将其视为“犯罪”，只能当作私人之间的侵权或“不法行为”。但问题在于，犯罪行为与犯罪的个人，是如何产生的呢？

“没有人会天真无邪地知道他是天真无邪的，因为意识到适应了规则，就是意识到了规则的原因（这些原因满足了规则的要求）。苏格拉底有一条格言说，没有一个博学的人是邪恶的。我们完全可以与之唱反调。相反，意识到自己是好人的人，没有一个是好的。”[②]

康吉莱姆之所以这样说，是因为如果在意识中没有参照“反标准”的实践来表述“标准”，任何正常的人类经验都无法实际表达。换言之，康吉莱姆提示我们，规则作为一种行为的标准，不可能是原始的，规则之为规则，只有在“创造”规则并且在违反规则的“修正”功能中才能产生。[③]所以，认为自己天真无邪或绝不邪恶，并不因此就在事实上真的天真无邪或绝不邪恶，正如一个认为自己健康的人并不因此就是真的健康的一样。天真无邪、邪恶、健康不是被个体认识到或者感知到的，而是一种关于生存的普遍意识，也就是一种符合顺从生存规则的意识。如果出现了一种健康状态、正常状态的标准，那么一定会先有不健康、不正常的历史先例，然后才有在事实状态中执行标准程序而取得健康标准、正常标准的效果。

这其实就是19世纪末“犯罪学”为我们展示出来的结论：犯罪异常，尽管在逻辑上排于第二位，但在存在上是第一位的。只有犯罪行为的预先存在，才有针对犯罪的刑罚。换言之，只有对犯罪行为的预先构建，才有刑法针对犯罪的合理刑罚；而犯罪行为如何产生的问题，实际上就是我们意识到犯罪行为如何触犯了合法规则的问题，也就是触犯合法规则的可能性到底如何产生的。答案即“自由意志”，因为如果不从犯罪行为者个人的自由意志出发来构建犯罪行为，犯罪行为并无存在必要，正如黑格尔所言：“侵害唯有作为犯人的特殊意志才具有肯定的实

① 哈特．法律的概念［M］．2版．许家馨，李冠宜，译．北京：法律出版社，2011：31.
② 康吉莱姆．正常与病态［M］．李春，译．西安：西北大学出版社，2015：204.
③ 康吉莱姆．正常与病态［M］．李春，译．西安：西北大学出版社，2015：202.

存。”[①]所以，在进入构建犯罪行为与自由意志的历史之前，我们已经在19世纪末兴起的实证犯罪学那里看到了自由意志或“道德责任”彻底衰落或终结：

“曾经，这个问题（即法律责任）一直被匆忙草率地处理，理所当然且毫不怀疑地把责任建立在自由意志的基础之上，但当决定论者出现后，久遭诟病。现在的目标就是显示出自由意志存有多少想当然的幻象，进而必须为义务、责任，甚至是道德和刑法找到其他支撑。”[②]

“如果我们推翻了我们能够测量被告人的道义责任这一假设，刑事审判的全部过程就在于收集事实、辩论和确定证据。然而，对古典派来说，这样一种审判被认为是对罪犯免受社会侵害保障的延续，而且通过反驳法律证明的方法，它还被用来反击法官和律师的内心定罪，甚至说是直觉……刑事审判应当倒过来从犯罪行为（一种违法）追溯犯罪本身产生的过程，以便发现并从心理学角度确定犯罪人的主要动机和人类学类型。因此，对实证派来说，就有必要重新考虑某一刑事案件中的证据，以便赋予它高度的重要性，并且不仅仅像古典派那样用普通心理学资料和论断，而首先用犯罪人类学和犯罪心理学资料和论断来加强它。”[③]

在犯罪社会学看来，一定程度的犯罪现象，不仅是整个社会运作必不可少的正常组成部分，而且它是先于社会的存在：

“现在我们可以得出一个表面上看来似乎十分荒谬的结论。为了不引起误解，我才说这个结论可能是荒谬的。把犯罪归于正常社会学的现象，这不只是表明由于人类具有不可纠正的恶习，因此犯罪就成为一种人们虽不愿意但又不可避免的现象，而是在确认犯罪是社会健康的一个因素，是健康社会整体的一个组成部分。

……由此可见，犯罪学所处理的基本事实，就以一种全新的面目摆在我们面前。与人们通常的想法迥然相反，罪犯已不再是绝对的反社会存在，不再是社会内部的寄生物，即不可同化的异物，而是社会生活的正常成分。

---

① 黑格尔.法哲学原理［M］. 范扬，张企泰，译.北京：商务印书馆，1961：116.
② TARDE G. Penal philosophy［M］. Boston：Little，Brown，and Company，1912：12.
③ 菲利.犯罪社会学［M］. 郭建安，译.北京：商务印书馆，2017：132.

……当犯罪率下降到明显低于一般水平时，那不但不是一件值得庆贺的事，而且可以肯定，与这种表面的进步同时出现并密切相关的是某种社会紊乱……”[①]

由此可见，在逻辑顺序上，从自由意志开始，到犯罪事实的收集、证明、论辩，再到最后的判决和惩罚，是实证犯罪学出现以前刑罚实践和刑事思想的一整套缜密无隙的运作，即从犯罪的自由意志到法律针对犯罪的刑罚。但实证犯罪学要颠破“犯罪”与“刑罚”的逻辑顺序，重新发现对社会而言极为重要的逻辑起点，这便是从生理学、心理学和社会学的角度重新构建的犯罪理论的“危险性”：

“到19世纪末，重大的犯罪学观念和刑法理论就是丑闻观念，用刑法理论的术语说，就是危险性（dangerousness）。危险性的观念是指，社会一定要考虑到个人的潜在层面，而不是他的行为层面；不是对现存法律实际违背的层面，而是显现出来的行为可能性层面。”[②]

“我们的民族，经过数个世纪的文明进程，此刻已经发展到：一个人如果不是生来就合群易处（sociable），那他就是异常者。同时，当一个人生来就合群易处，而某种不被社会印记所标注认可的情形，又会让他处于异常之状态。”[③]

这便是加罗法洛依靠传统道德情感所定义的“自然犯罪”[④]，也是塔尔德纯粹以“模仿行为”和“发明行为”[⑤]观测到的“个人同一性”及“社会相似性”[⑥]。但是，这些理论恰恰可以帮助我们反向观察并确认犯罪行为得以可能的源头——自由意志。

我们已经知道，在特殊断讼时代并无被称为犯罪的行为，而只有被称为侵权或不法的行为，而且我们必须在不同于现代意义上来理解：这种行为不是以个人利益或公共利益为区分，然后再细化为救济个人的不法行为（如侵权行为）或者应当对整个社会承担责任的不法行为（如犯

① 迪尔凯姆.社会学方法的准则［M］.狄玉明，译.北京：商务印书馆，1995：84-90.

② FOUCAULT M. Truth and judicial forms［M］// Power. The essential works of Foucault. 1954—1984. New York：The New Press，1997：57.

③ TARDE G. Penal philosophy［M］. Boston：Little，Brown，and Company，1912：90.

④ 加罗法洛.犯罪学［M］.耿伟，王新，译.北京：商务印书馆，1996.

⑤ 塔尔德.模仿律［M］.何道宽，译.北京：中国人民大学出版社，2008.

⑥ TARDE G. Penal philosophy［M］. Boston：Little，Brown，and Company，1912.

罪行为)。这种行为只涉及个人之间的侵犯，与第三人或公共利益并无关联。因为如前所述，这里的“法”是对个人“复仇”的战争机制的维持、模仿与延续；复仇，只在意那个已经完成的行为结果，所谓的主观罪责并不重要，而且复仇的对象并不以实际犯下罪行者为限，只要是犯下罪行者所属团体的成员，都有遭受复仇的危险。因此，在特殊断讼时代，“和平”等于“和平的不可能”，等于“战争”。

但是，从什么时候开始，在行为结果之外，个人的自由意志成为刑事责任必不可少的组成部分呢？

4.2.2 “罪恶”与“罪行”的分裂与弥合

“自1100年起，博洛尼亚（Bologna）开始传授法律的二百年时间里，罪行的理解方式发生了重大改变。这种改变主要归功于那些精通教会法的法学家……正是中世纪的教会法学家，最早开始讨论（犯罪）主观因素。

……随着教会刑事法律的出现，教会要把一些世俗犯罪类型划归到自己司法管辖范围并建立起全新的司法系统。为此目的，罪恶（sin）与罪行（crime）不得不在概念上彼此区分开来。教会法在中世纪晚期完成转变之前，罪恶与罪行还没有系统性区分。但当系统性区分完成后，所有的罪行都被认作罪恶，反之，则不然。”[①]

正是在教会法的“古典时代”，[②]一边是教皇以教令的形式积极立法，另一边则是教会法学家对教皇教令以及像格拉提安著作所进行的深入系统的诠释，在这个过程中，罪恶与罪行被剖分为内外两个领域：一种是“无罪行之罪恶（non-criminal sin）”或“轻微罪恶（venial sin）”，归属于内在领域，这种罪恶需要悔罪（repentance）、忏悔（confession）或赎罪（satisfaction）；另一种是“有罪行之罪恶（criminal sin）”，归属于外在领域，由世俗法庭决定科刑惩处。在内外领域的分别前提下，才出现了截然对立的不同原则：内在领域坚持“没有罪行可以不被惩罚”，外在领域则是“法无禁止则无犯罪”。

---

① MAKINEN V，PIHLAJAMAKI H. The individualization of crime in medieval canon law [J]. History of Ideas，2004（4）：525-542.

② 彭小瑜. 教会法研究：历史与理论 [M]. 北京：商务印书馆，2011：17.

在阿伯拉（Abelard）看来，对于这两种罪恶："谁会不知道：比起仇敌，跳蚤更难防卫，比起大石头，小石头更难防卫？但是否我们因此就可以认为防卫更困难者就会获益更多？当然不是。为什么？因为更难防卫者对我们的伤害也更少，所以尽管我们认为比起有罪行之罪恶，轻微罪恶更难防卫。但更为紧要之事是，避免那些更为危险的并会招致严重惩罚的（罪恶），因为这会更严重地冒犯上帝，使上帝更为不悦。"①

阿伯拉在奥古斯丁理论的基础上，更加严格地界定了罪恶、罪行、罪欲等概念。就作恶形态而言，他认为可分为四个类型：邪恶的欲念（evil desire）、罪恶（sin）、恶意（bad will）、邪恶的行为(evil act)。

第一，邪恶欲念本身并不构成罪恶，因为欲念是人类生存的必然属性，而非道德上的恶。阿伯拉指出，所有人都无法避免欲念的存在，且如果完全摒弃欲念，如对异性的自然吸引，人类社会就无法延续。欲念本身是道德中立的，关键在于个体是否在意志层面认可并追随这种欲念。

第二，恶意也不能被认成罪恶，因为有时候我们可能在毫无恶意的情形下犯下罪恶，如在无知或误解的情况下实施的错误行为；而有时候还会因为恶意得到某种荣誉和奖励，如正当防卫。

第三，施行邪恶的行为，也不会对罪的性质产生决定性影响，因为所有外在行为的最终影响力仍取决于上帝的意志和许可，即使是魔鬼，也只能做上帝允许的事情，所以煽动邪恶的最终权力仍然属于上帝，而上帝的权力本质上是善的、公正的。

因此，阿伯拉强调罪恶只可能发生在人的思想意识层面，既可能表现为个体主动接受邪恶，也可能表现为对上帝的蔑视。最终，决定罪恶的关键因素并非外在行为或单纯的欲念，而是意图（intention）。

但问题在于，既然施行罪恶的行为不算是严格意义上的罪恶，也不改变罪恶本质的认定，那么为什么还会有针对这种行为的惩罚，而不是

① LUSCOMBE D E. Peter Abelard's ethics: an edition with introduction, English translation, and notes [M]. Oxford: Clarendon Press, 1971: 73.

针对罪恶本身即意图的惩罚呢？

阿伯拉认为，暂不论这种针对罪恶行为的惩罚，即错行在先惩罚在后的情况，甚至还有很多情况：要么毫无过错，要么完全无辜，但仍会招致惩罚，而且这种惩罚是正当的。比如，一对贫苦无以取暖的母子，母亲为了不让孩子受冻，就把自己身上破烂衣布全部包裹在孩子身上，结果自己因为体力不支疏于照顾而使孩子被蒙捂窒息。那么，即便毫无过错，她仍然应当遭受惩罚。又如，一个人被他的敌人控告，法官知道他是无辜的，也完全清楚指控罪行的实际情况。然而，按照规定程序，在确定的日期开庭审判、陈列证据后，只要没有合理的理由来驳回证据，那么按照法律的规定，法官必须认同、接受原告的证明，最后也应当惩罚那个本不应当被惩罚的无辜之人。既然两个案例的情形都是合理应当的，那么针对罪恶行为的惩罚又有什么不妥呢？①

在这里，我们看到阿伯拉在过去的特殊断讼时代与未来调查纠问的法律体系之间跨出弥合凿空的一步。在维持私人之间战争机制的诉讼模式——法官的中立、案件事实的超越、涤罪断讼的特权——之外，阿伯拉重新置入了一种确信：人，只能裁断事实表象，而非深隐之物；只能考虑行为之表现，而非过错之罪责。在行为之外，真正能够顾及意图和罪责的，只有上帝；也只有上帝，才是内心的证人和法官，才是所有意图的真正主宰。②这种确信的关键意义在于，除了人们可能考虑、裁断的行为表象之外，还有更为紧要却深隐着的“同意”、过错、罪责；除了惩罚行为的合理应当之外，还有辨别罪恶与否的根本标志——意图。外在的惩罚权力和内在的罪恶根源，即便在实际情况中不可避免地悖谬、矛盾、相斥——无辜无错的要遭受惩罚，罪恶深重的反而无法惩罚——但二者始终能够在一个不可能的、不存在的质点上汇合、衔接、沟通，即作为个体的人。作为法律话语返回前提的人的不可能性，就这样在罪恶与罪行之间弥合衔接中突破了。

在只考虑结果的行为内部，阿伯拉置入一个虚空临在的罪恶原点。

① LUSCOMBE D E. Peter Abelard ' s ethics: an edition with introduction, English translation, and notes [M]. Oxford: Clarendon Press, 1971: 39.

② LUSCOMBE D E. Peter Abelard ' s ethics: an edition with introduction, English translation, and notes [M]. Oxford: Clarendon Press, 1971: 41.

尽管罪行的惩处秩序可能与那种罪恶无关，但是罪恶正因为这种不在场而必然在场，从而使得犯罪之罪行要想获得真正实存，除了外在行为，还必须涉及个人的意图。也就是说，可见的罪行本身具有一种不可见的性质，如同教会的可见性是基于某种不可见性一样。罪行的真正可见性是不可见的，那种使得不可见性变得可见的安排，必须根植于不可见性之上。阿伯拉所描述的内在罪恶，固然与后来的主观犯意不同，却是使主观犯意、罪责得以可能的前提：因为这种罪恶确保了一种以虚空而获得实在的确信，与此同时，外在罪行则成为以实在而转向虚空的追溯力量。

所以，阿伯拉才会说恶行即便不可模仿，甚至无人知晓，该行为——而不是思想——也应当在众人面前得到惩罚。因为，比起在思想中隐藏的过错，行为所具有的示范作用可能会引起更多错行，或者更加有害。惩罚不是防止内在灵魂受损，也不是防止某个人受损，而是防止公众受损。

在此前提下，如轻罪重刑等罪刑不等的现象，就是政府为了保证共同功利、防治公众损害所施行的正当举措，而不是为了与正义、平等保持一致。阿伯拉认为，作为人的法官所能做到的检验方式尽管不乏缺陷，但是最近似于上帝的结果，除了这种“近似”，其他的外部努力都是徒劳的。因为不论集体惩罚的必要力量与个人罪责的正义确信如何分裂与对峙，二者始终能够在作为主体的个人那里得到合理相容——这种合理性的根本原因在于：人本身既是肉体的，又是灵魂的；既是外在的，又是内在的；既是被动服从的，又是主动命令的。如果人本身就是这种分裂、对峙、矛盾的合理统一存在，即某种“不可能性”，那么罪行（从而是集体惩罚的必要正当）与罪恶（从而是罪责确信的必要正当）的合理相容也就自然而然了。罪犯这种分裂与对峙的存在，正与兼具自然可朽和圣神永恒的两个身体于己的“国王”类似，[①]只不过二者正好处于对跖点之上。

但是，正如伯尔曼所说，热衷于对冒犯上帝进行裁量的教会法学

---

① 康托洛维茨.国王的两个身体［M］. 徐震宇，译.上海：华东师范大学出版社，2018.

家，显然拒绝了阿伯拉那种罪恶可以被假设、只能被假设且应该置之不理的观点：

“他们将外在指标视为上帝为此目的而做的设计，但他们又超越了这些指标，对被告人的思想、内心和灵魂进行专门的探究。他们承认教会法律适用于教会在人间的法庭，而不是天国的法庭，因而它的程序必须符合客观性和一般性的准则。然而，他们并不认为在这类准则与上帝的正义准则之间存在实质性的冲突；相反，认为二者之间基本上是和谐的。循着他们对上帝自身的程序概念，他们既热衷于确定被告人是否故意犯下了一项违反法律的从道德与社会角度看系犯罪的行为，也热衷于确定他因此在多大程度上暴露出一种堕落的思想、内心和灵魂。”①

于是，对罪行而言：

“12世纪至13世纪，偶然性概念的出现极大地撼动了残存的古老概念，使得意志要素居于犯罪行为的首位。原始社会的人尚不晓得何谓意外事件或偶然性，而中世纪的人倾向于认为某种既定现象可以是一些琐碎因素作用的结果……这种观点体现了一个重大进步，即人们开始对各种现象进行基本的划分：一类为生命体意志的表现，另一类为客观合力作用的结果。因此，意志成为了所有可归罪性的首要条件，也是刑事责任的首要条件，而刑事责任则成为了一种非常主观的责任。”②

在判定行为属性时除了要考量内在意图、审查自由意志之外，还要考量两种重要的法律造物：一是无刑事责任；二是免除刑事责任。尽管无刑事责任与免除刑事责任的情形要满足严格的约束限制，但是当意志成为了所有可归罪性的首要条件，也是刑事责任的首要条件之后，对于意志自由的探讨，将不可避免地把意图、认知的问题转化成态度、动机、性格的问题：

“很清楚，探究被告人的意志自由会导向我们考察，他是否错误地把自己置于一种他本该知道会犯下道德罪恶和社会危害的违法行为的状态，倘若这一探究不会导致对一个人的全部人格进行审查，也至少是与

① BERMAN H J. Law and revolution: the formation of the western legal tradition [M]. Cambridge: Harvard University, 1983: 189.

② 博里康. 法国二元论体系的形成和演变：犯罪——刑事责任人 [M]. 朱琳，译. 北京：中国民主法制出版社，2011：13.

这种审查相一致的。”①

但是，我们需要思考的是，这种司法“审查”是否只是从社会外部的公共利益开始而由外及内？

4.2.3 自由意志与“坦白”

答案是否定的。

虽然在犯罪行为的结果中分离并发明了被告人的意图与意志，在以司法权力为代表的强制机构认定罪行的过程中予以考虑。但是，当我们知道罪犯必须通过司法制度才能承认自己是罪犯的事实后，还缺少罪犯自己的心理认同。换言之，在从外部审查主体之前，其实已经存在内在的自我审查手段，并且那种外在的司法力量，只有凭借、适用和改造主体的自我审查方式才可能继续运作。外部力量自然是十分重要的一个方面，但这种自我审查的内在历史依托，也是不可或缺的另一个面向。这就是“意志软弱（weakness of will）”的历史，用最早注意到这种现象的亚里士多德的话说，即“不能自制（akrasia）”②。

苏格拉底认为，除非出于无知，否则没有人会在明知的情况下去做与善相反的事情，因此他断言“不能自制”的情形是不存在的。亚里士多德在此基础上做了进一步思考。他认为：第一，即使具有“知识”，一个不能自制者仍然可能选择错误的行为；第二，这种“知识”需要再做限定，它不是“真正的知识”，而是一种“感觉的知识”。因此，亚里士多德在某种程度上强化了苏格拉底的判断，即具有真正知识的明智者，不可能是一个不能自制者。亚里士多德在《尼各马可伦理学》中写道：“这又非常荒唐。因为这意味着一个人同时既明智又不能自制，然而又没有人会认为明智的人会出于意愿做卑贱的事。”③

亚里士多德为了解决苏格拉底的判断与实际行为不符的问题，采取了两个关键步骤：一是在理论上区分了知识的真伪；二是将理论引入实践领域，通过分析普遍前提和具体前提之间的差异，为不能自制者

---

① BERMAN H J. Law and revolution: the formation of the western legal tradition [M]. Cambridge: Harvard University, 1983: 190.

② 亚里士多德. 尼各马可伦理学 [M]. 廖申白，译. 北京：商务印书馆，2003：209.

③ 亚里士多德. 尼各马可伦理学 [M]. 廖申白，译. 北京：商务印书馆，2003：213.

的错误行为找到合理解释。[1]他指出，当一个人仅仅停留在“感觉的知识”层面时，其行为容易受到欲望的驱使，从而违背善的普遍原则。

然而，亚里士多德与苏格拉底的共同点在于，他们都坚持一个核心立场：真正的知识不可能与“不能自制”共存。只要拥有真正的知识或触及真理本身，就能够彻底消除因意志软弱而作出卑劣之事的可能性。在他们看来，完全自知而作恶是荒唐的，因为真理与“不能自制”无法共存，认知的力量与意志的力量是一致的。因此，任何无法自制或罪恶的行为都可以在认知不足中找到其根源。换言之，罪恶可以被视为通往真理与善的歧途。犯下罪恶的人，当以“不能自制”的借口为自己开脱时，其实是承认了自己负有认知真理与善的普遍义务。而这种义务，就是苏格拉底所主张的“认识你自己”。但是，必须注意的是，“认识你自己”不是重新发现自己、回到自己，而是在真理的游戏中构成自己，因为这一点很快就被基督教的“意志”所颠覆。

与苏格拉底和亚里士多德的认知论形成对比，奥古斯丁在《论自由意志》中指出，罪恶并非简单的认知错误，而是意志的扭曲。他写道：“或者犯罪的最初原因就是意志本身，或者犯罪的最初原因没有任何罪。罪若不归咎于犯罪者就不是公正的，因此罪若不归咎于意愿犯罪者就不是公正的。”[2]奥古斯丁认为，个体可能在完全认知善的情况下，依然选择作恶，因为意志可以偏离理性的指导。这一观点颠覆了苏格拉底和亚里士多德“认知即美德”的理念，强调了意志作为独立行为动力的重要性。

阿伯拉的《伦理学》开篇，便追溯到了“认识你自己”，但是他的认知—罪恶，并非沿自苏格拉底的认知或亚里士多德的认知，而是更接近奥古斯丁的认知；阿伯拉提出的“同意—罪恶”也明显来自奥古斯丁的罪恶三阶段（诱惑—冲动—同意）：罪恶并不止于欲望或外在行为，而在于个体是否在意志层面作出了主动的同意。

在罪恶的构造上，阿伯拉与同时代的方济各派的唯意志论者（voluntarists）有重要联系。唯意志论者在奥古斯丁的自由意志理论的

---

① SAARINEN R. Weakness of will in renaissance and reformation thought［M］. Oxford: Oxford University Press, 2011: 7-12.

② 奥古斯丁. 论自由意志［M］. 石敏敏，译. 北京：中国社会科学出版社，2021：200.

基础上更进一步，主张意志不仅拥有自由选择的能力，还在道德行为上占据至高地位，成为理性的统治者。奥古斯丁常被认为是“自由意志”的奠基者，或者更准确地说，他奠定了“意志的自由选择”这一概念，将自由从古希腊哲学中的“相对于强制的自由”转化为“为或不为的权力”，这一概念保证了行为者能够在多种选择之间作出“同意”。[①]

唯意志论者在奥古斯丁自由意志理论的基础上作出了重要贡献，不仅将意志从精神和灵魂中分离出来，还让意志承担一切道德责任。比如，Walter 和 Henry 提出：“意志与理智的相互关系，就像国王与谋臣的关系，尽管统治者需要信息和建议，但最后仍由权威的统治者决定所做之事。”[②]在这种框架下，意志被赋予了绝对的自主权，而理智仅是意志的辅佐工具。正如在黑暗中，意志主人需要理智仆从的掌灯才能看得清楚，但我们必须清楚，掌灯仆从只是接受意志主人的命令。意志，已经不再像奥古斯丁那样仅仅是自由选择而已，而是在超越理智的意义上，拥有独立自主的自决能力。

相较于奥古斯丁的自由选择观，唯意志论者更强调意志的自决能力。他们认为，不能自制，并非因无知，而是有意疏忽。无知和疏忽固然可以归因于理性认知的错误，但更根本的原因是主体自身的意志过失。所以，对于意志软弱的错行，唯意志论者认为：“意志软弱会伴随着理智的错乱和无知，然而这种无知却不是意志软弱的缘由，毋宁相反，理智的错乱是由意志腐坏所致。”[③]

如果亚里士多德的“不能自制”，仅仅说明了实践理性的神秘无能，那么在唯意志论者看来，那种对错行的积极同意，则是自由意志的神秘腐坏。[④]只不过这种神秘腐坏仍然是我们“同意”的结果：“同意的行为是自由且自愿的，所以意志软弱者本可以阻止它。即便到了第

---

① SAARINEN R. Weakness of will in renaissance and reformation thought [M]. Oxford: Oxford University Press, 2011: 19.

② SAARINEN R. Weakness of will in renaissance and reformation thought [M]. Oxford: Oxford University Press, 2011: 32.

③ SAARINEN R. Weakness of will in renaissance and reformation thought [M]. Oxford: Oxford University Press, 2011: 33-34.

④ SAARINEN R. Weakness of will in renaissance and reformation thought [M]. Oxford: Oxford University Press, 2011: 35.

三个阶段（即奥古斯丁所说的“诱惑—冲动—同意”），软弱意志仍然可以扭转全程，因为理性在整个过程中已不再导致任何积极的因果关联了。”[①]

但是，尽管唯意志论者将意志拔高至理智之上，但在责任归属问题上，唯意志论者也不得不承认，这种意志仍然无法包含单纯邪恶或非理性的意志，意志总在选取某种善好的东西，即便是积极地选择错恶，也是在某种程度上符合理性的善好。[②]虽然意志是理智的主人，能够自我决定，但它本身就包含一种认知性、理智性的组成，这使得意志无法根本违背理智。那种任意、故意的非理性，会把意志和理智彻底剥离，从而让意志失去在灵魂中的高贵地位。虽然亚里士多德的理性能力被唯意志论者的意志自决所超越，但二者在邪恶面前，其实并无多少差异——它们都在确认与恶决然相对的灵魂最高统治，无论是理智还是意志，都不可能理智性、自愿性地授权作恶，因此我们每个人都要为“同意”罪恶的任意堕落担负责任。

到了黑格尔，善恶之间的“理性”或“意志”二分法被归结为一种纯粹抽象的对立，最终遭到否定：“因此人们说，世界上没有一个真正恶人，因为没有一个人是为恶而恶，即希求纯否定物本身，而总是希求某种肯定的东西，从这种观点来说，就是某种善的东西。在这种抽象的善中，善和恶的区别以及一切现实义务都消失了。”[③]

但是，黑格尔的“否定”并非彻底推翻自由意志的框架，而是在“自然”与“自由”对立中，更加深刻、坚定地认清自由意志的终极使命：

“当我面对着善和恶，我可以抉择于二者之间，我可对二者下定决心，而把其一或其他同样接纳在我的主观性中，所以恶的本性就在于，人能希求它，而不是不可避免地必须希求它。”[④]

黑格尔的自由意志理论强调，自由意志的终极责任不是限制自我，

① SAARINEN R. Weakness of will in renaissance and reformation thought [M]. Oxford: Oxford University Press, 2011: 34.
② SAARINEN R. Weakness of will in renaissance and reformation thought [M]. Oxford: Oxford University Press, 2011: 32.
③ 黑格尔. 法哲学原理 [M]. 范扬，张企泰，译. 北京：商务印书馆，1961：172.
④ 黑格尔. 法哲学原理 [M]. 范扬，张企泰，译. 北京：商务印书馆，1961：167.

而是解放自我。这种自由意志的解放，使得伦理义务不再是外部施加的规范，而是主体自我决定的结果。

值得注意的是，亚里士多德在讨论认知与罪恶的关系时，正是凭借祝福与诅咒的同源共生结构来确定罪行和正当惩罚——在教育培养最好的生活方式、净化灵魂与沉思的同时，必然驱逐不可救药的人以及管束和惩罚坏人：

“多数人服从的是法律而不是逻各斯，接受的是惩罚而不是高尚［高贵］的事物。所以，有些人认为一个立法者必须鼓励趋向德性、追求高尚［高贵］的人，期望那些受过良好教育的公道的人们会接受这种鼓励，惩罚、管束那些不服从者和没有受到良好教育的人，并完全驱逐那些不可救药的人。因为公道的人会听从逻各斯，他们的生活朝向高尚［高贵］；坏人总是追求快乐，应当用痛苦来惩罚，就像给牲畜加上重负一样。”[①]

亚里士多德的这种认知主体与意志主体的结构重叠的缺陷就是对个人无知的无可奈何、不可救药，他们只能像牲畜一样以惩罚来施加重负。然而，在唯意志论者这里可以彻底避免“无知”可能造成的意志软弱和不能自制。罪恶的根源不在于知识的缺乏，而在于意志的腐败。个人之所以缺乏认知，并不是因为他无法获得知识，而是因为他主动选择了无知。因此，罪恶比知识更深地处于自由选择的范畴，在此基础上，认知真理不再是伦理的最终目的；真正的伦理要求是自我审查（self-examination），即个体必须意识到自己的意志是否在追随真正的善。最终，这种“审查自我”的概念发展为一种辩证的圆环：个体在不断反思自身的过程中完成伦理使命，而审查的终点，正是审查的起点，即在自由意志的抉择中重新发现自己。但作为终点的起点已与最初的起点不同，因为那个完成的主体或绝对精神已经能够把灵魂与肉体、罪恶与罪行、外在惩罚与内在罪责的排斥、分立彻底统一起来。

在阿伯拉写作的时代，亚里士多德的主要著作还没有翻译成拉丁

① 亚里士多德.尼各马可伦理学［M］. 廖申白，译.北京：商务印书馆，2003：313.

文流行开来，对罗马法的传授也处在最初的典籍整理注释阶段。然而，随着格拉提安的《教会法汇要》问世，情况发生了巨大变化。这部法律汇编不仅吸收了大量的教会思想，还在教会法学中融合了罗马法学的原则，从而成为了“欧洲普通法”的奠基石。

对格拉提安来说，用基督教之爱来统合正义与仁慈，正表现出教会法如何在外在驱动力量中认同和利用这种自我审查的方式。①在教会法中，正义不再是复仇，而是纠正和拯救。换言之，爱与惩罚并非对立，而是可以和谐并存的，罪恶与罪人必须明确区分：罪恶是鄙视和惩罚的对象，罪人却是爱的对象。由于罪行与罪恶的分离，内在认知与意志和外在行为与结果的分离，一个人既可受到惩罚，又可感受到爱。惩罚针对的是罪行和身体，而爱则关乎意图和灵魂。甚至，罪行与惩罚越大越重，爱也势必越深刻、越必要。在这种悖论中，教会法的正义逻辑已然不同于亚里士多德所主张的“同源共生”结构，即在教育与净化灵魂的同时，必须驱逐不可救药之人、惩戒恶行。在格拉提安的理论中，正义与爱不再是静态的对立，而是一种动态的、内在生成的自我审查机制，即不再是一个固定的终点（“终极善因”），而是从终点返回起点，从惩罚返回爱，从罪恶返回自由意志，而最终回到“坦白”，即人自愿地说出一切，以完成自我意识的彻底显现。

如果我们采信拉罗什富科（La Rochefoucauld）的箴言：“如果一个人的力量不足以作恶，那么他的善良也不值得赞扬。”②那么我们不得不直面吉尔·德·莱斯（Gilles de Rais）这一令人惊惧的存在。③他是那个真正的“自愿作恶者”——一个亚里士多德与唯意志论者皆无法解

① 彭小瑜.教会法研究：历史与理论［M］.北京：商务印书馆，2011：102.

② 拉罗什富科.道德箴言录［M］.杜伟华，译.北京：光明日报出版社，2011：40.

③ 吉尔·德·莱斯（1404—1440），生于卢瓦尔河畔尚多塞城堡，由于显赫的贵族身份，生来就坐拥庞大的家族遗产。他成年后，曾与圣女贞德在英法之战中比肩抗敌，因其英勇无畏的战斗精神和不可替代的军事才能，屡夺关键性胜利，最后获封法兰西元帅。可在1431年圣女贞德被烧死之后，他也逐渐成为罪大恶极的声名狼藉者，吉尔·德·莱斯开始了蹂躏、残杀幼童并碎尸、焚尸的令人悸噤的恐怖快乐暴行，弑童数量之大，甚至难以记数。本来，这些恶行在其位高权重之时，也许会无足轻重，但是随着钱财家产的挥霍一空和政治失势，在1440年，吉尔·德·莱斯终被判处火刑。在得知被教会法庭开除教籍时，一直否认自己骇人恶行的吉尔·德·莱斯突然开始忏悔，突如其来且神秘巨大的剧场效应使得他的尸体还未被大火烧尽就抬到了南特加尔默罗修会天主堂安葬。数个世纪后，乔治·巴塔耶依据教会档案文件、世俗审判文本以及博萨尔神父的记述，完整重现了吉尔·德·莱斯的一生。他说道：“吉尔·德·莱斯之光经久不灭，皆因罪过。他是否如我们所想，为史上罪大恶极第一人？基本上，这种说法纯属冒失，经不起推敲……”巴塔耶.吉尔·德·莱斯案——蓝胡子事件［M］.赵岑岑，译.南京：南京大学出版社，2018.

释的怪物。

死刑并不会带给吉尔·德·莱斯任何畏惧、惩戒或警示。刑罚对他而言毫无意义，他的生命早已在生死临界间游走。他的存在本身，就是一股涌动的虐杀、痛苦、残忍与毁灭的兴奋。他的罪恶并不出于某种理性缺陷，而是来自对痛苦、权力和毁灭的极端沉溺，这种沉溺使得生命本身变成了纯粹的自我体验。在这方面，也许他比任何人都更接近萨德侯爵（Marquis de Sade）笔下的绝对恶。死亡的瞬间是短暂的，无法持续，但极致、超越、迷狂、虚无的绝对否定才是他真正的追求。吉尔·德·莱斯，这个中世纪的绝对恶之象征，不仅不畏惧死亡，他甚至在某种意义上主动迎接死亡。他不是被疯癫、异常、愚昧所标记的罪人，而是一个自觉、自愿、理性选择作恶的存在。他的恶并非无知的结果，而是清晰的、冷静的决断。

如果唯意志论者强调意志的至高地位，但依然认为意志在追求善的过程中可能出错，那么吉尔·德·莱斯则完全打破了这一界限。他展现出一种彻底的、自愿的、冷静的恶，一种唯意志论者所无法解释的理性选择的恶。对唯意志论者而言，虽然意志统治理智，但它无法完全背离理性。即便是最恶劣的选择，也仍然符合某种对善的扭曲追求，但吉尔·德·莱斯的存在，则颠覆了这种逻辑——他的恶既无善的依附，也无正义的诉求，而是一次彻底的否定，一种对现实秩序的彻底摧毁。

作为一个世界结束的象征，吉尔·德·莱斯尚未被贴附疯癫、异常或理智、正常的个人标志，但就像后来的萨德侯爵最终把疯癫、禁闭、绝径当成逃逸的出口一样，[①]在那个让人无法理解的忏悔、坦白瞬间，他一定遽然感受到更加属于自己的纯粹世界：就在至高的爱中，弥漫着令他欣喜的腥甜、凶残和冷漠。只是刚够至死的火刑让他再也无法听到，教会将他的“极恶”改称为“极善”的声音。

---

① BLANCHOT M. Lautréamont and sade［M］. Stanford：Stanford University Press，2004：7-41.

4.3 主权者的“自然法”

4.3.1 “国王”与“罪犯”的对跖

上文曾提到，从12世纪开始，在政治神学的舞台上，出现了两个对跖点，一个是国王，一个是罪犯。康托洛维茨在《国王的两个身体》中，曾详细阐述了国王从基督的代理人到正义的代理人，再到“奥秘之体”的变迁。但如果把视野从政治神学转回法律范畴，就会发现国王与法律的矛盾关系，正与罪犯的处境对跖：

“皇帝，尽管依法不受法律的约束，但自愿按照法律来生活，使自己受法律的约束：他对于法律的服从被认为是一种‘意愿’，而非‘本质’……因为，尽管朕的皇帝尊荣不受任何法律的约束，但无论如何，不能超越那作为一切法律之母的理性的裁判。”①

对罪犯而言：

罪犯，尽管依法接受法律的约束，但“自愿”违背法律来生活，使自己不受法律约束：他对于法律的违背被认为是一种“意愿”，而非“本质”……因为，尽管罪犯的“自由意志”可以超越任何法律的约束，但无论如何，不能超越那作为一切法律之母的理性的裁判。

国王是正义的中保者与持守者，而罪犯却是这种正义的承担者与施受者。如果国王的两个身体，一个归属于实在法，另一个超越于实在法，国王将这两个身体合二为一，从而既高于法律又低于法律，那么罪犯同样有两个身体，一个受制于实在法，是刑罚打击的肉体，另一个超越实在法，是用爱拯救的灵魂，这两个身体也同样合二为一，使得罪犯既低于法律又高于法律。因此，在法律与理性、强制与自由的问题上，国王与罪犯正是矛盾、敌对的两个极端，也是一个综合体的两个面向，或者说，国王预设并否定了罪犯，同时罪犯也预设并否定了国王，他们一道统合、扬弃在共同善中。

---

① 康托洛维茨.国王的两个身体［M］.徐震宇，译.上海：华东师范大学出版社，2018：201.

中世纪法律思想的核心问题，就是如何在既高于法律又低于法律的状态下找到国王的合适位置，这是那个时代赋予如圣托马斯·阿奎那这样既是神学家又是法学家的最高主题和终极使命。这里将国王与罪犯位于对跖点上，并不是要展示罪犯的“政治神学”，而是试图理解罪犯地位的“发明”意义。这就需要我们把康托洛维茨过早从法律中心移开的王权，再次恢复到法律之上。实际上，无论是康托洛维茨笔下的索尔兹伯里的约翰、弗里德里希·威廉二世，还是托马斯·阿奎那，都只是“以法律为中心的王权”的开始，法律问题与王权或主权问题的纠缠，从阿奎那一直延续到霍布斯、奥斯丁一脉，以至于后来被视为泾渭分明的自然法学和实证法学，在某一层面上似乎并无分裂和争论，反而有一种共同的默契和持守。

“由于法律是某种规则和标准，它可以两种方式存在于事物之中。其一，存在于权衡者和统治者之中……其二，以被权衡者和被统治者的方式存在。”①

“我们所说的准确意义上的一名君主的权力，或集体情形的地位至高无上的一个主权者群体的权力，是不可能受到法律限制的。如果受到一项法律义务的约束，那么一名君主或主权者群体，只能将其视为隶属于更高的、更具有优势的主权者。”②

上述两段文字，前者来自13世纪自然法学的集大成者阿奎那，后者来自19世纪初实证法学的代表学者奥斯丁。尽管二人所处时代和法律理论完全不同，但是在法律与主权的结构认识上二者保持着高度一致：既要保证一种公共的法律秩序，又要确认最高主权对此秩序的临在。二者的思想框架共同指向了一个核心问题——法律与主权的纠缠关系。

在奥斯丁之后，当法学沉浸于概念的自洽性、纯粹的规范理论，而逐渐忽视主权结构的临在时，“最后一位欧洲法学家”——施米特，警示道：法律秩序本身就包含两种不同的法学要素，除了法律状态，还有例外状态；除了法律规范，还要有主权决断。换言之，主权不仅存

---

① 阿奎那.论法律［M］. 杨天江，译.北京：商务印书馆，2016：4.
② 奥斯丁.法理学的范围［M］. 刘星，译.北京：北京大学出版社，2013：305.

在于法律秩序之内，更存在于例外状态之中——“主权就是决定非常状态。”①

所以，如果将阿奎那和奥斯丁的观点进行对比，则分别是法律与主权问题的产生点与结束点。

在阿奎那之前，一面是自上而下的神权王权，一面是自下而上的封建王权；一个是来自教会的“超自然”：神圣、抽象、绝对，一个是来自12世纪重新涌入西方视野的亚里士多德主义和罗马法复兴的“自然”：实用、质朴、多样。②

在奥斯丁之后，一边是凯尔森用纯粹法学的完整学科体系，试图消解主权的决定性作用，将法学完全限定在规范体系的自足性上；另一边是哈特、拉兹等人在奥斯丁理论中“反面挖掘”③到的分析法学的新面向，命令与服从或义务与制裁的法学范畴，只是遵守法律规则的外在、被动面向，而人们行为的实践理由自身就包含遵守规则的内在、主动面向。

阿奎那在自然法与神圣法的交汇点上努力构建的一种法律结构——“恩典不是消除自然，而是使之完美”，被奥斯丁精炼为实证法学的核心范畴，而后又在现代分析法学中被重新解构和抛弃。最终，问题回到了最初的根源：“法律—主权”结构究竟意味着什么？它是否只是法律体系的外在框架，还是根植于法律运作的内在逻辑？这不仅是政治神学或教会法学要解决的问题，也是现代法理学必须直面的终极问题。

4.3.2 “自然法”与“自然法”的对立

虽然这样宏大的历史脉络在这里固然无法详尽回应，但答案绝非奥秘难测之物：如果还原到前文的战争机制语境，那就是法律与暴力的关系（本雅明）；如果还原到自然法和实证法的法律语境，那就是大写立法者和小写立法者的关系（施米特、康托洛维茨）。但是，首先对这个

---

① 施米特.政治的神学［M］. 刘宗坤，吴增定，等译.上海：上海人民出版社，2015：24.

② 厄尔曼.中世纪政治思想史［M］. 夏洞奇，译.南京：译林出版社，2011.

③ “在主流的解读中，奥斯丁被看作是一位方法论者，他的实质贡献就是他所犯的错误。”莫里森.法理学：从古希腊到后现代［M］. 李桂林，李清伟，侯建，等译.武汉：武汉大学出版社，2010：233.

题目在法学理论范围内给予回应的，正是阿奎那：

“法律是人的行为的一种原则，因为它是行为的规则和标准。如果理性是人的行为的一个原则，理性本身之中存在关于其他一切事物的原则，那么法律必定主要地涉及这一原则。……人生的最终目的是幸福或者至福，而法律一定首要地承载着至福的安排。正如不完善注定趋向完善，部分注定要归于整体，又由于个人是完善共同体的一部分，因此法律必然正当地使自身与通向普遍幸福的安排相关。”①

我们已经知道，亚里士多德已鲜明区分开了作为生命肉体意义上的自然人和政治社会意义上的公民，要想建立人之城邦，自然生命就必须自我转变成良好的政治生活。在此基础上，阿奎那同样确立了法律作为行为规则与标准的意义：法律，必然要使自身与通向普遍幸福（或共同善、共同利益）的安排相关。可是，难以避免的实际情况是，遵守法律与普遍幸福相互龃龉：

“对某项法律的遵守在大多数情况下有益于人们的共同幸福，而在另一些情况下却非常有害。这是由于立法者无法考虑到每一种具体情形，以共同善为指导并根据最经常发生的事例来塑造法律。”②

对此，阿奎那的回答是：“如果遵守法律会产生有损共同幸福的情形，那么就不应当遵守它。”但关键在于，“不遵守”情形并不相同：

“然而必须注意，如果根据文字遵守法律不涉及任何紧迫的从而需要修正它的危险，那么就不允许任何人擅自解释对城邦而言什么有利、什么不利；只有那些权威者以及在这些情形中具有免除法律的权力者才可以这样做。然而，如果危难来得太过突然而不允许有那种将事情呈报上去的拖延，那么紧迫性本身即含有一种免除，因为紧急时无法律。”③

阿奎那区分两种“不遵守”的情形：一种是法律秩序层面的“不遵守”；另一种是法律适用层面的“不遵守”。对于法律约束秩序的解释、判定、豁免，是主权者独享的权力保留，其他任何人不得僭越；但是，

① 阿奎那.论法律［M］.杨天江，译.北京：商务印书馆，2016：6.
② 阿奎那.论法律［M］.杨天江，译.北京：商务印书馆，2016：107.
③ 阿奎那.论法律［M］.杨天江，译.北京：商务印书馆，2016：107.

当法律适用出现了紧急情形而必须修正时，普通臣民可不必诉诸主权者而自行修正或豁免。因此，只有在紧急状态下，当法律适用面临极端特殊的个案，法律才自动解脱了臣民的守法义务。

此外，我们知道，正是从12世纪、13世纪的教会法学开始，在罪行与罪恶区分的基础上，判定行为属性必须考量行为人的内在意图并且审查个人的自由意志。于是，就出现了两种法律拟制，一个是无刑事责任的情形，另一个是免除刑事责任的情形。这里所说的法律适用层面的“紧急状态”就是第二种法律拟制的免除刑事责任的情形，如正当防卫。

需要注意的是，不能把这种法律秩序之中的无法律秩序，混同为无法律秩序的法律秩序。后者指的是不受法律约束的主权者，依据自身权力设立的法律秩序，在此秩序中，主权者凌驾于法律之上，决定何为法律；前者只是赋予每个遵守法律的人自行脱离秩序的权力，不是对整个法律秩序本身作出的判断，而是对法律秩序适用的具体特殊情况的判断。因此，后者是普遍一般地外在于整体法律秩序，前者则是普遍一般地内在于整体法律秩序。表面上，臣民在紧急状态下所拥有的豁免权似乎与主权者的权力相似，但实则完全相反：前者的权力仅限于个案适用，而后者则涉及法律本身的制定与解释。所以，上文曾经指出：法律的原初形式就是主权者的一般例外，而法律的原初事实就是主权者的绝对暴力。

但是，在阿奎那看来，这种相反的、对立的权力体现为“法律秩序/无法律秩序”时，却能在共同善的基础上得以统一，那就是“法律一定要承载着至福的安排。”在这一原则下，无论是主权者还是臣民，他们的内在行为逻辑结构都是一致的：“理性造物有一种对永恒理性的分有，借此他们拥有了一种指向恰当行为和目的的自然倾向。”[①]换言之，所谓“自然法”，就是理性造物对永恒法的分有。正是由永恒理性自身所担保的那种完善、和谐，使得理性之分有者，无论是主权者还是臣民，都能够在法律秩序和无法律秩序之间统一和谐共存：

① 阿奎那.论法律［M］.杨天江，译.北京：商务印书馆，2016：17.

“所有行动出自某种潜能，由潜能引起，并符合其对象之理由。但意志的对象是目的和善。因此，所有人的行动应该都是为了目的”。[①]

但是，这并不意味着所有理性分有者的存在方式是一致的，相反，主权者和臣民的所分有的“自然法”的存在方式完全不同。主权者的“自然法”是从法律秩序之外来定义的，因此主权者的理性是在根本地外在于法律秩序的同时，又一般地内在于法律秩序。臣民的“自然法”是从法律秩序之内来定义的，臣民的理性是在特殊情境下外在于法律适用过程的同时，又更加内在于法律秩序本身。

基于这一区分，阿奎那指出，不同身份的人在“善”的追求上存在不同的标准：

“由于每个人都是城邦的一部分，除非他恰当地分配共同善，否则就不可能本身是善的，同样，除非部分与整体协调，否则整体也是无法形成良好秩序的。因此，除非公民是有德性的，至少那些具有统治职责的公民是有德性的，否则城邦的共同善就不可能繁盛。但是，其他公民的德性只要达到遵从其统治者的程度，这对于共同体的善就足够了。因此，大哲学家（亚里士多德）说，统治者的德性与善人相同，而普通公民的德性却与善人不同。”[②]

由此可见，在共同善的统合中，善或理性内部的差异、对立，不仅是自然“分有”的结果，还是秩序建构的必需。[③]所以，法律秩序与无法律秩序的对立，其实说明了“理性”与“理性”的对立，“善”与“善”的对立，或者更为直白地说，是“善”与“恶”的对立。因为：

“法律的概念包含两层：一是人的行为的规则；二是具有强制性的权力。因此，人服从法律也有两层含义：一是被统治者服从统治者，在

① 海德格尔. 哲学史：从托马斯 · 阿奎那到康德［M］. 黄瑞成，译. 西安：西北大学出版社，2018：148.

② 阿奎那. 论法律［M］. 杨天江，译. 北京：商务印书馆，2016：34.

③ 阿奎那曾对“自然法对所有人是否都是相同的”问题作出明确回答：“显然不管是思辨理性还是实践理性，其共同原则的真理和正确性对所有人都是相同的，而且被所有人同等地认知。但是，就思辨理性的正当结论而言，真理对所有人都是一样的，但不被所有人同等地认知。……由此可见，我们必须认为，自然法就其首要的共同原则而言不论是在其正确性上还是在认知上，对所有人来说都是相同的。作为这些共同原则之结论的某些较为具体的方面，在大多数情况下其正确性和认知度对所有人来说也都是相同的；但是，在很少一部分情形中可能失效。这不仅体现在正确性方面，这是由于特定的阻碍（正如本性易于堕落和腐朽因而会受到一些阻碍而失去效用），还体现在认知方面，这是由于在这些情形中本性会被激情、坏习惯或者坏的本性倾向所败坏。”阿奎那. 论法律［M］. 杨天江，译. 北京：商务印书馆，2016：69-70.

这种意义上服从权力者是服从有权者制定的法；二是服从法律是指被强制者服从强制者。这时有德者和正义者都不服从法律，而只有作恶者才服从。因为强制和暴力都违背意志，而善人的意志是与法律相一致的，只有作恶者的意志才与法律不合。因此，在这种意义上善人不服从法律，而只有恶人才服从法律。”①

这种“善人不服从法律，而只有恶人才服从法律”的观念，显然已超出了亚里士多德的伦理学范畴，亚里士多德只是说：

“多数人服从的是法律而不是逻各斯，接受的是惩罚而不是高尚［高贵］的事物。……因为，公道的人会听从逻各斯，因为他们的生活朝向高尚［高贵］；坏人总是追求快乐，应当用痛苦来惩罚，就像给牲畜加上重负一样。”②

亚里士多德的意思不是说法律惩罚、强制只对多数人适用，少数人则免于服从，而是说逻各斯本身就是一种方向和规定性，它比法律的强制力量更为强大。所以，阿奎那这里涉及一个可以追溯至基督教教诫源头的观念：“既然你是在圣灵的引领之下，你就不是在法律的支配之下。”③

阿奎那的法律体系不仅限于基督教神学，还在政治社会之中界定人定法律。结合他所提出的“统治者的德性与善人相同，而普通公民的德性只需达到遵从统治者的程度”，我们才能理解“善”“恶”“法律”之间的深层联系。事实上，道德秩序与法律秩序的区别，并非后来法律实证主义的贡献，而是早在西方文明形成之初，就已隐含在政治理论的基本框架中。④从阿奎那开始，自然法的结构中就已蕴含了七八个世纪后法律实证主义的原型。与其说法律实证主义颠覆了某种“自然法”的基本框架和秩序结构，不如说它正是对阿奎那以来的自然法结构的完全确认和彻底肯定。

所以，我们可以说，自然法真正的作用不是在理论上追求道德理念

---

① 阿奎那．论法律［M］．杨天江，译．北京：商务印书馆，2016：103．
② 亚里士多德．尼各马可伦理学［M］．廖申白，译．北京：商务印书馆，2003：313．
③ 登特列夫．自然法：法律哲学导论［M］．李日章，梁捷，王利，译．北京：新星出版社，2008：110．
④ 登特列夫．自然法：法律哲学导论［M］．李日章，梁捷，王利，译．北京：新星出版社，2008：106．

的永恒、不朽，而是通过把主权者置于法律之外，进而纳入法律之中。这就意味着自然法是在法律体系之内论述君主权力的至上与正当。去掉自然法框架的法律实证主义，就像斩掉“头颅”的“身体”残余，奥斯丁界定完成的主权命令式法理学研究范围，[①]其实是在绝对信任共同福利和理性真理的基础上，自觉摒弃了自阿奎那以来法学理论赖以存活的结构根基——“当今法学作家的倾向是，凡在过去使用‘主权’一词之处，都用其他名称代替。”[②]从此以后，法学理论似乎只能是纯粹规范性的科学思维模式：“法律几乎已经跟语言平行，法理学也几乎已经跟文法相提并论。”[③]早有学者指出，只对奥斯丁的实证法学进行规则语言式的分析，是令人窒息而没有生命力的。[④]其原因就在于，规范科学无论如何都弥补不了缺失“头颅”的残损。自然法的“潜在精神”，或者说“主权者”，始终会像一个幽灵一般游荡在法律规范之上，大有吸尽法律体内鲜血之势。

最终，或者是肯定的决断（施米特），或者是肯定的不可决断（本雅明）[⑤]，二者都合理共存、悖谬交叠地直接关联个人的生存方式。一方面，人们“言说，永远是言说法律”[⑥]；另一方面，人们又树立起卡夫卡所谓的“法律之门”，使得现代法律学者即便不断地进行研读和解释，也始终无法进入。

---

① “至于统治应该存在的目的、终极原因，以及实现或靠近这一目的的不同方式，我是没有兴趣的。”奥斯丁.法理学的范围［M］.刘星，译.北京：北京大学出版社，2013：42.

② 登特列夫.自然法：法律哲学导论［M］.李日章，梁捷，王利，译.北京：新星出版社，2008：126.

③ 登特列夫.自然法：法律哲学导论［M］.李日章，梁捷，王利，译.北京：新星出版社，2008：127.

④ 莫里森.法理学：从古希腊到后现代［M］.李桂林，李清伟，侯建，等译.武汉：武汉大学出版社，2010：256.

⑤ 在巴洛克时代，本雅明不仅发现了优柔寡断的君主：“在被神赋予的无限的等级尊严与卑贱的人性状况之间存在一种失衡……这就是暴君的优柔寡断。负责就紧急状态进行决策的君主，在随即发生的状况下却证明自己几乎不可能作出决策。”还发现了预示着二百年后卡夫卡作品中所有普通人的真实历史：在叶卡捷琳娜女皇统治的时代，她的情夫、宠臣波将金元帅患有严重的抑郁症，元帅曾下令，当病症发作时任何人不得走进房间打扰他。有一次，病症发作持续了很久，许多积压的紧急公务必须立刻得到他的签名。众人一筹莫展之际，这时一个新来的小公务员舒尔金，不明就里、自告奋勇地走进房间，把文件放在桌上，把鹅毛笔蘸饱墨水，塞到波将金元帅手中。元帅被这个突如其来的到访者震惊了，他面无表情、梦游一般地开始签字：舒尔金，舒尔金，舒尔金……本雅明.德意志悲苦剧的起源［M］.李双志，苏伟，译.北京：北京师范大学出版社，2013：90；本雅明.评弗兰茨·卡夫卡——卡夫卡的人生与作品解读［M］//单向街.陶林，译.南京：江苏凤凰文艺出版社，2015：144-180.

⑥ DELEUZE G，GUATTARI F. Kafka：toward a minor literature［M］. Minneapolis：University of Minnesota Press，1986：82.

4.4 法律秩序的“例外状态”

4.4.1 法律秩序的张力：主权与犯罪

通过国王与罪犯的对跖，可以揭示主权者的自然法与犯罪刑罚学之间的深层联系。这种对跖意味着：确立国王的统治地位，必然伴随着罪犯地位的确立，或者说，对罪犯的定义与刑罚的确立，正是为了建构国王的统治合法性。因此，法律体系的建立不仅是为了维持社会秩序，还是一种政治权力的生产机制。在这一过程中，法律的二元对立结构随之形成：法律秩序—非法律秩序、理性意志—法律约束、正义—邪恶、善—恶等对立的现象。

斯特雷耶指出，自12世纪、13世纪以来，西欧已经开始建立具有现代“国家”性质的司法制度和财政制度，标志着国家统治模式的转变；而在现代“国家”的司法实践中，正义对于不同主体有着截然不同的意义。对国王而言，正义至上，这是国王权威的象征，也是国王在领地内取得最高权力的武器；对普通人或小贵族而言，正义至上，仅仅意味着维护财产、避免暴力。①因此，法律的构造不仅涉及国家机器的运作，还涉及法律如何被不同主体所理解和利用。国王与罪犯的对跖，揭示了法律不仅是一种规范体系，还是一种权力关系。

阿奎那通过理性基础的层层“分有”来表达的共同善，不仅统合了理性内部的善恶对立，还在外部的法律秩序中分离出不服从法律的善人和服从法律的恶人。如果我们进一步探究何谓“服从”与“不服从”，则会发现这两个概念必须按照其反面来理解。所谓“不服从”法律的善人，其实是由于他服从了法律所表征的共同善的理性结构，因此才不必接受法律秩序的约束，即他的意志本身已经不可能表现出与法律秩序相悖的行为。所谓“服从”法律的恶人，他之所以必须服从法律，并不是因为他认可法律的正当性，而是因为他拒绝服从法律所表征的共同善的

① 斯特雷耶.现代国家的起源［M］.华佳，王夏，宗福常，译.上海：格致出版社，上海人民出版社，2023：17.

理性结构，从而必须受到法律秩序的强制，以防止其意志的偏离导致实际的错行。“服从”与“不服从”的这种悖逆和颠倒，实际上揭示了什么是内在的服从、什么是表面的服从，或者说什么是主动的服从、什么是被动的服从。如果回到阿奎那的语境，我们会发现，君主与法律的关系正是这一逻辑的核心：君主“不服从”法律的真实含义，恰恰是他对法律的服从；君主自愿“服从”法律，恰恰是他对法律的实际不服从。换言之，君主通过自身的主权意志超脱于法律，但正是通过这种超脱，保证了自身对法律的无限内在性。

然而，这只是自然法中显露的一部分，另一部分则隐而不彰，那便是作为君主反面的罪犯、恶人的意志。

自12世纪、13世纪以来，“犯罪意志”的概念开始成为教会神学与法学领域中确定无疑的信条。这一转变建立在以下的关键原则之上：意志成为理性的主宰，而理性则沦为意志的仆从，即便理性无力解决问题，意志依然能够在最后时刻决定行动；错行，除了源自理性的无知或疏忽，根本上是由主体自身的意志来决断并负责；罪恶不再取决于诱惑、激情或欲望，而取决于对罪恶的“同意”与“意图”。

但是，当意志超越理智，成为个人存在的“君主”，唯意志论者则一致认为，意志总是在追求某种善好，哪怕是积极地选择错恶，这种错恶仍然符合某种被扭曲的理性。换言之，意志无法彻底违背理性，更无法彻底违背善好，否则它将因彻底剥离理性和善好，而丧失自身的高贵地位。一旦将这种意志作为判别罪与非罪的内在标准，犯罪主体就会被永远排除在法律秩序之外。因为这种最高意志的存在，理应服从共同善与理性，但罪犯的意志则选择了错行和罪恶。结果便是罪犯成为自身意志的否定者，成为法律秩序的弃绝者。

从表面上来看，厄运在罪犯身上的降临，完全是因为他自己违背了自己的最高自由意志，他被法律秩序施以惩罚的罪魁祸首和终极源头就是他自己，因为他本来应该按照自由意志固有的方向选择善好，从而显得不必服从法律。然而，这一解释不过是法学体系的“虚构”。实际上，罪犯的意志不过是主权者意志的阴影，被法律秩序排除的罪犯不过是主权者的反面镜像——以臣服于法律秩序的方式，被驱逐出法律秩序。正是“光与影”的隐喻，使得主权与犯罪在践行相同的暴力和内容时，却在形式上截然分裂为合法与非法的对立。这一机制的根本原因在于，法律体系中根深蒂固的“向善”假设，使得打击犯罪与维护秩序获得了无可置疑的正当性。主权与犯罪之间的共生关系，决定了法律的执行不仅关乎秩序本身，还关乎权力如何制造自身合法性的过程。

在这一框架下，法律秩序展现为一种张力的场域，它必须在两种力量之间不断游荡、冲撞、转换、绷紧：君主要确立自身超越于法律的权力，必须依赖一种“例外状态”；同时，君主又必须将“例外状态”转化为法律秩序本身的内在组成部分，以维持合法性。然而，君主权力无论如何运作，它始终需要一个参照者、一个否定者，罪犯正是这一角色。如果没有犯罪的“异常”存在，那么“正常”秩序的标准就无法被确立；如果没有对犯罪的惩戒打击，维护秩序的力量便无法正常运作。简言之，如果没有犯罪的“发明”，法律秩序便无法出现，君主权力更加无由存身。

但即便如此，力量可以被分立、分离，而力量背后的理性与意志则都源自同一永恒理性的“分有”。因此，共同善的建立，本身依赖于内部的分裂、对抗与否定，但这种否定恰恰为共同善整体提供了肯定的力量。最终，这一逻辑可归结为：共同善需要一种恶，虽然需要的方式是消灭的、否定的，但消灭和否定不过是手段，目的则是在消灭、否定的过程中确立一种超越于否定本身的力量，正是这股在否定之中对否定的超越，或者说是否定之否定的力量，最终完成了施米特所谓的“既有规范又有决断”的法律整体存在。

当法学家在自然法理论中完成了这一不可思议的和解与统一后，我们必须将目光投向司法实践，看看现实世界中，君主与罪犯的关系究竟如何展现。现实世界的君主与罪犯，并不只是理论架构中的光影对距，他们的相互关系，才是真正塑造法律秩序的力量之源。

4.4.2 过度的惩罚与公诉的“例外状态”

在特殊断讼时代，当个人与个人的战争机制成为诉讼的基本模式，刑事诉讼遵循对抗与考验的原则时，“犯罪”与“犯罪意志”反而显得陌生、怪异，甚至冗赘多余。因为，在这一模式下，诉讼仅仅是一种非胜即败的止讼方式，并不依赖于对行为的主观恶意或犯罪意图的判断。然而，随着君主权力的介入，这一体系发生了根本性变化。法官作为君主的代表，以保护孤寡病弱、打击声名狼藉之名，开始直接干预犯罪与刑罚。此时，恶意、犯罪、惩罚的公共意义才真正显得合理，并被赋予正当性。

“君主的干预不是在两个敌对者之间进行的仲裁，也不只是强制人们尊重个人权利的行动，而是对冒犯他的人的一个直接回答。毫无疑问，‘君权在惩治犯罪方面的行使，是主持司法正义的基本组成部分’。因此，惩罚不能被认为是对伤害的补充，甚至不能用这种补充来衡量。在惩罚中，总有一部分理应属于君主。即使在惩罚与补偿相结合时，惩罚仍是用刑法消灭犯罪的最重要因素。……因此，惩罚权是君主对其敌人宣战权利的一个层面……惩罚也是强制索取，既是个人的又是公共的补偿的一个方式，因为在某种意义上，君主的物质—政治力量是通过法律体现的……在最普通的刑罚中、在最微不足道的法律形式的细节中，占据支配地位的是活跃的报复力量。”[①]

对于报复，这种在特殊断讼时代普遍存在的个人精神气质，人们并不陌生。但当报复从私人对抗上升为君主对其敌人的宣战，惩罚所承载的这种“报复”力量便突破了私人之间战争机制的固有限制：不再是个体对抗的延续或模仿，不再遵循平等对抗的原则，不再依赖自然身体的生命强力——“刑事司法不应该报复，而只应该给予惩罚”。[②]此时，惩罚已然超越了传统的报复，成为了一种炫耀、恫吓、残忍和恐怖的权力铭刻仪式，惩罚不仅是君权能量的最大释放，还是法律秩序最强烈的宣示。

晚期的神明裁判，作为一种法律权力的戏剧表演，承接了从复仇的战争机制到君主惩罚机制的转变，但其局限性显而易见：神明裁判不仅

① 福柯．规训与惩罚：监狱的诞生［M］．刘北成，杨远婴，译．北京：生活·读书·新知三联书店，2025：52.
② 福柯．规训与惩罚：监狱的诞生［M］．刘北成，杨远婴，译．北京：生活·读书·新知三联书店，2025：82.

受制于水审和火审种种手段限制，无法提供足够强烈的权力展示，还不得不接受等级、地位等因素的保留与排除。因此，只有彻底剥夺生命，或至少造成肉体伤残的刑罚，才能满足君主权力的展示需求。从15世纪开始，刑罚方式从早期的赎罪与罚金转变为以死刑和严酷肉刑为主的血腥惩罚。[①]死刑，不仅是刑罚含义的完整表达，还是刑罚意义的核心所在；而公开处决，则成为刑罚权力最光艳耀眼的表演时刻，并将从此延续数个世纪：

“其（即公开处决）宗旨与其说是重建某种平衡，不如说是将胆敢蹂躏法律的臣民与展示其威力的全权君主之间的悬殊对比发展到极致。尽管对犯罪造成的私人伤害的补偿应该是成比例的，尽管判决应该是平衡的，但是惩罚的方式不是有分寸的，而是不平衡的、过分的。在这种惩罚仪式中，应该着重强调权力及其固有的优势。这种优势不仅是君主权力的性质，还是君主用以打击和控制其反对者的肉体的物质力量的性质。”[②]

直到18世纪，贝卡里亚才敏锐察觉这种残酷的过度惩罚对促成公共福利与预防犯罪的“徒劳无功”：

“即使严酷的刑罚的确不是在直接与公共福利及预防犯罪的宗旨相对抗，而只是徒劳无功而已。”[③]

无限且极度不平衡的惩罚力量，根本无法让众人（不限于罪犯）在犯罪与刑罚之间形成有效的心理预测。刑罚不应该以违背人道主义的恐怖残暴来显示自身的巨大力量，而应该渗入到每一次行为利益的细致计算中，以最小的痛苦，而非最极端的惩罚来预防犯罪，不是让罪犯悔过，而是让旁观者确信刑罚的必然性。因此，不是过分，而是最少，不是实际痛苦，而是充分想象，不是本人悔过，而是他人确信，不是疏忽侥幸，而是绝对确定。在这种逻辑下，卢梭进而认为：“罪犯是社会的敌人”[④]，而不只是君主的敌人。这意味着刑罚不能沦为君主权力与罪

---

① RUSCHE G, KIRCHHEIMER O. Punishment and social structure [M]. New Jersey: Transaction Publishers, 2003.
② 福柯.规训与惩罚：监狱的诞生 [M]. 刘北成，杨远婴，译.北京：生活·读书·新知三联书店，2025：53.
③ 贝卡里亚.论犯罪与刑罚 [M]. 黄风，译.北京：中国法制出版社，2005：13.
④ 卢梭.社会契约论 [M]. 何兆武，译.北京：商务印书馆，2003：43.

犯之间的惩罚仪式，而应当在体现出仁慈、温和的同时，成为细密、绝对、高效的司法原则。

当我们知道启蒙思想家将对犯罪与刑罚的内在关联全部重估后，我们则需要返回君主对罪犯的公开惩罚过程，返回重估之前，或者说重估这种重估。

实际上，公开处决往往只是案件最终结果的最后展示，而大部分案件从众所周知的“恶名”开始到最后的公开处刑期间，一直保持着秘密且例外的状态。正是在“例外状态”之下，一边是罪犯的犯罪意志在内在地确信、接受和坦白，另一边是外在罪行的揭发、举报、调查、讯问、证明和判决。最终，惩罚的真正内涵、法律秩序的内部张力、共同善的整合，均以“例外状态”的方式被确立。

到了控告程序末期，公共权力已经能够凭借某些理由介入私人对抗，如当场逮捕、无人控告以及根据怀疑的逮捕。然而，这些方式在突破控告制度边界的同时，遭到了地方封建主和旧有贵族按照习惯和特权的抵制。对于这种转变，有产者的态度既有抗拒反对的一面，又有利用接受的一面：

“在12世纪、13世纪，统治者和相关社会责任团体的主要目标就是建立有能力和声誉的法庭，从而用和平的手段解决大部分争端。说服有产阶层接受法庭的司法是通过大量、持续的施压来进行的，并且没有政府愿意冒削弱法律程序的危险。但地方伯爵、高级教士和自治镇马上发现，如果他们同意根据新的规则玩这个游戏，相比武装斗争，他们可以经常通过法律途径有效地违抗政府。”①

最终，作为公共权力代表的国王公诉人，登上了历史舞台，但“不是直接作为起诉人，或者作为案件当事人……而是通过官方调查来介入，通过教会法首先展开的‘纠问程序’来渗入其中。”②在12世纪、13世纪的西欧，公诉人这个奇特的角色，自我标示为主权者的代表，一旦个体之间出现犯罪、违法或争议，他就成为仅是因为违法或犯罪行

① 斯特雷耶．现代国家的起源［M］．华佳，王夏，宗福常，译．上海：格致出版社，上海人民出版社，2010：34.

② ESMEIN A. A history of continental criminal procedure: with special reference to France［M］. Boston: Little, Brown, and Company, 1913: 117.

为发生的事实，即遭损害的权力：

一方面，个体之间的侵犯行为转变为涉及共同体的犯罪行为，犯罪概念的出现，意味着一个人冒犯另一个人的私人事件，成为一个人践踏、攻击法律秩序的公共事件；另一方面，由于主权者是整体法律秩序的代表和保证，犯罪行为不只是对个人的侵害，也不只是对公共法律秩序的破坏，而是对法律秩序的确立者、保护者，即主权者所作出的根本蔑视和侵害。公诉人以主权者所代表的法律秩序，以法律与和平之名，让罪犯直接面对主权者所开启的惩罚。这种惩罚的直接性，使得诉讼不再维持和延续当事人之间的战争机制，而是把主权者所代表的法律秩序与被告人直接关联在一起，犯罪行为脱离了私人争端，成为主权者与犯罪者之间的对抗。最初，公诉人仅是与受害者一起追诉施害者的陪同者，但随后公诉人就可以抛开受害人独自宣明："国王是唯一的原告。"①

在国家兴起时，公诉制度如火如荼地发展，传统的控告程序则逐步衰落。这并非源于公诉制度的完美，而是因为控告程序在维持、延续当事人双方的平等战争机制时，弊端愈来愈明显。首先，诉讼失败可能导致原告承担本应施以被告的刑罚，私人发起控告的风险极大；其次，为了维持形式平等性，在某些案件中，原告可能会与被告一同羁押待审，这让诉讼的负担再次加重；而司法决斗的保留，使得当事人以及证人在内的诉讼参与者都在这种特殊断讼模式中承受着极大的暴力威胁。相比之下，公诉程序则有效去除了传统控告程序中刻板、严厉和威胁的弊端。首先，原告的角色由公诉人接管，受害人不再承担诉讼风险；其次，法官可以依照职权进行主动纠问与调查，对施害人的惩罚不再依赖于受害的当事人；最后，受害人可以在公诉过程中毫无风险地获得赔偿，并见证罪犯受罚。总之，只要确信君主临在的法律秩序广泛存在且不可损害，受害人就能坐待其利。

但需要注意的是，在14世纪、15世纪，刑事诉讼程序可以分为两类，一类是一般的"普通程序（ordinary procedure）"，另一类是例外的

① ESMEIN A. A history of continental criminal procedure: with special reference to France [M]. Boston: Little, Brown, and Company, 1913: 118.

“特别程序（extraordinary procedure）”。在受害人提出控告以及施害人愿意接受官方调查的情形下，诉讼只能按照普通程序进行，诉讼过程需要保持公开，原告与被告双方可以平等控辩、自由举证、交叉质问，任何破坏形式平等的措施都不可使用。而在其他依据的公诉案件中，特别是针对重大且严重的罪行，法官便会开启特殊程序，遵从秘密原则，被告的辩护权利极其受限，更为重要的是，可以正当适用司法刑讯。因此，对于控告以外的纠问案件，最终适用何种程序，法官拥有最终的决定权力：

“没有任何确切的规则规定任何给定的案件会被交付哪一种程序审理，尽管在14世纪初普通程序顾名思义地被用作审判刑犯的一般模式，但对这二者的选择权逐渐落入法官手中，而且这种裁量如此频繁地倾向于特别程序，以至于在14世纪末，它反而成了常规而非例外。”①

直到15世纪末，法国《1498年法令》的主要目的之一，仍是如何清楚地区分“一般程序”和“特殊程序”，并指明如何适用两种程序以及各自应该遵守什么要求：

“首先，必须提交一份告发（denunciation），其内容应保密，仅供国王的代理人（king's procurators）查阅。‘在对所收集的信息进行审议后，应当形成一份判词（dictum），由目睹并告发此事之人签署，并包括关于个人传唤、逮捕等措施的规定。’若有必要，可传唤或拘捕嫌疑人，随后进行审讯（interrogations）。这些审讯记录与告发信息将立即送交国王的代理人，以便他们正式提出指控。至此，诉讼程序进入分岔阶段，法令第108条规定：‘此时应决定是否适用‘特别程序’，或允许当事人出庭陈述。’若决定适用普通程序，当事人将被传唤至公开法庭受审，在此之前不得下达进一步的审讯命令。在普通程序中，当事人需要接受法院执达官（bailiffs）、事务官（seneschals）、法官或其副官的审理，案件将按照传统方式进行调查（enquêtes）和辩论。但也可以采用更快捷的程序，即国王的代理人或诉讼方可要求仅凭被告的供词定罪：‘他们应当仅以书面形式提交请求，而被告若认罪，则仅允许作出辩解

① 查尔斯·李.迷信与暴力：历史中的宣誓、决斗、神判与酷刑［M］. X. Li 译.桂林：广西师范大学出版，2016：542.

说明。一旦完成此步骤，即按照正当程序执行判决。’若决定适用‘特别程序’，法令的两大独有特征将得到呈现，即秘密性与刑讯的使用。法令第110条规定：‘对于囚犯及其他被控犯罪者，若有必要启动刑事诉讼，该诉讼应尽可能秘密且谨慎地进行，以确保无人知晓，从而避免伪证、伪造等情况的发生。整个过程应在法院书记员（greffier）或其助手的见证下进行，但不得召集狱卒、官员、书记员或随从，或其他未向司法机关宣誓之人。’”①

这种特殊程序最终演变为后来成熟的纠问制度，其核心特点是：秘密审讯，不允许公开辩护；司法刑讯，作为证据获取的核心手段；最重要的是，国家权力直接主导审判过程，剥夺个人诉讼的自主性。但是，大约一百年后，纠问制度又在法国大革命的浪潮中被迅速颠覆。虽然公诉得以保留，但在启蒙、人道的基础上，秘密诉讼、司法刑讯被废除，公开、平等、对质原则被重新确立，法定证据制度也被自由心证所取代，陪审团以及法官完全可以根据现有证据来判定是否有罪以及如何惩罚，从此刑讯的必要性丧失了。

尽管启蒙思想家提出：刑罚应当是合理、温和且必要的（贝卡里亚）；刑讯是不人道且无效的（孟德斯鸠）；审判应当基于理性与证据，而非身体痛苦（伏尔泰）。但是，即便在现代法治体系中，刑讯的幽灵依然徘徊不去，非法证据排除等证据规则的确立，并未完全遏制刑讯的存在，哪怕在人权保护完善的国家，滥用刑讯的丑闻仍然不绝于耳。这表明刑讯的存在并非简单出于司法权力滥用等原因，而是在整个诉讼制度中有更为深层的存在基础。因此，反对刑讯也就不再是一个简单的人道主义或规范性的问题。

这种理论与实践、规范与适用之间的悖谬，促使我们必须超越对刑讯的纯粹人道主义批判，理解其制度性根源，并且超越司法操作的技术性改革，反思刑罚权力本身的运作方式，以此重新审视公诉制度为何会以特殊程序的例外方式存在。

如果绝对暴力是法律秩序的原初事实，例外是法律秩序的原初形

---

① ESMEIN A. A history of continental criminal procedure: with special reference to France [M]. Boston: Little, Brown, and Company, 1913: 146-147.

式，那么这绝不是说“一个不具逻各斯的纯粹暴力宣称要实现一个没有任何现实指涉的表述，而是说明例外状态标示着一个门槛，在其间逻辑与实践无法彼此确定”。[①]换言之，例外状态是法与非法混淆不清的地带，但这种混淆不清的前提恰恰是法与非法的各自分离。从公诉制度开始，就已经在惩罚犯罪的过程中以创立法律秩序为名而取消法律秩序：既是维护公共法律秩序，又是把罪犯置于君主主权的敌对位置而恣意打击、折磨、致死；既是法律秩序层面的必然要求，又是超越法律秩序层面的无限制结果；既是可以严格规范的法定过程，又是无法作出任何规范的自由决断。总之，“例外状态就是这个权力的‘约柜’，收纳其核心的事物”。[②]

“外部定在之间的各种关系构成理智的无限性，因此没有任何自在的界限可以划清什么是有害的、什么是无害的。从犯罪方面来说，也没有任何自在的界限可以划清什么是有嫌疑的、什么是没有嫌疑的、什么是应予禁止和监视的、什么是不受禁止和监视的，不启人之疑、免予查询和盘问，因而是容忍的。一切细节都是由风尚、整个国家制度的精神、当时状态、目前危险等来规定的。”[③]

因此，要理解为什么纠问公诉制度最终取代了对抗控告制度，或者理解秘密刑讯程序为何会被广泛采纳，并成为难以根除的顽疾，我们必须首先理解，例外状态为何能够开启一个逻辑与实践无法区分的地带：

“在法规范的情形，对于具体个案的指涉则需要‘诉讼’——其总是涉及复数的主体，且最终以判决宣告的高潮结束，即一个以制度权力保证其对现实之操作性指涉的表述。”[④]

公共诉讼的任务是连接法律秩序与法律适用。这一连接过程既无法内含于秩序，也无法从秩序中推导出来。正如在语言学里，言说行为不能从语言中得出，而在法律结构中，主权者的决断也无法从秩序规范中

① 阿甘本．例外状态［M］．薛熙平，译．西安：西北大学出版社，2015：59-60．引用字句根据英译本稍有调整。
② 阿甘本．例外状态［M］．薛熙平，译．西安：西北大学出版社，2015：136.
③ 黑格尔．法哲学原理［M］．范扬，张企泰，译．北京：商务印书馆，1961：272.
④ 阿甘本．例外状态［M］．薛熙平，译．西安：西北大学出版社，2015：59.

导出一样。[①]公共诉讼的行为类似于应当遵守法律秩序的主权者如何行动，或者应当符合语言规则的言说主体如何言说一样。这恰恰是秩序、语言、法律为了得以适用而不得不自我悬置的领域，否则，它们就将继续保持纯粹逻辑范畴，无法完成指涉现实的转变。换言之，正是语言本身表明了必然存在非语言的言说，使得言说者不得不面对语言的内在指涉；同样，正是法律秩序本身要求法律秩序之外的无法区分地带，使得主权者可以在超越法律秩序的意义上，针对罪犯（其行为也在某种程度上超越法律秩序）采取无任何限制的刑讯、拷问与刑罚。如果没有这种无法区分、无法限制的例外地带，语言和法律都将失去任何指涉现实、规范现实的可能意义。于是，我们可以说，正是法律秩序要求得以适用的普遍逻辑，在根源上导致了实践这种秩序的手段不受任何限制。

只有在这种前提下，才能理解刑罚为何取代了传统的报复机制。犯罪行为，绝不仅仅是民事行为请求权中所称的“构成要件”，也不仅仅是启动国家刑罚权的一个具体犯罪事实，或者仅仅是违背法律规则。犯罪行为是对法律秩序的绝对违背，是对“和平”的彻底破坏（这种“和平”与战争机制中的“和平”有着完全不同的含义），是对君主权力的敌对和挑衅。犯罪行为的严重性，绝不只是涉及事实层面而与秩序无关——即无论具体行为怎样，秩序本身不受动摇[②]——而是直接触及整体秩序的存废：犯罪行为所显示、证实的“恶”根本不容于共同理性、公共意志所要求的“善”。正是这种根深蒂固的价值判断，不允许任何模棱两可的试探。因此，刑讯与酷刑这样法律权力的极不平衡与过度展示，才在逻辑上合理地存在并能延续数个世纪。

所以，任何以规范的、人道的价值观念来批判这种司法实践的不规范、不人道，其实仅仅停留在了秩序价值的表层。也就是说，在某种程

---

① “作为一个真正且纯粹的决定，秩序的建立不能来自一项既存规范的内容，也不能来自一套既存的秩序，否则，该秩序的建立就会是现行规范的自我适用，或是现存秩序的外延，从而不能说是秩序的建立，而只是秩序的再建立。”施密特．论法学思维的三种模式［M］．苏慧婕，译．北京：中国法制出版社，2012：68.

② 这种从法律实证主义的规范视角来理解的犯罪行为，正是认知犯罪——从君主惩罚发展到“刑罚正义”（黑格尔）或者规范要件——必将引至的观点。施密特对此有着准确的观察：“在规范论的观点之下，具体状态就根本不可能会有与秩序相对立的无秩序存在。”施密特．论法学思维的三种模式［M］．苏慧婕，译．北京：中国法制出版社，2012：57.

度上，反对刑讯、反对酷刑的人道主义呼吁者，与施行刑讯、施行酷刑的反人道人士，都是同一逻辑要求的产物，也是同一秩序的维护者。问题在于，在无法区分秩序与非秩序、法律与非法律的中间地带，同样也无法区分人道与非人道、残忍与非残忍。某种非法的无秩序，或者非人道的残忍，正是法律秩序或者人道仁慈的必然结果或必经之路。如果后者是普遍意愿的一种善，那么我们必须看到这种善的非善手段，或者由善导致的善与非善的必然无法区分的例外地带。

这里留待思考的问题有：从维护法律秩序、保护公共利益（共同善）并打击犯罪的意义上考虑，17世纪、18世纪的启蒙思想家批判和改变的究竟是什么？是否真的出于某种不容置辩的基本价值，想要彻底消除秘密、刑讯和酷刑（死刑）？当启蒙式批判落实为诉讼证明方式和刑罚方式的实践变革时又意味着什么？法定证据的历史将直白鲜明地对此作出回应。

4.5 法定证据制度与刑讯、刑罚

4.5.1 法定证据制度与司法刑讯

在罗马—教会法的影响之下，作为第一种近代意义上的证据制度，“法定证据（legal proof）”制度与传统的特殊断讼方式有着根本的断裂。[①]法定证据的实质在于：

“法官定罪之前，他必须提出一些预先确定的证据，但是，反过来，一旦面对这些证据，法官就必然不可避免地要判定罪行；无论是哪种情形，他的个人意见都无关紧要。”[②]

这种制度的初衷原本是为了保护被告的利益：要最终定罪，证明罪行的证据必须达到“比正午的太阳还要清楚”的标准，以此防止司法权力的恣意滥用。然而，法定证据制度的预先规定和强制性要求，往往适

① DAMAŠKA M R. Evaluation of evidence: premodern and modern approaches [M]. Cambridge: Cambridge University Press, 2019: 16.

② ESMEIN A. A history of continental criminal procedure: with special reference to France [M]. Boston: Little, Brown, and Company, 1913: 251.

得其反，不仅为司法刑讯提供了合法性支撑，还使刑罚的效果扩展到审判定罪之前：某种程度上的“犯罪嫌疑”，就意味着对嫌疑人施以肉体痛苦的正当性。

根据现代诉讼程序和犯罪观念，施加刑罚的前提应是罪行已得到明确的确认，这意味着我们应当区分刑讯与刑罚，或明确二者的不同性质与功能。[①]但是，要想真正理解法定证据制度的运作方式，恰恰需要超越这种犯罪与刑罚、事实问题与法律问题的分离思维。只有从法定证据制度与司法刑讯的内在关联入手，才能理解坦白供认与刑罚制裁的隐秘关系。简言之，我们要把犯罪、刑罚、刑讯、证据、坦白的各自历史脉络还原、关联到法律权力的互联网络之中。

根据法国《1670年法令》的规定，依照纠问程序来定罪、量刑，需要满足两个前提条件：一是罪行必须已经发生；二是被告必须被证明有罪。前者要求确定犯罪事实的客观存在，后者则要求证明被告的有罪性（guilt），即违反法律规定而应当承担法律责任的事实状态。被告的有罪证明，是法定证据发挥作用的主要范围；而犯罪事实的存在，如果留有自然痕迹（如谋杀或纵火），通常由法官或验尸官等司法人员负责调查；如果没有自然痕迹（如诽谤），犯罪事实的证明与有罪性的证明便不可分割地结合在一起。

在明确了诉讼证明的核心目标即被告的有罪性后，再来审视法定证据制度的基本证明规则。欧洲大陆从12世纪、13世纪开始，依照罗马—教会法的规定，对于可能涉及死刑或严酷肉刑的严重刑事案件，遵循以下三条基本规则：[②]

第一，在严重刑事案件中，法庭可基于两个目击证人的证言作出判决。

第二，如果没有两个目击证人，法庭只能依据被告的坦白作出判决。

---

① “我们所说的司法刑讯，是指为了收集司法诉讼的证据而由国家司法人员采取的身体性胁迫……就国家而言，刑讯也被用来在某些情形下获取并非直接涉及司法诉讼的信息。刑讯必须从诸多用来制裁已经审判定罪的痛苦性刑罚中区别出来。不管多么恐怖可怕，刑罚也不应当称作刑讯。” LANGBEIN J H. Torture and the law of proof: Europe and England in the ancient régime [M]. Chicago: University of Chiago Press, 1976: 10.

② LANGBEIN J H. Torture and the law of proof: Europe and England in the ancient régime [M]. Chicago: University of Chiago Press, 1976: 10.

第三，间接证据（circumstantial evidence），无论其说服力如何，都不足以作为定罪的依据。

显然，在法定证据制度中，只有在符合“完整证明（complete proof）”的要求下法庭才能作出判决；不符合“完整证明”，就不能作出判决。[①]“完整证明”建立的两个支柱：一是目击证人的证言；二是被告人自愿的坦白。[②]证人的证言，要求是完全可以信赖的证言；当事人的坦白，则是完全可以证实的坦白。除此之外，无论间接证据具备如何确凿的客观证明力，也不管法官个人内心对具体证据的确信程度如何，只要没有达到上述“完整证明”的证明要求，就必须作出无罪判决。但是，在复杂的现实情形中，尤其对于隐秘的严重罪行，可能既无合格的证人作证，又无当事人自愿的坦白认罪，如果严格执行上述证明标准，势必导致无法定罪的结果，由此引发的社会风险显然与中世纪欧陆纠问程序的基本功能相悖，因此使用暴力方式强制当事人作出特定陈述就成为满足证据合法性要求的重要渠道。但必须注意的是，刑讯的目的并非要逼迫被告人直接认罪，而是要让被告人作出符合程序要求的陈述。为此，法律规定刑讯的启动有一项固定的程序性门槛：只有在满足“半证明（half proof）”的条件上，刑讯才能合法启动——“没有任何人可以在未达法定充足的指征的情况下被施以刑讯。”[③]

在这一背景下，我们可以看到与现代证据体系几乎完全对立的确证标准。这里并非依据证据自身的客观证明力，也非依据证据在法官或陪审员心中的内心确信，而是证据能力的法定形式要求决定了罪与非罪的区分。换言之，证据必须遵循事先规定的证明规则，任何偏离这些法定证明形式的证明都将被视为无效。

在此基础上，证明等级的划分与认定显得尤为重要。首先，只有诸如两名目击证人提供的“完整证明”，才能满足严重罪行（如死刑或肉刑）定罪的前提。在“完整证明”之下，则是“半证明”或“强推定

---

① 何家弘．对法定证据制度的再认识与证据采信标准的规范化［J］．中国法学，2005（3）：144-151.

② KUNERT K H. Some observations on the origin and structure of evidence rules under the common law system and the civil law system of free proof in the German code of criminal procedure［J］. Buffalo Law Review，1966（16）：122-163.

③ LANGBEIN J H. Prosecuting crime in the renaissance：England，Germany，France［M］. Cambridge：Harvard University Press，1974：273.

(proximate presumption)”，以及“补充性证明(adminicle)”或“弱推定(remote presumption)”。这些证明等级之间有着复杂且专业的换算规则。然而，任何证据碎片的换算都不能削弱严重罪行对于“完整证明”的严格要求。

其次，法定证据体系的核心构建围绕着死刑或严酷肉刑展开。对于一般的民事案件或者轻微刑事案件，并无如此严格的证明要求，只有在可能判处死刑或严酷肉刑的案件中，才会适用最高证明等级的“完整证明”。但是，“在刑事法律制定者的观念中，死刑就是刑法的根本根基。”[①]死刑，作为司法制度强调自身的最强表现，不仅是惩罚权力可以达到的顶点，也对证据证明的要求确立了最高标准，还是施加刑讯的最大限度。

最后，被告人的供认坦白，在整个证据体系中占据着至关重要的位置。尽管在严重罪行中坦白供认本身无法单独构成“完整证明”而定罪，但其仍然具备其他证据无法具备的高效证明能力，可以免除烦琐细致的证据组合计算，快速达成证明要求。最为关键的是，罪犯“自愿”认罪，是整个刑事诉讼程序真正征服被告的唯一途径。所有外在的暴力手段，包括刑讯和刑罚在内，都要归于被告自己的坦白供认，这标志着外在的调查、纠问、证明机制与内在的臣服、从属、坦白机制的最终结合。

法定证据制度的证明方式有“证言证据(testimonial proof)”、“书面证据(written proof)”、“推定(presumption)”和当事人的“坦白”四种形式。[②]

第一类证据，证言证据。证言往往被视为最佳的证明方式，但也需要满足以下四个方面的严格要求：

第一，必须由两名证人共同证明同一个事实，而非两个不同或相似的事实，即两名证人需要针对同一具体行为作出一致的证言。因为，“一个人的声音，等于没有声音(voice of one, voice of none)”。虽然单

① ESMEIN A. A history of continental criminal procedure: with special reference to France [M]. Boston: Little, Brown, and Company, 1913: 256.

② ESMEIN A. A history of continental criminal procedure: with special reference to France [M]. Boston: Little, Brown, and Company, 1913: 259-260.

个证人的证言不足以构成“完整证明”，但并非完全无价值，仅仅是无法单独确立事实而已。

第二，证人必须是目睹罪行发生的人。任何基于传闻、推测或间接获知的信息均不具备法律上的证明力，无法构成合格证言。

第三，证人的证言必须清晰、确定，并附带合理的说明。类似于如果我没有弄错的话、如果我记忆正确的话等不确定性表述，都不足以作为证言。这类含糊的证言甚至连弱推定的价值都不具备。

此外，证人的证词在整个调查和纠问过程中必须保持前后一致，不得随意更改或出现矛盾。如果证言在不同阶段发生变动，可能导致证人证言的可信度大幅度降低，甚至证人资格被完全排除。

第四，证人不得是法律上无能力作证者或存在排除事由者。尽管在实际诉讼中，排除证人资格的抗辩权利受到很多限制，但基于理论上的公正性考虑，仍然存在一些应当排除的情况，如亲属关系、因恐惧或威胁作证、与被告存在仇恨关系、年龄过低、智力缺陷、道德败坏（如恶名昭著者）、经济利益冲突等，均可能影响证人证言的可信度，进而导致证人资格被排除。

第二类证据，书面证据。虽然这类证据并不常见，但也可用来直接证明犯罪行为，尤其是当其他类型的证据难以获取时，如异端、密谋造反、高利贷、收买证人等罪行往往缺乏可供查证的直接证人，因此书面记录、信件、契约或官方文书等便成为了关键证据。此外，对于某些需要证人证言与书面证据共同佐证的罪行，如伪造罪，书面证据的价值尤为突出。然而，在更为普遍的情况下，书面证据只能作为一种推定，其证明力需要经过官方正式检验或当事人的承认，才能确立其法律效力。

第三类证据，推定。在法定证据体系中，推定占据了重要地位。推定可以分为以下三种：

一是弱推定（remote presumption）。例如，被告的惯常恶行，或者其此前犯过类似的罪行，这类推定往往能够引起法官的怀疑和进一步调查。尽管这些推定无法直接证明事实，但足以在案件处理中产生一定的影响。

二是较强推定（nearer presumption）。例如，在谋杀案件中，被告与受害者之间存在敌对关系或被告在谋杀发生前扬言要行凶。虽然这类推定不是直接与犯罪行为相关联，也不能构成“半证明”，但对案件的影响也较为显著。

三是强推定（proximate presumption）。例如，证人目击被告手持带血的凶器从犯罪现场走出。尽管“强推定”并非绝对无可置疑的犯罪事实证明，但足以构成“半证明”，在法庭上具有极强的证明效力。

较强推定和弱推定除了能够促使法官决定进一步调查，或者处以罚金外，还可以作为“佐证”或“补充性证明”，成为“半证明”的必要补充。比如，被告言辞闪烁、声音颤抖、神态局促不安、沉默寡言；被告住所与犯罪地点临近；被告佯装耳聋，或者当面对提问时思维混乱、记忆丢失；被告糟糕的表述，或者说错名字等。[①]这些行为与表现均可被视为显而易见的蛛丝马迹，具有一定的证明效力，从而作为罪行的佐证或补充性证明。

此外，在一定条件下，推定还可以构成“完整证明”。例如，当时常被引用的典型案例：若有人目睹被告手持凶器或身染血迹，从一处犯罪现场离开，而现场随即被发现有人遇害——若有两名合格证人作证，在必要且合理的推定基础上，该事实可构成“完整证明”；若仅有一名证人作证，该证言仅能构成“半证明”或“强推定”，其证明效力次于“完整证明”，不能单独支持定罪。可见，虽然推定可作为司法推理的组成部分，但它必须建立在稳固的法律标准之上，单一的推测、间接关联或孤立证据均不足以构成“完整证明”。这一制度安排，既限制了司法权力的恣意妄断，也使得刑事案件的审理在形式上保持高度严谨。

推定被如此细致区分并被赋予不同证明能力的重要原因在于，只有达到“半证明”或“强推定”的程度，才能启动刑讯程序。无论“半证明”的说服力多么可信，都无法单独支撑重大刑罚的判决，但是在“半证明”的基础上，如果被告自愿坦白，或通过刑讯获得其供认，便可构成“完整证明”来定罪。简而言之，“半证明”加上被告的坦白供认，即构成了可以判定罪行的“完整证明”。但是，两个重要的“半证明”

---

① ESMEIN A. A history of continental criminal procedure：with special reference to France [M]. Boston：Little，Brown，and Company，1913：268.

或“强推定”必须指向同一事实，否则不能叠加成为“完整证明”。因为“半证明不比半真理更具决定力，同理，两个不确定不能组成一个确定，两组‘半证明’也不能组成一组‘完整证明’。”①

第四类证据，当事人的“坦白”。在法定证据制度中，坦白占据着至关重要的地位。

首先，只有在法庭之上的坦白才能构成“完整证明”，法庭之外的坦白只能作为效力较弱的补充性证明。

其次，坦白所证明的是被告的有罪性，即“谁实施了犯罪”，而不能证明犯罪事实是否发生。

最后，法庭上的坦白又可分为自愿坦白和被迫供认两种形式。所有在刑讯之前获得的坦白都是自愿坦白，这类坦白往往不经查验就被接受，因为“未经刑讯获得的坦白不可能是虚假的”，但也不乏“一个阳痿男子承认强奸一名女性”这类反例。

对于被迫供认，实际上无论是法定证据制度的设计者还是适用者都非常清楚，在痛苦之下获得的坦白极有可能是靠不住的，因此就需要从制度上保证这类坦白的可靠性。常见的制度性措施包括：第一，司法刑讯的适用过程需要严格遵守规定。比如，刑讯前需要向被告展示刑具，说明其使用方法，以期通过威胁而获得被告坦白；刑具的使用要符合规定，不能任意滥用刑讯。第二，坦白的内容必须详细可以核验，且要在刑讯结束几天后，再次重复确认内容，以此保证被告坦白的可靠性。第三，刑讯次数的限制。对大多数罪行而言，只能刑讯一次，除非某些非常严重的罪行可以重复刑讯，但前提是有了新的证据支持。第四，最为重要的限制，就是从制度上限制启动刑讯的条件，即只有在“半证据”的前提下才能适用刑讯。②

但是，到底哪些证据才能构成“半证明”，法典对此的规定不免流于抽象。比如，1532年的《加洛林纳刑法典》（*Constitutio Criminalis Carolina*）规定了启动刑讯的证明标准，或者可被视为“半证明”的标

① ESMEIN A. A history of continental criminal procedure：with special reference to France［M］. Boston：Little，Brown，and Company，1913：265.

② DAMAŠKA M R. Evaluation of evidence： premodern and modern approaches［M］. Cambridge： Cambridge University Press，2019： 69-80.

准。所谓“法定充足的指征（legally sufficient indication）”，就是指法律规定的充足迹象、怀疑和推定。[①]通常一个合格的目击证人的证词，可以构成法定充足的指征，但在某些情况下，同案犯的告发以及对被害人财物的出售、赠予或占有，也可能被视为法定充足的指征。然而，在更为普遍且难以查证的大量案件中，司法实践不可避免地会将法定充足指征的判断权交由法官自由裁量。换言之，在判断是否符合法定充足指征或者“半证明”的证明标准，从而决定是否启动刑讯的环节上，法律的严格限制使得法官的自主判断变得至关重要，而这也使得法定证据体系在形式上的严格性与实践中的灵活性之间形成了一种微妙的张力。[②]

所以，在围绕死刑与严酷肉刑所构建而成的法定证据体系中，虽然为了保护被告利益、确保刑罚的合法性，极其强调严格的法律形式与固定的证明要求，但是在司法实践中，法官对于证据的裁量与评估有着至关重要的决定权。这种矛盾表现为两种相互交织的逻辑：一方面，证据体系的固定性强化了法定证据的严谨性与封闭性：“这种法律证据体系在刑事领域中把一种复杂艺术的结果变成真理。它所遵循的是只有专家才懂的法则，因此它加强了保密原则。”[③]另一方面，又是通过刑讯获得坦白供认的游刃高效：“供词能够成为强有力的证据，以至几乎无须补充其他的证据，或者说不需要进行那种麻烦而不可靠的副证组合。如果供词是通过正当方法获得的，那么几乎能够免除检察官提供进一步的证据（也是最难获得的证据）的责任。”[④]

然而，在把法定证据体系与司法刑讯视为一种相互制衡、相互证成的关系，以至于前者的“固定性”与后者的“灵活性”能够并行不悖、交织共存，更需要注意的是，这种矛盾交织背后所隐含的刑讯与刑罚角色的深层转变。换言之，法定证据体系与刑讯制度并非仅仅是一种技术性的相辅相成，而是在权力运行的逻辑下，共同塑造了一种法律秩序内

① LANGBEIN J H. Prosecuting crime in the renaissance: England, Germany, France [M]. Cambridge: Harvard University Press, 1974: 273.

② DAMAŠKA M R. Evaluation of evidence: premodern and modern approaches [M]. Cambridge: Cambridge University Press, 2019: 74.

③ 福柯.规训与惩罚：监狱的诞生［M］. 刘北成，杨远婴，译.北京：生活·读书·新知三联书店，2025：40.

④ 福柯.规训与惩罚：监狱的诞生［M］. 刘北成，杨远婴，译.北京：生活·读书·新知三联书店，2025：41.

部的“例外状态”——它既遵循严格的法律程序，又在关键时刻允许对法律规则的灵活操作，最终确保君主刑罚权的有效运作。

4.5.2 刑罚方式的转变与法定证据制度的衰落

从前文的叙述可知，司法刑讯的产生和存续与中世纪欧陆法定证据制度密切相关。[①]相比之下，虽然普通法系在司法实践中存在类似于刑讯的行为，如“酷刑折磨（peine forte et dure）”，[②]但始终未将司法刑讯作为正式的刑事诉讼程序。因为“普通法从来没有大陆意义上的法定证据体系，这意味着普通法从来没有管制证据裁量的法律规则，还意味着一般陪审团的裁断被认为是极其自由的：事实的裁决是终局性的，既不必阐明具体情形，又不必给出裁断理由。”[③]但是，只有把法定证据与司法刑讯放置在刑罚实践和刑罚观念的历史转变视角下，才能看到二者为何会有如此内在的关联。

按照乔治·鲁舍（Georg Rusche）和奥托·基希海默（Otto Kirchheimer）的研究，欧洲刑罚的历史，可分为三个阶段：第一个阶段是中世纪早期，以赎罪和罚金为主的刑罚体系；第二个阶段是15世纪、16世纪，以死刑和严酷肉刑为主的血腥惩罚；第三个阶段是从17世纪开始出现的监禁体系。[④]在15世纪之前，死刑和严酷肉刑主要作为以苦修和罚金为主的刑罚体系的补充，并且仅适用于少数极端案件。但是到了15世纪、16世纪，死刑成为最主要的刑罚方式，血腥惩罚开始成为主流。一些统计数据可以帮助我们更清楚地理解这一转变。比如，在亨利八世统治期间（1509—1547），仅大大小小的盗窃犯就有72 000人被处以绞刑，而当时英国的人口也不过300万人左右；而纽伦堡的一名刽

---

① “（在中世纪）……尽管在罗马法全能权威理念的支撑下，使用刑讯具有众多极其自然的动机，但是让拷问台成为一种常规的、系统的刑事诉讼程序的组成，而不是一种例外手段，则是因为‘证据理论’。” LOWELL L. The judicial use of torture [J]. Harvard Law Review, 1897 (11): 220-233; 290-300.

② 一种对拒绝回答问题、拒绝接受陪审团审判的重罪犯施加的酷刑。将犯人单独隔离，使之挨饿并将其裸体压在一块大铁板下，这种酷刑俗称“折磨致死”，1772年废止。POLLOCK F, MAITLAND F W. The history of the English law before the time of Edward I. V2 [M]. Cambridge: Cambridge University Press, 1898: 648.

③ TWINING W. Freedom of proof and the reform of criminal evidence [J]. Israel Law Review, 1997 (31): 439-462.

④ RUSCHE G, KIRCHHEIMER O. Punishment and social structure [M]. New Jersey: Transaction Publishers, 2003: 8.

子手仅在其44年的任期内处决了361人，并对345人施以肉刑。[①]

从15世纪开始，刑罚的种类不仅主要为血腥惩罚，而且执行手段也愈发残忍。统治者一方面努力创新和发明更加痛苦的处死方式，另一方面则让替代死刑的肉刑几乎不具备任何减轻性质。以《加洛林纳刑法典》为例，对于死刑的执行方式作出了详细规定：一般死刑犯会被绞死或斩首，杀害儿童的母亲会被活埋或用木桩插入体内致死，叛国者会被裂刑或肢解，其他严重罪犯则会遭受火刑、水刑或轮刑等。至于死刑以下的肉刑，包括鞭刑、枷刑、断耳、断指、断舌等，并常常伴随驱逐刑。[②]除了造成肉体的极度痛苦外，这些残损肢体的肉刑还起到了罪犯身份识别的作用。那些被处以肉刑并流放的罪犯，虽然逃脱了死刑，但常常在到达避难之地后依然会被处死。

《加洛林纳刑法典》规定的血腥惩罚不仅是德国独有的残忍现象，也是整个欧洲大陆的共同司法实践。在这样的背景下，法定证据要求"完整证明"的初衷确实显得既善意又人道。即便法官有权使用司法刑讯来调查案件事实，但前提仍须满足法定证据的形式要求，而不能在自由评判证据证明力的基础上作出裁判。这意味着刑讯是能否施加严酷刑罚的一种考验之举，被告如果能够经受刑讯而不承认，便可获得生的希望和无罪的可能。比如，1539年法国的《维莱科特雷法令》(*Ordonnance de Villers-Cotterêts*)规定："如果被告在刑讯后没有供认，他就必须被释放。"[③]

因此，司法刑讯保留了旧时神明裁判的考验意义，即通过肉体考验的结果来作出裁判。[④]如果受刑者确实有罪，那么刑讯的过程就不是不公正的；相反，如果受刑者无罪，那么这种肉体考验就成为一种解脱的标志。在神明裁判制度下，包括司法决斗在内，始终包含着一种力量的较量或对抗：如果被告经受住了水审或火审的考验，或在决斗中获胜，

---

① RUSCHE G, KIRCHHEIMER O. Punishment and social structure [M]. New Jersey: Transaction Publishers, 2003: 19.

② LANGBEIN J H. Prosecuting crime in the renaissance: England, Germany, France [M]. Cambridge: Harvard University Press, 1974: 259-308.

③ LANGBEIN J H. Torture and the law of proof: Europe and England in the ancient régime [M]. Chicago: University of Chiago Press, 1976: 35.

④ 惠特曼.合理怀疑的起源：刑事审判的神学根基 [M]. 佀化强，李伟，译.北京：中国政法大学出版社，2012：152.

他就成功涤罪免责；如果未能经受考验，则视为失败。这种力量的较量在司法刑讯中依然存在：如果被刑讯者能够承受法官逐步升级的拷问而不招供，则视为“涤除”罪行；反之，如果他无法承受刑讯而招认罪行，则以失败告终。尽管刑讯失败后法官仍然可以继续调查并收集其他证据，但至少在理论上，由于未达成“完整证明”的标准，他可以免于死刑或严酷肉刑。因此，在考验的意义上，刑讯也是一种风险之举：

“在审理重大犯罪案件时，常常有人向司法官建议，既然已经有足以定罪的证据就不必给疑犯动刑，否则如果疑犯挺住了酷刑，法官就无权对死有余辜的疑犯判处死刑。在这种较量中，司法正义可能成为输家。如果证据足以‘宣判这类罪人死刑’，人们就不应‘让这种判决冒险，听凭往往一无所获的审讯的结果。公共安全的利益要求对那些重大的恐怖罪行严惩不贷，以儆效尤’。”①

由此可见，当君主权力通过“犯罪—刑罚”而得以最大释放，并成为法律秩序的最强宣示时，只有彻底剥夺生命或至少造成肉体伤害，才能证明君主权力作为一种物质力量的不可侵犯性。这时法律秩序的真正含义表现为这种不平等力量的对峙，即以共同之善来统合犯罪之恶。因此，只有通过打击、控制反对者的生命与肉体，施以血腥惩罚，才能称得上是法律意义上的惩罚，而这种不平等力量导致的结果，就是罪与非罪之间缺乏过渡：要么达到“完整证明”而判处死刑或严酷肉刑，要么无法满足法定证据要求，即便现有证据能够完全构成确信，也只能判定无罪，至少不能判定死刑或严酷肉刑。在血腥惩罚的生死之间，由于法定证据的形式规定，留给法官决定的内容往往只是如何处死的问题。②

但是，这种不平等的血腥惩罚以及刑讯中的考验和较量，在17世纪随着一系列新的刑罚措施的出现而发生了根本变化。随着地中海沿岸国家引入“苦役船（galley）”，英国向殖民地实施“流放（transportation）”，人们对于刑罚的理解逐渐发生转变。刑罚不应该只是血腥残忍地剥夺生

① 福柯.规训与惩罚：监狱的诞生［M］.刘北成，杨远婴，译.北京：生活·读书·新知三联书店，2025：45.

② LANGBEIN J H. Torture and the law of proof: Europe and England in the ancient régime［M］. Chicago: University of Chiago Press，1976: 34.

命或残损肢体，处死罪犯也不再是唯一合适的方式，相比死亡，让罪犯从事劳动显然更为有利："苦役船刑罚的引入是明智之举，它让那些应当处死或驱逐的罪犯能够为国家服务而对社会无害，而且这也符合人性的规定。"[①]

与此同时，北方国家开始引入"教养所（workhouse）"和"矫正院（house of correction）"。教养所主要面向乞丐、流浪者、精神病患者等可能扰乱社会秩序的群体，而矫正院则主要面向小偷、窃贼及其他犯罪者。然而，这种区别常常难以明确界定，一些教养所既兼具孤儿院、听障视障机构、精神病院的职能，也兼具少管所的职能。在此基础上，监禁在18世纪成为主要的刑罚形式，逐步取代了传统的死刑和严酷肉刑。[②]

因此，从17世纪开始，尽管死刑和严酷肉刑等血腥惩罚依然在大量适用，如《1670年法令》中肉体惩罚仍然占据极大比重，但随着苦役船、教养所、矫正院的出现，法官在实践中不再需要冒着过去刑讯失败的无罪风险，而是可以根据罪行的实际情况在法律规定的范围内加重或减轻刑罚，判处苦役船等"特殊刑罚（poena extraordinaria）"或"自由裁量刑罚（poena arbitraria）"：

"只要严重罪行的惩罚方式只有血腥惩罚一种，判处特殊刑罚的自由裁量就永远无足轻重。但是当16世纪、17世纪丰富的苦役船惩罚成为新的刑罚措施时，'特殊刑罚'就具有了巨大的实践意义。"[③]

在两种情况下，"特殊刑罚"的实践操作得到了显著体现：一是当证据达到了"半证明"的标准，启动了司法刑讯，但被告经受住刑讯并未供认；二是尽管存在很有证明力的间接证据，但未达到"半证明"的标准，无法启动司法刑讯。在这两种情形下，法官可以在证据未达到法定证明标准的情况下，判处低于死刑或严酷肉刑的"特殊刑罚"，至此："对于严重罪行的惩罚措施的选择，不再是绞死或斩首了。现

① RUSCHE G, KIRCHHEIMER O. Punishment and social structure [M]. New Jersey: Transaction Publishers, 2003: 56.

② RUSCHE G, KIRCHHEIMER O. Punishment and social structure [M]. New Jersey: Transaction Publishers, 2003: 63.

③ LANGBEIN J H. Torture and the law of proof: Europe and England in the ancient régime [M]. Chicago: University of Chiago Press, 1976: 34.

在，“特殊刑罚”让被告人免于血腥惩罚。生死之间，纳入了常规的司法自由裁量。”①

虽然促使法官选择这些新惩罚措施的动力与原因并不在本书的讨论范围内，②但这些新惩罚措施的大量出现与适用，确实直接影响了司法刑讯与法定证据制度的命运。在1776年奥地利正式废除司法刑讯之前，1769年的《特蕾西亚刑法典》(*Die Constitutio Criminalis Theresiana*)就明确规定：在无法获得“完整证明”的情况下，法官可以自由裁量，决定是否释放当事人或判处特殊刑罚。判处特殊刑罚的情形包括：

“可以判处特殊刑罚的情形，除了在施用刑讯后嫌疑人坚持否认主要罪行之外（或者供认了其他罪行，或者供认了与主要罪行有关的其他应当惩罚情况和轻罪，或者其他法定要素已经得到证明的情形），还包括嫌疑人在供认罪行后，又在刑讯结束的情况下，以不可信或恶意的否认推翻供认的情形。如果被告的嫌疑极大并十分危险，他可能会被逐出该地区；如果被告是外国人，他可能会被当作对于国家危险的人而从所有世袭土地上驱逐出境，不管他是否有罪或是否供认。”③

简言之，以往由法定证据与司法刑讯填补的罪与非罪的极端对立状态，如今可以通过判处特殊刑罚来弥补。随着“血腥惩罚—法定证据—司法刑讯”的连锁反应被根本动摇，法官完全可以绕过血腥惩罚的传统惩罚链条，而直接依据间接证据的产生的确信判处“特殊刑罚”。这不仅颠覆了法定证据制度初期的基本规则（即不得仅凭间接证据定罪），还为证据自由裁量的变革和司法刑讯的最终废除奠定了实践基础。

在此背景下，贝卡里亚的“仁慈”理念呼之欲出：罪与非罪的区分固然重要，但似乎采取一种合理且有效的刑罚方式更能切中犯罪本质。如果刑罚所带来的“痛苦”等级与罪行的严重程度不成比例，罪与非

① LANGBEIN J H. Torture and the law of proof: Europe and England in the ancient régime [M]. Chicago: University of Chiago Press, 1976: 34.

② 这种原因显然不是人道主义或理性主义的，也不是来自法律自身的正义要求，而是更加复杂的社会、经济、政治等因素转变的体现。在1676年写给巴黎最高法院检察官的一封信中可见端倪：“陛下迫切希望增加他的划桨队伍人数……并在下个月末到来之前完成交付，陛下命令我来告诉你，他希望你能在他的名义下采取必要步骤加快刑事罪犯的审判。”检察官迅速回信道：“您经常尽地主之谊写信告诉我关于苦役船罪犯的补充事项，并为了完成陛下的光荣计划而将陛下的命令转述于我。您将欣慰地得知，本法庭已有二十名罪犯在今日清晨戴镣出发。”RUSCHE G, KIRCHHEIMER O. Punishment and social structure [M]. New Jersey: Transaction Publishers, 2003: 55.

③ LANGBEIN J H. Torture and the law of proof: Europe and England in the ancient régime [M]. Chicago: University of Chiago Press, 1976: 36.

罪、重罪与轻罪的界限就会变得模糊不清。因此，只要建立起犯罪与刑罚之间精确的对照尺度，甚至立法者只要标明这一尺度的基本点，就足以应对犯罪问题。[①]基于此，死刑废除的合理性便显而易见：死刑，完全可以在刑罚等级中被更加有效的刑罚置换顶替。从此，刑罚的核心不再是死刑这一极端恐怖的惩罚手段，而是更加合理地设置从轻到重、逐步升级的刑罚序列，使得罪与非罪、重罪与轻罪之间的过渡能够符合理性计算。然而，与其说贝卡里亚的目标在于消除例外状态下的刑讯或残酷刑罚，不如说他旨在将这些手段转变为更加精确有效的刑罚序列，使之在理性计算上更加普遍且坚固。因为，贝卡里亚坚信："仁慈"刑罚所产生的刑讯意义上的强度，并未就此降低。总之，不是克服刑讯，而是克服刑讯的低效、无效，甚至是产生相反效果的局限性。[②]

已有学者指出，刑罚种类的增加和"特殊刑罚"重要性的提升，从根本上促成了刑讯制度的废除，进而推动了法定证据制度的废除。[③]这一观点无疑对理解司法刑讯与法定证据之间的关系提供了重要的视角。换言之，当君主权力表现为血腥惩罚时，尽管证明罪行的证据模式在某种意义上延续了过去战争机制下的"非胜即败"模式，但犯罪与刑罚的体系已经塑造了法律秩序、公共安全与共同善这样不可动摇的法律理念，反而导致法定证据制度无法避免地含有一个无法区分的例外地带，从而开启了从无罪到有罪的混沌过渡。刑讯，从一开始就包含了启蒙思想家力图建立的等级分明的刑罚含义。然而，刑讯作为"刑罚"来填补罪与非罪空隙的方式，始终围绕着肉体的生死与痛苦展开，这是一种严酷的肉体考验，而不是理性层面的计算。

---

① "人们能够找到一个由一系列越轨行为构成的阶梯，它的最高一级就是那些直接毁灭社会的行为，最低一级就是对于作为社会成员的个人所可能犯下的、最轻微的非正义行为。在这两极之间，包括了所有侵害公共利益的、我们称为犯罪的行为，这些行为都沿着这无形的阶梯，从高到低的顺序排列。……如果对于无穷无尽、暗淡模糊的人类行为组合可以应用几何学，那么很需要有一个相应的、由最强烈到最弱的刑罚阶梯。有了这种精确的、普遍的犯罪与刑罚的阶梯，我们就有了一把衡量自由和暴政程度的潜在的共同标尺，它显示着各个国家的人道程度和败坏程度。然而，对明智的立法者来说，只要标出这一尺度的基本点，不打乱其次序，不使最高一级的犯罪受到最低一级的刑罚，就足够了。"贝卡里亚．论犯罪与刑罚［M］．黄风，译．北京：中国法制出版社，2005：80-81.

② "每一个人的气质和算计都随着本人体质和感觉的差异而各不相同，刑讯的结局正体现着个人气质和算计的状况……这种方法能保证使强壮的罪犯获得释放，并使软弱的无辜者被定罪处罚……"贝卡里亚．论犯罪与刑罚［M］．黄风，译．北京：中国法制出版社，2005：39-40.

③ LANGBEIN J H. Torture and the law of proof：Europe and England in the ancient régime［M］. Chicago：University of Chiago Press，1976；DAMASKA M. The death of legal torture［J］. The Yale Law Journal，1978（87）：860-873.

在这种前提下，法定证据的实际效果——“待罪状态”——得以孕育。因为我们知道，法定证据体系并不是依靠单一证据对犯罪事实的证明能力，而是通过一个个证据碎片的拼接，构成了“完整证明”。每一个证据都代表了犯罪嫌疑，即使是与犯罪事实并无直接关联的微弱推定，甚至是行为不端的名声，也都不容置疑地具备着证明犯罪的力量。而“半证明”与刑讯的结合，正是这种“待罪状态”的最佳体现：既非肯定有罪，也非绝对无罪；前者阻绝法官就此确信定罪，后者又令法官可以就此施加刑讯——不能定罪的合理刑讯，正当怀疑的肉体痛苦。法定证据制度的形式性限制，表面上似乎造成了无法突破的停滞，实际上却极大地激发了刑讯的动力：当“完整证明”的标准无法满足时，刑讯与坦白往往成为构成犯罪证明的最佳组合；若一次刑讯无果，则可在其他怀疑的基础上再次刑讯。在理论上，肉体上的痛苦可以在个体身上无止境地延续和加重，即刑讯占据着“死亡前的一切”。

然而，如果我们不加反思地用后来的刑罚观念去替换“占据死亡前的一切”的刑讯，这也并不完全正确。一方面，刑讯的确表现为惩罚嫌疑的行为：调查罪行的行为是惩罚罪行的行为，对于某种罪行的怀疑意味着惩罚的正当性，正如《加洛林纳刑法典》中的阐述：“一个人不仅不应犯下罪行，而且应该避免所有邪恶的行径，或是败坏名誉以及具有犯罪迹象的行为，没有遵守这种行为的人便会招致控诉……被告也应当为自己遭受怀疑的行为提供证明和支持。”[①]另一方面，调查罪行与惩罚罪行的重叠并未揭示主体在调查—惩罚过程中所承担的真正角色。这个主体与贝卡里亚所提倡的理性主体相对立，而对立的意义不过是辩证式的“应当一致”。它的在场是如下一则简短、深刻而令人无法评说的档案记录：

“雅盖，约9岁，热昂·居德罗之子，拘留在监狱，没有刑讯的强制和恐吓，就坦白招供了。”[②]

---

① LANGBEIN J H. Prosecuting crime in the renaissance: England, Germany, France [M]. Cambridge: Harvard University Press, 1974: 259-308.

② ESMEIN A. A history of continental criminal procedure: with special reference to France [M]. Boston: Little, Brown, and Company, 1913: 134.

4.6 坦白性真实的构建

4.6.1 坦白性真实的制度构建

随着公共诉讼中对于证明方式的要求，从11世纪、12世纪开始，欧洲大陆的诉讼证明制度逐渐摒弃了特殊断讼时代的考验性真实，进入了由国家法律体系构建的“坦白性真实”。

之所以将这种法律真实称为“坦白性真实”，一方面是因为在欧洲大陆的法定证据制度中，法律对证明效力作出了严格的形式性规定。这种规定使得被告本人的“供认”“自认”“供述”“自白”，甚至“忏悔”成为判定罪行的核心组成部分，也是一种必要的征服手段。[①]为了获取这种具有极高证明效率的证据，司法刑讯伴随法定证据制度而生，既填补了罪与非罪之间的空隙，扮演了刑罚应有的功能，又在强制征服个体的过程中，实实在在地造成了肉体痛苦，保留了某种特殊断讼时代的考验意味。然而，这种强迫性的供认“真实”，尚未体现被告从自己的“自由意志”出发的主动、积极的另一面。换言之，这里所谓的“坦白性真实”，不仅在司法实践中具有证明罪与非罪的重要制度意义，还标志着法律话语和法律主体之间深刻的法理构造。在进一步思考这种法理构造之前，我们简要回顾一下考验性真实的制度。

第一，在司法制度上，“坦白性真实”的构建要求从个人对抗的控告模式向以保护被害人或维护“共同善”为目的的公共诉讼转变。最初，公共诉讼只是个人控告程序的补充或例外，当出现当场逮捕、因怀疑逮捕或被害人一方无法追偿的情形时，领主有权在一定范围内主动追究施害人的责任。然而，在这一时期，教会法庭为世俗法庭提供了新的选择：除了当事人自行控告以外，法官可以主动依职权进行调查和纠问，或者由告发人揭露犯罪。到了13世纪，世俗法庭借鉴教会法庭的调查与告发程序，开始以公诉的名义实施官方起诉。于是，经过三种角

---

① confession一词除了有司法层面的供认、供述、口供、自认、自白等含义外，还有更为深层的宗教忏悔含义。因此，本书将confession译为“坦白”，希望引发对其更为深刻的思考。

色的构建和运作——一方是作恶者和声名狼藉者，另一方是弱者和善者，第三方是代表主权者的法官和公诉人——公共诉讼程序得以稳固延续地展开。

第二，“坦白性真实”的构建需要在公共诉讼程序中确立打击犯罪与施加刑罚的正当性，并在此过程中建立基于个人自由意志或意图的内在罪责。同样，教会为此提供了重要的理论参照。自奥古斯丁以来，直至12世纪、13世纪的阿伯拉和唯意志论者，意志自决的问题逐步超越了古希腊哲学家所思考的理性能力。自由意志不仅成为灵魂的最高统治者、理智的主人，还与罪恶形成鲜明对立，这就意味着每个人都必须为“同意”罪恶的堕落承担责任。因此，随着触犯法律规则内在可能性的建立，灵魂与肉体、罪恶与罪行、外在惩罚与内在罪责的对立被彻底统一在“个人”这一法律主体之上，个人也因此进入了自我审查或者重新发现自我的辩证圆环，这一过程最终通过黑格尔的“法哲学”得到了理论构建。

第三，“坦白性真实”的制度化不仅需要结合犯罪—刑罚与犯罪意志的关系，还需要探讨与之对跖的另一面——“主权者的自然法”。具体来说，这是关于法律规范如何在自然法的框架下处理遵守法律与豁免法律的情形。在理论层面上，阿奎那通过共同善的基础，将“法律秩序”和“非法律秩序”有效地统一起来，不仅将“作恶者服从法律的强制”确立为法律秩序的内涵之一，还使“被统治者服从统治者”成为后来实证法学所确立的法理学范围。而且，在诉讼证明程序中，这一法学理论的制度化构建具有至关重要的实践意义：公共诉讼程序正是通过例外状态下的“特别程序”，开启了法定证据制度、司法刑讯制度和血腥惩罚的历史。

第四，“坦白性真实”成为法定证据框架下不可忽视的关键元素。在法定证据制度中，法律追求的真理或真实，虽然在证明程序中依赖证人证言，但如果仅有无法直接证明案件事实的间接证据，法官就不能据此定罪量刑。因此，在探求案件事实的过程中，具有极高证明效力的坦白供认就成为法定证据制度的关键元素。然而，“坦白性真实”的意义并不能仅从证据制度本身或仅凭否定、批判司法刑讯与血腥惩罚制度的人道理性来解读，而是应当从前述公共诉讼的介入、犯罪意志的构建、残酷刑罚以及主权的例外状态等多个层面加以理解。

所以，虽然“坦白性真实”表面上声称要调查真相、发现真相，但其真正意义不在于真相或真实本身，而在于调查发现真相的过程。公诉人，这一最高主权者的代表，从最初的被害人的辅助者转变为权力受损的“被害者”，是唯一能够追溯施害人的公共代表；而同样作为主权者代表的法官则开始像主教定期巡视教区那样，主动进行“普遍调查”。这种巡视调查不仅旨在了解违法行为、查明某个人的恶名，还要在一定的社会群体中，迫使人们相互举报，主动告发是否有人犯下罪行或行为不当，并明确这些罪行或错行的具体内容。所以，在中世纪的欧洲，“调查主要是一种统治过程、行政技术和管理方法。换言之，调查是权力行使的特别方式。那种认为调查是理性自我运用、自我发展、自我进步的自然结果，或者认为它是知识的效果，是知识主体进行自我转变的效果，都是错误的。”[①]

在法律意义上，当法官以这种必不可少的第三者形象出现在诉讼当事人的对抗程序时，法律就断然建立起区别于暴力的“恰当距离”，或者所谓的正义；[②]而正义的依据，就在于审判行为的“述行”意义，即“使法得以表达”的言辞效力——从无罪转变为有罪：

“首先，它终结了不确定性；其次，它将当事人置于复仇和正义之间确定‘恰当距离’的诉讼程序之中；最后，也是最重要的，它将那些被控违法的人和要受到惩罚的人确认为‘行动者’，这种效果构成了正义对复仇所给出的最重要的回应，人们因为它而搁置了复仇。”[③]

4.6.2 坦白性真实的法理构造

“坦白性真实”的构建，除了表现为外在的统治过程、管理方式和司法权力，并通过法律正义的实现来搁置暴力与复仇外，还体现了法律主体对法律事实的接受和认可，这不仅是法律事实本身的确认，还是法

① FOUCAULT M. Truth and judicial forms [M] // Power. The essential works of Foucault. 1954—1984. New York: The New Press, 1997: 45.

② 利科.论公正 [M]. 程春明，译.北京：法律出版社，2007：155.

③ 利科.论公正 [M]. 程春明，译.北京：法律出版社，2007：157.

律思想的内在构建。借用黑格尔的定义，法的命令，就是：

“成为一个人，并尊敬他人为人。”[①]

这种命令的效果在犯罪—刑罚领域得到彻底表达：刑罚是罪犯对自己行为的承认，他应该从属于它，就像从属于自己的法一样。如果是从犯罪造成的损害，而不是从罪犯自己的行为中寻找刑罚的概念和尺度，那就无法体现对罪犯身为理性存在的尊重：

“不仅犯罪的本性，而且犯人自己的意志都要求自己所实施的侵害应予扬弃。”[②]

黑格尔将这种社会状况称为“伦理的”社会状况，以区别于“道德的”社会状况。在伦理的社会状况下，所有社会成员都享有平等权利，其要求也会得到满足，并且不会危害他人利益。一个侵犯他人生命、破坏伦理关系的罪犯，必须认识到他人生命的毁灭等同于自己生命的毁灭，否认他人生命就意味着自我异化。通过这种最高的也是最基本的伦理共识，黑格尔扬弃了缠绕在犯罪之上的自然理性和道德理性，而把犯罪意志推向了自由的顶点。

但是，与此同时，这种理性存在的绝对性也揭示出犯罪本质的根本虚无：

“对作为法的法所加的侵害虽然是肯定的外在的实存，但是这种实存在本身中是虚无的。其虚无性的表现就在于同样出现于外在的实存中的对上述侵害的消除。”[③]

这就是说，犯罪本身不具备任何最初的、肯定的实质，而仅仅是理性预设的虚无和否定。只有通过对这种虚无和否定，作为法律的刑罚才能显示出其有效性。对黑格尔来说，开端从来都不是确定的实体，而是一种空的虚无，但这种虚无并非纯粹的虚无，而是某物要从它那里生发出来的虚无。所以，存在又包含在虚无中，开端是虚无与存在的统一整体。[④]开端还未存在，但它将会存在，它包含着远离非存在的存在。

① 黑格尔.法哲学原理［M］.范扬，张企泰，译.北京：商务印书馆，1961：53.
② 黑格尔.法哲学原理［M］.范扬，张企泰，译.北京：商务印书馆，1961：119.
③ 黑格尔.法哲学原理［M］.范扬，张企泰，译.北京：商务印书馆，1961：115.
④ 黑格尔.逻辑学（上卷）［M］.杨一之，译.北京：商务印书馆，1996：59.

黑格尔排除了任何向虚无的神秘靠近，认为虚无只能被思维所概念化，而一旦我们思考虚无，实际上就是肯定了存在与虚无的同一性。[①]如果将这种同一性运用在犯罪领域，结果就是：不存在任何意义上的所谓犯罪本质，而只有对犯罪现象的不断解释和说明。除此之外，这种同一性还启示我们接近犯罪的必然方式。正如我们无法以存在以外的方式来接近虚无，同样也几乎难以以犯罪学说以外的方式来接近犯罪。因为当我们试图在描述犯罪、定义犯罪、惩罚犯罪的时候，犯罪本性的虚无正好表明，接近虚无的方式就是理性预设虚无的展示方式。换言之，犯罪—刑罚的所谓正义，是理性在犯罪的虚无中事先设定的正义，这种正义恰恰是理性存在的再次确认。犯罪对于正义的重要性，正如虚无对于存在的重要性，如果虚无的非存在对于存在而言必不可少，甚至虚无与存在具有完全相同的结构——虚无与存在同一，那么我们或许不得不面对犯罪与正义的晦暗同一。

只有在这种前提下，才能理解为何不是复仇（尽管复仇的内容不乏正义），而是刑罚的正义，能够在侵害行为的特种性状中与之等同，进而理解刑罚的正义对于犯罪的根本意义："如果把犯罪及其扬弃（随后被规定为刑罚）视为仅仅是一般祸害，于是单单因为已有另一个祸害存在，所以要采用这一祸害，这种说法当然不能认为是合理的。关于祸害的这种浅近性格，在有关刑罚的各种不同理论中，如预防说、儆戒说、威吓说、矫正说等，都被假定为首要的东西；而刑罚所产生的东西，也同样肤浅地被规定为善。但是，问题既不在于恶，也不在于这个或那个善，而肯定地在于不法和正义……唯一有关重要的是：首先犯罪应予扬弃，不是因为犯罪制造了一种祸害，而是因为它侵害了作为法的法；其次一个问题是，犯罪所具有而应予扬弃的是怎样一种实存。"[②]

需要注意的是，法律正义作为否定之否定的有效性，并不意味着它将自身确立为最终目标，更不是以换取可计算的更大利益为目的。相反，它只是证明法律作为一种必然存在的中介角色："关于强制在它的概念中自己破坏自己这一点，在强制被强制所扬弃中获得其实在的表

---

① 勒维纳斯.上帝，死亡和时间［M］.余中先，译.北京：生活·读书·新知三联书店，1997：82.

② 黑格尔.法哲学原理［M］.范扬，张企泰，译.北京：商务印书馆，1961：116-126.

现。所以，强制不仅是附条件的、合法的，而且是必然的，它是作为扬弃第一种强制的第二种强制。”[①]无论表达正义的刑罚如何具备必然性，这种强制只有在主体“自愿被强制”的意志中，才能达到其真正的目的：

“诚然，作为生物，人是可以被强制的，即他的身体和他的外在方面都可以被置于他人暴力之下；但是他的自由意志是绝对不可能被强制的，除非它本身不从其所受拘束的外在性或不从其对这种外在性的表象撤退下来。只有自愿被强制的意志才能被强制成为某种东西。”[②]

“在义务中，个人毋宁说是获得了解放。”[③]

黑格尔的辩证法圆环，意味着对法律主体的“人”的回归，更准确地说，回归法律主体唯一可能的言说方式——坦白：“只有罪犯坦白(confess)，判决才不再对他是异己的东西。”[④]

法律主体的坦白有着深厚的历史渊源，至少可以追溯到基督教主体对希腊主体的根本弃置与转变。[⑤]然而，作为一种正式的法律话语进入司法实践，则始于12世纪、13世纪并持续发展至今。法律主体的坦白，最先以刑讯的方式宣告了理性存在的罪责、良心和义务，宣告了一个世俗、普遍、必然的道德概念世界的诞生：“正如大地上一切伟大事物的开端一样，是用血彻底而长久地浇灌出来的……那个世界的根柢上从来就没有完全断过血和苦刑的气味。”[⑥]到了18世纪，康德与黑格尔各自以宏伟的理论体系证明了法律的基础是普遍意志或自我意识的必然结果，而在这些理论中，我们依然能隐约听见主体坦白的回响：当一个人犯罪后，尽管刑罚表现为主权和司法实践的外在强制，但其实不是任何人，而是他自己认同并领受内在于自己的刑罚：犯罪—刑罚，是罪犯自己的供认和坦白。

这种坦白不仅是对最高主权和司法审判的认同，还是通过这一过

---

① 黑格尔.法哲学原理［M］. 范扬，张企泰，译.北京：商务印书馆，1961：111.
② 黑格尔.法哲学原理［M］. 范扬，张企泰，译.北京：商务印书馆，1961：110-111.
③ 黑格尔.法哲学原理［M］. 范扬，张企泰，译.北京：商务印书馆，1961：191.
④ 黑格尔.法哲学原理［M］. 范扬，张企泰，译.北京：商务印书馆，1961：268.引用词句根据英译本略有修改。
⑤ FOUCAULT M. Wrong-doing，truth-telling：the function of avowal in justice［M］. Chicago：The University of Chicago Press，2014.
⑥ 尼采.论道德的谱系［M］赵千帆，译.北京：商务印书馆，2015：379.引用词句根据英译本略有修改。

程认出作为理性存在的尊严和高贵，认出自己的自由意志，最终认出自己：

“‘坦白’，就是一个人确认自己的行为或思想……坦白真相，已经内在于权力塑造个体的程序之中……从此，西方成了一个特殊的坦白社会。坦白的影响无处弗届：在法庭上，在医学中，在教学中，在家庭关系中，在恋爱关系中，在最平常的关系中，在最庄重的仪式上。大家坦白自己的罪行，坦白自己的罪恶，坦白自己的思想和欲望，坦白自己的过去和梦想，坦白自己的童年，坦白自己的疾病和不幸。大家还努力准确无误地说出难言之隐，公开地或私下地向自己的父母、教师、医生和爱人坦白。至于无法向他人启齿的快感和痛苦，大家会自我独白，或者写进书中。大家坦白，或者被迫坦白。当坦白不是出自自愿，而是出于某一内在命令使然，那么它就是被迫的，即大家把它从隐蔽的精神中或肉体中强行驱赶出来。自中世纪以来，拷问就像阴影一样伴随着坦白，当坦白者想回避时，拷问就会助其回答：这是一对黑色双胞胎。像最温柔的慈爱一样，最血腥的权力也需要忏悔。西方人已经变成了坦白的动物。”①

正如斯宾格勒所言，西方精神历史的开端，始于一部深刻自省的坦白作品，即但丁的《新生》；而到了歌德那里，几乎一切都无法忘怀。歌德承认，他的所有作品都“仅仅是一个独一无二的伟大忏悔的片段而已”。②因此，主体的“坦白性真实”，不再只是在诉讼过程中简单地完成事实证明，而是确认罪行，它已经在西方世界的精神历史中转化为整个刑罚体系或司法系统的潜在实施领域。③

但是，随着自由心证制度在18世纪末的确立以及证据法学理性主义传统的建立，法律真实很快就超越了“坦白性真实”，为法律体系带来了新的内涵。

---

① 福柯.性经验史［M］.佘碧平，译.上海：上海人民出版社，2005：39.
② 斯宾格勒.西方的没落［M］.吴琼，译.上海：上海三联书店，2006：13.
③ MICHEL FOUCAULT，Wrong-doing，truth-telling：the function of avowal in justice［M］.Chicago：The University of Chicago Press，2014：207.

5 规范性真实：合理确信的理由

5.1 自由心证的革命

5.1.1 司法坦白的双重机制与不足

司法坦白，在被告身上汇集了双重机制：一种是司法机关的调查和纠问机制，另一种是被告自愿或被迫的言说机制。前者展示了君主权力的极端性、不平衡性和专制性，即如何将私人复仇转化为公共秩序中的法律表达；后者则是被告以“自愿”的方式对上述权力、秩序的自我复述，这种复述不仅是“自愿地被强制”，而且要符合情理、事无巨细地进行叙事复述。在法律的框架下，只有被告坦白达到法律规定的“真实”，两种机制的运作机能才彻底完成，并真正融合、循环在一起。

可是，在法定证据的形式要求和司法刑讯的逼迫下，坦白的实际效果常常处于不是过度就是缺乏的状态。在某些情况下，坦白的话语被过度赋予权重，导致不必要的言辞；而在需要时，坦白却显得严重不足。

面对司法刑讯，往往是无辜者的坦白变得无所适从，过度迎合，而真正的罪犯则可能冷静隐忍、心存侥幸。以雅盖为例，他的供认虽然符合当时法律要求，但其坦白不仅缺乏深度，而且过于自然和轻易，从而削弱了司法坦白的应有意义。在这些情况下，坦白往往显得不恰当、不完全，甚至过于简单。而且，当事人坦白的整个司法戏剧，还要面临在沉默者那里停滞、失效的风险：如果司法权力无法突破沉默的防线，那么这似乎就意味着一种无奈的失败。如此一来，坦白不能仅仅被看作某种证据形式，它必须发展为更加合理且有效的证明方式。

此时，我们进入了司法坦白的转型时期，也正是犯罪认知、证明方式以及法律思想转变的时期。

在法国大革命之前，启蒙思想家对于刑讯、酷刑的批判已经得到广泛讨论。例如，孟德斯鸠在1748年出版的《论法的精神》中指出，刑讯拷问在性质上不是必要且不可避免的，刑讯是适用于专制国家的制度："因为凡是能够引起恐怖的任何东西都是专制政体的最好动力。"[①] 对于被告，应当施行人道主义，这是内心的"大自然呼声"。

贝卡利亚在1764年出版的《论犯罪与刑罚》中，不仅明确阐述了刑罚应当具有的目的、效果及其与犯罪之间的关联，还深恶痛绝地批判了司法刑讯。他指出，不管是为了迫使罪犯交代罪行，还是为了对付陷于矛盾的罪犯，或者是为了使罪犯揭发同伙、洗刷耻辱，在诉讼中对犯人施以刑讯拷问业已成为一种合法的暴行。可是，一个人在法官判决之前是不能确认犯罪的。如果犯罪是肯定的，那么对他就应该适用法律规定的刑罚而不必折磨他，他是否招认坦白都是无所谓的；而如果犯罪不是肯定的，就更不能折磨罪行尚未得到证实的无辜者，因为："罪犯与无辜者之间的任何差别，都被意图查明差别的同一方式所消灭了。"[②]

这些思想反映出18世纪启蒙时代的理性与人道主义主张：刑事诉讼应当遵循公开、合理的程序，确保法律效力和刑罚的有效性与必然性。法律的根本任务是保护自由人，避免随意惩罚，尤其对于刑事诉讼

---

① 孟德斯鸠. 论法的精神［M］. 张雁深，译. 北京：商务印书馆，1961：93.
② 贝卡利亚. 论犯罪与刑罚［M］. 黄风，译. 北京：中国法制出版社，2005：39.

而言，“不仅要考虑作恶者，还应当是全体自由人的保障。”[①]因此在保障全体自由人的绝对前提下，刑讯就成为最为残酷、最为荒谬的极致，从而也是理性社会必须予以废除的对象。这些观点之所以具有特别的效力，也许并非因其观点本身有多少特别之处，而是因为这些启蒙思想家处于一种可以让他们的著作发起“自由证明运动”的潮流之中。[②]

5.1.2 自由心证制度与理性主义传统的兴起

1789年，法国的《改革请愿书》（*Cahiers de Deleances*）中关于刑事诉讼的部分，集中表达了当时社会对诉讼证明制度的普遍认知和态度，这也正式开启了欧洲大陆“自由心证制度”（*le système de la preuve morale*）的革命。[③]在《改革请愿书》中，涉及诉讼证明程序的主要观点包括：（1）诉讼证明程序应当具备公开性；（2）法庭应允许被告接受律师的援助；（3）应废除强制宣誓；（4）控辩双方应享有平等的法律地位，被告可以在诉讼开始时提出证据证明自己的无罪；（5）应限制预审法官的权力；（6）应有效保护个人自由等。[④]

法国在大革命时代，把原本只有君主才有的凭良心和公平判断的权力，转交给代表公民的“人民陪审员”（jury populaire）。[⑤]当时的革命者为了实现这种权力的移转，采取的制度措施是把事实问题从法律问题中划分出来：将事实问题交给人民陪审员来判断，人民陪审员凭借一般常识对案件事实形成“信念确信”（conviction morale），从而决定有罪或无罪；在事实问题确定之后，再把法律问题交给熟悉法律规定的法官。

---

① ESMEIN A. A history of continental criminal procedure, with special reference to France [M]. Boston: Little, Brown, and Company, 1913: 363.

② “贝卡利亚和其他学者反对刑讯的著述，之所以具有特别的效力，并不是因为他们的观点有特别优异之处，而是因为他们所跻身的整个思想潮流——一种可以使他们的著述发起自由证明运动的潮流。只有依靠这种运动，他们才得以击败维护刑讯合法性的观点。”科恩.证明的自由［J］. 何家弘，译.外国法评议，1997（3）：1-12.

③ “自由心证制度”（le système de la preuve morale）包含了“证据自由”（la liberté de la preuve）、“证据自由评价”（l' appréciation libre de la preuve）以及或“内心确信”（l' intime conviction）。“内心确信”须以“证据自由”和“证据自由评价”为前提。施鹏鹏.刑事裁判中的自由心证——论中国刑事证明体系的变革［J］. 政法论坛，2018（4）：16-34.

④ ESMEIN A. A history of continental criminal procedure, with special reference to France [M]. Boston: Little, Brown, and Company, 1913: 397-400.

⑤ 这种“人民陪审团”与英国的陪审员制度有所不同：“杜波特（DUPORT）所提出的自由心证，即事实判断与法律判断的分离，在英国体系中也是未知的。18世纪英国陪审员制度的特点与证据可采性与证据排除的多重规则正好相反，普通法鼓励法官与陪审员的交流。” SCHIOPPA P. ‘Remarques sur l'histoire du jury criminel’, in la cour d' assises: Bilan d' un héritage démocratique ［M］. //Ed. Association française pour l' histoire de la justice, Paris: La Documentation française, 2001: 95.

因此，在大革命时期所确立的自由心证制度主要由两项基本制度组成：一项是人民陪审员制度，另一项则是“口头论辩”（l’oralité des débats）制度。两项制度的设计初衷都是实现案件事实的自由心证，即“信念确信”。

在法国大革命中，人民陪审员的出现代表了一种充满自信的政治观念：

“在我所建议的那种程序下（即陪审法庭），我们再也不会看到，赋有过大权力的某个固定集团由于人类的天生弱点，沾染上任何赋有大权的集团所固有的那种特殊作风，即傲慢、骄傲和专制的作风。只要想到会采行陪审制度，我就至少不再因有把自己最宝贵的利益信托他人的危险而感到害怕。因为我的利益至少是委托给予我平等的人们，即由人民选出的普通公民，他们不久就要回到群众中来，将要服从他们刚才对我实行过的那种同样权力。”①

可见，革命者把彻底重建的司法制度和证明体系的根基，建立在了对人民陪审员作为理性主体所必然具备的“品质”的预设上：人民陪审员，依据民主原则而产生，他们既是自由的代表，又是人之理性与正直品质的代表。②对当时的革命者而言，法庭的诉讼程序，尤其是刑事诉讼，自由、理性和正直的品质比起法律专业知识要更为重要：“据说法官所需要的不是虚荣的精明或博学多才，而是权利与公正的感觉，是简化的知识，最重要的是对真理和正义的热爱。”③所以，陪审员要比法律专业人士更容易抵达真相，他们不需要了解法律，甚至如贝卡利亚所言：“根据情感作出判断的无知，较之根据见解作出判断的学识要更可靠一些。”④

自由心证所依据的第二项制度便是口头论辩。在法案起草的过程中，大多数议员认为：书面程序将破坏陪审团制度而让法定证据制度死灰复燃，因为法定证据就是在书面证据中诞生的。“评估书面证据的困

① 罗伯斯庇．革命法制和审判［M］．赵涵舆，译．北京：商务印书馆，1965：24.

② RICHARD J. L’intime conviction du juge en matière criminelle droit［M］. Montpellier：Université Montpellier，2017：39.

③ Duport. Assemblée nationale constituante，débats archives parlementaires［EB/OL］.［2025-03-25］. https：//fr. wikisource. org/wiki/Page：Archives_parlementaires_de_1787_%C3%A0_1860，_Premi%C3%A8re_S%C3%A9rie，_Tome_XII.djvu/21.

④ 贝卡利亚．论犯罪与刑罚［M］．黄风，译．北京：中国法制出版社，2005：24.

难，导致法官制定了评估证据证明力的法律规则。因此，把书面证据交给陪审员‘便是要求他们重新回到法定证据的荒谬。’”[①]但是，议会最终采纳口头论辩的原因，[②]与其说是评估书面证据和口头证据的难易程度不同，不如说是因为书面形式的“论辩”会阻碍陪审员形成最终的“信念确信”。因为，只有在“‘积极且生动的对抗中，真相才能在注视追寻的目光下全方位呈现。’提议者认为，基于这种证人证言所产生的‘印象’，而不是证言的宣读，才能使陪审员生成确信。只有通过口头论辩，他们才能确定对这种证言的信任应该高于对那种证言的信任。‘举止、目光、手势……所有这些灵魂的生动表达’是无法被书写的。正是激烈的论辩，才能产生信念确信的要素。”[③]

可见，建立在人民陪审员和口头论辩基础上的所谓“内心确信”（l’intime conviction）是一种“信念确信”（conviction morale）。这种“信念确信”所涉及的是近代以来认识论变革背景下的“信念确定性”（moral certainty），以此区别于法定证据时代所依赖的“绝对确定性”（absolutely certainty）。[④]笛卡尔曾对“信念确定性”和“绝对确定性”

① RICHARD J. L’ intime conviction du juge en matière criminelle droit ［M］. Montpellier：Université Montpellier，2017：54.

② 实际上，并非所有议员都如此偏激地把法定证据和书面证据等同捆绑在一起，罗伯斯庇尔本人就认为应该把法定证据和自由心证结合起来，保留书面审理程序。罗伯斯庇.革命法制和审判［M］. 赵涵舆，译.北京：商务印书馆。1965：30-33.

③ RICHARD J. L’ intime conviction du juge en matière criminelle droit ［M］. Montpellier：Université Montpellier，2017：59.

④ 有学者把‘moral certainty’译为“道德确实性”、“情感确定性”、“事实确定性”或“盖然确实性”等，但正确理解该词需要结合语境。对于“确定性”（certainty）的定义与分类，最早可以追溯至亚里士多德的《尼各马可伦理学》：“确定性是智慧、科学、明智等等在宇宙现象、事实与意见中试图抓住的东西，它包括真与似真两个主要的形式。它的相反者是不确定。”亚里士多德认为，不同行为所追求的确定性是不同的（亚里士多德：《尼各马可伦理学》，廖申白，译.北京：商务印书馆，2003：4）。在中世纪，有学者考证，法国神学家Jean Gerson（1363—1429）最早创造了“moral certainty”（certitudo moralis）一词，这种神学决疑论的“道德确定性”表明一个人可以在不确定性下作出道德决定，换言之，依据一定程度的确定性行为人就可以不怕错谬地信赖他的信念，这对后来的概率论（probabilism）产生了重要影响（SCHÜSSLER R. ‘Jean Gerson，moral certainty and the Renaissance of ancient scepticism’，in The Renaissance Conscience［M］. SCHÜSSLER R. Jean Gerson，moral certainty and the Renaissance of ancient scepticism ［M］//The Renaissance conscience. Chichester：Blackwell，2011.）。到了近代，在培根、笛卡尔、洛克等人引发的认识论变革后，“moral certainty”就从概率的意义上被理解为一种具有很大可能性的概率，接近却无法等同于数学式绝对为真的确定性，尤其是洛克的《人类理解论》关于“概然性”的讨论（SHAPIRO B J. To a moral certainty：Theories of knowledge and Anglo-American juries 1600—1850 ［J］. Hastings Law Journal，1986（38）：153-193）。但是，法国大革命的立法者们所宣扬的“内心确信”，更多强调的是一个人主观、直觉层面的确定性，在某种意义上，这与上述认识论概率等级的客观描述产生了“断裂”，因而后来也产生了客观层面的“合理确信”要求。（BLOEMBERG R G. The development of the “modern” criminal law of evidence in English law and in France，Germany and the Netherlands：1750—1900 ［J］. American Journal of Legal History，2019（59）：358-401）。所以，本书根据语词所适用的语境，对“moral certainty”作出了不同的翻译：将其译为“盖然确定性”，旨在强调概率的客观含义；将其译为“信念确定性”，并把“conviction morale”译为“信念确信”，旨在强调法国大革命中对于一个头脑正常的人根据其印象和直觉得出的主观确信含义。

作出过严格区分。所谓“绝对确定性”是上帝赋予我们的区别真假的能力，“只要我们正确地使用这一能力，并且借助它清晰地感知事物就不可能会错。数学的证明是如此，关于物质事物的存在的知识是如此，对物质事物所做的一切明白的证明亦是如此。”①与这种确定性相比，“信念确定性”则是不确定的，但足以满足日常生活行为，比如，哪怕我们从未去过罗马，甚至跟我们说起罗马的人都在欺骗我们，我们仍然可能相信罗马是意大利的一个城市。“绝对确定性”属于可以证明的形而上学范畴，“信念确定性”则来源于日常生活的经验。法国大革命所确立的人民陪审员的最大优势，“就是用信念证据（preuve morale）取代法定证据（preuve légale）”。②

1808年《刑事审理法典》对此作出了经典的表述，直到1958年法国颁布现行《刑事诉讼法典》也几乎没有改动：

“法律不责问法官形成自我确信所依据的理由；法律也不规定一种规则并让法官必须依赖这种规则去认定某项证据是否完备、是否充分。法律只要求法官平心静气、集中精神、自行思考、自行决定，本着诚实的良心，按照理智，寻找针对被告人所提出的证据以及被告人的辩护理由所产生的印象。法律只向法官提出一个概括了法官全部职责的问题：‘您已有内心确信之决定了吗？’”③

在英吉利海峡对岸，边沁在其《司法证据原理》中表达了几乎相同的观点，即法庭之上的这种确信过程或证明的原理，与所有其他人类的活动并无二致：

“证据问题会源源不断地出现在每一个人面前，在其生活中的每一天甚至是醒着的每一时刻……现在在烤肉架上的羊肉是不是烤熟了是证据问题……厨师以厨师的方式来作出判断，好像是凭借直觉；根据证据作出判断，就像乔丹先生创作散文一样，也许终其一生都未曾听过（散文）这个词。”④

---

① 笛卡尔. 哲学原理［M］. 陈启伟，译. 北京：商务印书馆，2023：91-93.

② “Un des grands avantages des jurés，c’est de substituer la preuve morale à ce que l’on appelle la preuve légale”，DUPORT. Assemblée nationale constituante，débats archives parlementaires［M］. Madival et Laurent，29 mars 1790，Tome 12：435.

③ 法国刑事诉讼法典［M］. 罗结珍，译. 北京：中国法制出版社，2006：248.

④ BENTHAM J. Rationale of judicial evidence［M］// The works of Jeremy Bentham. Vol. 6. Ed. John Bowring，William Tait，1838-1843：44.

尽管欧洲大陆的自由心证制度在很长一段时期内都会处于法定证据制度的阴影之下，以至于："数百年来，律师和法官都在人为的数量化制度中证实与证明，而在其他方面毫无训练，也根本不能理解活生生的确信过程。结果，当'法定证明'被废除后，他们手足无措。在过去的一个世纪中，其司法审判仍然延续着不可理解、不可控制从而也是不安全的精神进程。"[①]但无论是欧洲大陆法系还是普通法系，都逐步走向以证据自由、证据评价自由和内心确信为核心的自由心证制度。在自由心证革命的推动下，大陆法系和普通法系共同迈入了现代证据法学的"理性主义传统"，并共享理性主义传统中预设的诸多前提和判断。

然而，问题在于，证据法学的理性主义传统是如何建立在自由心证革命的基础之上的？

尽管两种法系在诉讼制度上有诸多差异，如诉讼发起的方式、陪审团的组成、法官的作用及证据规则等，但它们在诉讼证明过程中有一个共同基础：事实问题与法律问题的分离。同时，二者一致认为，事实问题的裁定不应有排他性的独断权力。不论是否具有法学背景，只要是受过普通教育的一般公民，甚至正是贝卡利亚所讲的"无知"，才能更好地运用常识、接近真实。所以，常识之下的"信念确信"，构成了一项现代诉讼证明程序中的极为重要中介，从而使得法官的判定和罪犯的坦白之间，不再存有任何差异。

我们看到在过去的诉讼证明程序中，只有罪犯自愿坦白，判决对他才不再是异己的东西。然而，这种坦白往往伴随着残酷的刑讯，而且难以恰到好处，不是过度就是缺乏。可是，如果审判和判决只采取法官主观确信的形式，就会使得这种判决完全外在于被告，根本没有把他当成一个自由理性的主体来对待。随着事实问题与法律问题的分离以及陪审员的出现，上述难题便可迎刃而解。一方面，陪审员的中介可以化解法官判定与被告坦白之间的权力不平衡，从而在认识论的层面上保证：

---

① WIGMORE J H The problem of proof［J］. Illinois Law Review，1913（8）：77-103. 需要注意的是，"system of legal proof"一般译为"法定证据制度"，这里为了与"自由证明"（free proof）相对应，故特译为"法定证明制度".

“从罪犯的心灵中，作出有罪或无罪的宣告。”[①]另一方面，陪审员的中介，可以极大保证案件事实的可接受性：

“只有通过作出能被普遍接受的关于争议事实的裁定，一种法律制度才能确保其长期得到有关公众的尊敬。在此，最为关键的并非审判结果的实际准确性，而是人们对其准确性的相信程度，特别是在刑事案件中。而且只有使用得到有关公众尊重的事实认定程序，一种法律制度才能确保其判决为人们普遍接受……确实，就法律制度的公众信任度而言，理想的结果大概最好是通过由普通公民在实质上参与司法上的事实认定过程来保障，无论是作为陪审员、陪审法官，还是作为地方司法官。由普通人来完成这项任务的作法可以保证决策过程不受法律专门技能的左右，使判决的得出在很大程度上依赖于人们日常性推理活动。总之，没有普通人的参与，或者说根本没有普通人审核所认定之大多数事实的可能性，那么现代法律制度就有可能危险地从其所属的社会中异化出来。为了防止这种异化，对案件事实的证明必须尽可能摆脱法律专门技术的束缚。”[②]

可以看出，司法坦白从此经历了根本的转变：审判中的证明过程不再是证据碎片的估量与计算，也不再是审判结果的“实际准确性”，而是人们对其准确性的确信程度。坦白，这种被告通过“认出”法律秩序、认出自由意志、认出自己的方式，逐步扩展为每个理性主体必然具备的经验常识和信念确信。过去，被告在司法坦白中通过沉默寻求的力量的反转，此时在既非法官也非被告的理性主体面前显得毫无意义。被告在沉默中孕育的考验和反抗力量，现已被每个人中立的、无涉价值的常识判断所填充。与过去被告坦白的证明效果相比，法官、陪审员甚至所有人的“确信”都成为了一种新的证明方式。这种方式不仅能作为有效中介，合理并普遍地完成被告对自己的坦白——以法官身份对理性主体的宣判——而且让每个人都处于一种自动“确信”的言说状态。此时的“确信”，不再是让被告作为罪犯说出违法行为，而是让每个人以具备常识的理性身份与法律主体保持联系。

---

① 黑格尔.法哲学原理［M］.范扬，张企泰，译.北京：商务印书馆，1961：268.
② 科恩.证明的自由［J］.何家弘，译.外国法评议，1997（3），1-12.

至此，我们可以对自由心证革命的历史意义进行一个简单总结：

第一，判定证据证明是否成立不再由法律规定的证据形式和效力决定，而是基于法律规范之外的经验常识与“信念确信”。只要具备正常感知和思考能力，无论是被告还是其他人，都可以认知并接受事实证明的真实性。过去由法律权力独占的刑讯和刑罚主体，现已转变为普遍的理性主体；法律的强制机制在某种程度上已转化成为事实认定的、自动的、匿名的中介机制。

第二，自由心证制度并不意味着人们可以在没有证据的情况下判定罪行，而是意味着人们必须在确信和肯定的状态下作出判断。换句话说，证明和刑罚不再具有一致性或比例关系。证明要么是完全充足而有罪的，要么就是不完整而彻底无罪的，在此情况下，任何轻微的刑罚都无法对应尚未完全确信的证明状态。每一次完成内心确信的事实证明，都相当于达成过去法定标准中的“完整证明”要求；若无法确信，则被告应被视为无罪，且应禁止实施任何特殊或例外的过渡性惩罚。

第三，证据采信的规则应当基于证据自身的证明力，而非其合法性。尽管证据的采信范围由法庭限定，并且只有法律明确规定且符合资格的证据才有效，但实际上，只要证据本身具备足够的说服力，并能促进感知和认知的采信过程，那么该证据就可能被接受。正如边沁所认为的那样，这类证据不仅可能被接受，而且应当被接受。

5.1.3 自由心证制度的“确信”危机

自由心证作为一种自由证明体系，“内心”（intime）或“自由”（free）仅仅说明了证明的方式不受限制，而“确信”（conviction）才是这种证明方式的最终目的。在大革命中诞生的自由心证制度，是从法定证据制度完全排除自由证明的一个极端，转而走向了完全支持自由证明的另一个极端，即从“毫无自由”彻底转向“完全自由”。尽管在法定证据制度中也不乏自由裁量和证据自由评价的空间，比如达马斯卡认为对证据评价“毫无自由”的极端情况只发生在法定证据的消极情形中而不包括积极情形。[①]但不管怎样，自由心证的重要功能是实现革命激情下的权力置换[②]，所以，在诉讼程序中把事实问题与法律问题截然二分的结果，本非严格逻辑的规范构建，革命者所寄托于人民陪审员的是摆脱法律的审查控制从而能够自由评价证据。可是问题在于，陪审员能否凭借其自身品质的设定而胜任事实认定的职责？能否像贝卡利亚所言因为“无知”反而能更好地利用常识、接近真相？

虽然法国1808年《刑事审理法典》中关于内心确信的经典表述时至今日都几乎保持不变，但欧陆国家对于证据自由评价的理解，在大革命之后却产生了重大变化。所谓证据评价的“自由”，仅仅是指证据的“质”与“量”不受法律的预先规定，而不是一种排除理性推论或者无视经验准则的自由。[③]因此，证据自由评价所产生的“信念确信”便逐渐转变为现代的“合理确信”（conviction raisonnée）。

在“合理确信”下，无论是专业的法官还是外行陪审员，他们最终对事实问题的“确信”，只能表达为一种可以交流的理性或推理结果，或者只能建立在“主体间有效性”（intersubjective validity）的基础上。[④]所谓“主体间有效性”是指：“如果法庭依赖于诉讼当事人和公众均认为适当的普遍共享前提及推理模式，如果法庭使用这些分析的手段，从当事人与公众视为事实的合理推论中得出他们可以理解和证实的结论，这种裁判便具有主体间有效性。”[⑤]无论是可以交流的理性或推理结果，还是“主体间有效性”，都是为事实判断的“合理性”提供一种共同理解的基础。这样一来，尽管表明上仍然称之为自由证明体系，但还是存在一系列直接或间接的限制，甚至与法定证据时代对自由评价证据的限制相比，其差异远远没有人们想象的那么巨大。[⑥]可是，法定证据制度是通过法律规则自身来限制证据和证明力，而自由心证制度对

① DAMAŠKA M R. Evaluation of evidence: Premodern and modern approaches [M]. Cambridge: Cambridge University Press, 2019: 120.
② 罗伯斯庇.革命法制和审判［M］.赵涵舆，译.北京：商务印书馆，1965：24.
③ DAMAŠKA M R. Evaluation of evidence: Premodern and modern approaches [M]. Cambridge: Cambridge University Press, 2019: 121.
④ AMBOS K. “Intime Conviction” in Germany: Conceptual foundations, historical development and current meaning [J]. International Journal on Evidence Legal Reasoning, 2023 (4): 1-23.
⑤ KATSKEE R B. Science, intersubjective validity, and judical legitimacy [J]. Brooklyn Law Review, 2008 (73): 857-877.
⑥ DAMAŠKA M R. Evaluation of evidence: Premodern and modern approaches [M]. Cambridge: Cambridge University Press, 2019: 125.

证据与证明力的限制，既来自司法机制本身，也来自司法机制之外。

从司法机制的内在视角来看，自由心证制度中的证据自由评价，必须结合证据能力来理解，即证据自由评价要受到所谓“证据裁判主义”主义的限制。“证据裁判主义者，为认定犯罪事实，系基于将允许成为法律上证据之证据（有证据能力之证据）透过适法手续之调查而得出的结果。”[①]这种“证据裁判主义”对应着证据能力问题，而证据自由评价则对应着证明力问题。证据能力是法律对证据形式的限制，即能否作为合法证据予以采信的规定，因此证据能力是自由评价证据的前提，不允许法官加以自由判断。英美国家为此规定了证据排除规则，德国也有相应的证据禁止理论，这种证据禁止理论既规定了证据取得的禁止，也规定了证据使用的禁止。[②]

在司法机制之外，自由心证还受到认识论层面“合理确信”的约束。即使法官或者陪审员对某一事实形成了内心确信，这种内心确信仍要辅之以客观的合理标准，也即证据的评价必须是一种可以交流的理性结果，具有“主体间有效性”。尤为重要的是，这种“合理确信”的标准不是由法律规则来提供的，而是由符合理性标准的认识论所提供的。

对于这种自由证明体系的内外限制的形成过程与相互关系，特文宁以19世纪以来的英美证据法学为例，将之概括为“证据法学的理性主义传统”。[③]尽管欧洲大陆与英美法系的诉讼制度存在诸多差异，但在证据领域二者都属于现代理性主义传统。不管是自由心证制度中“合理确信”，还是英美法系“排除合理怀疑”，[④]二者都要求从认识论的意义上评估确信的合理程度。换言之，确信的起点虽然是个人的主观信念，但其终点必须符合客观的认知标准，这就对理性主义传统牢牢根植其上的“常识经验主义”构成了巨大的挑战和怀疑。[⑤]因为经验常识意义上的“认识”（epistemic）与科学意义上的“认知”（cognitive）是截然不

① 佐伯千仞.刑事诉讼法考方［M］.东京：有斐阁，1980：172.

② 英美国家证据排除的范围，大致相当于德国证据使用禁止的范围。

③ 特文宁.反思证据：开拓性论著［M］.吴洪淇，等译.北京：中国人民大学出版社，2015：36-103.

④ BARBARA J. To a moral certainty：Theories of knowledge and Anglo-American juries 1600-1850［J］. Hastings Law Journal，1986（38）：153-193.

⑤ 特文宁.证据理论：边沁与威格摩尔［M］.吴洪淇、杜国栋，译.北京：中国人民大学出版社，2015：270.

同的两种进路，[①]我们日常生活中依赖直观而建立的认识（如前文所述之“信念确信”）往往构成了科学认知的“认识论障碍”。[②]常识的“合理性”只是部分理性，可能来自传统、习惯，虽然可以感知，甚至合乎道理，但“绝不是理性的，更不是理想的理性行为”。[③]所以，随着科学证明方式方兴未艾，法官或陪审员能否承担起排除不可靠科学证据的职责，进而对于事实的认定达成“合理确信”，成为“科学与法律不幸联姻”下的认识论困境。[④]达马斯卡将其简化为一个直白而具有象征意味的诘问：

“请把你自己想象成一个事实裁判者。你的直觉告诉你某个证人在撒谎。然而，专家证人借助经过改进因而具有更大客观性的测谎技术，告诉你了一个相反答案。在何种情形下，你会因为与科技证据相冲突而放弃了你的内心确信？或者说，放弃你根据经验常识而进行的推理呢？”[⑤]

面对这种诘问，我们需要思考的是，法律学科本身发生了怎样的转变，才使得上述“危机”成为可能？作为一门规范学科，法律理论是否能够单独应对这种“危机”？或者说，化解现代证据法学理性主义传统“危机”的可能性是否仍然存在于法学之中？

5.2 法律实证主义的内在变革

5.2.1 法律的去神秘化

边沁在证据领域开启全新的证明原理或确信过程之前，先在法理层面启动了“去神秘化”（demystification）的进程。[⑥]主权者的“自然

---

① 曹佳.论事实认定的认知规范结构——以审判主体信念为中心［J］.证据科学，2023（3）：327-345.

② 巴什拉.科学精神的形成［M］.钱培鑫，译.上海：东方出版中心，2022：1-13.

③ 许茨.社会实在问题［M］.霍桂恒，索昕，译.北京：华夏出版社，2001：60.

④ 哈克.证据原理：司法证明科学［M］.刘静坤、王进喜，译.北京：法律出版社，2022：115-150.

⑤ 达马斯卡.比较法视野中的证据制度［M］.吴宏耀，魏晓娜，等译.北京：中国人民公安大学出版社，2006：43-44.

⑥ HART H L A. The demystification of the law［M］//Essays on Bentham：Studies in jurisprudence and political theory. Oxford：Oxford University Press，1982：21-40.

法”，在搭建最高权力与法律秩序的基本框架之外，始终伴随着对最高权力的“神秘化”。这种神秘不仅体现在仪式、典礼或颂词对权力的颂扬上，也不仅是法律措辞的佶屈聱牙，其根本问题在于法律作为一种“信仰”的宣扬：在法律中有一种不可动摇的本质，对这种法律本质的任何质疑，都会被视为社会崩溃的导火索。

在边沁看来，这种“令人作呕”的神秘化的根底，不过是一堆命令、禁令或者允许的人类意志造物，在人造法律的事实中，不可能存在本质超越的自然法或者自然权利。边沁的意思，不是说法律思维和立法指导中没有任何自然、理性的原则，而是说即便有“自然”“理性”的原则，这类原则本身也需要从外在于法律的观念中得出，或者应该是“非法律”的，比如功利主义；否则，从法律出发反过来又引导法律的自然法或自然权利，这种“虚构”或“隐喻”的产物，就会成为十分危险的观念——“让语言自己和自己作对”。因为：“正是为了对抗最强烈的自然本能，才必须使法律成为最具压迫性的。如果真的有那么一种自然法，它将所有人引导到公共的善，法律将成为无用的；那样做无异于用青藤支持橡树，用火把增加太阳的光辉。”①可是，“当人们说，法律不能被用来反对自然权利，人们就是在超出法律之上的意义上适用自然权利一词的。因为，通过自然权利一词的这一使用，我们就承认了攻击法律的权利：这种权利推翻法律，消灭法律。在这种反法律的意义上，权利一词代表了理性的最大的敌人，和政府的最可怕的毁灭者。”②

不管边沁对于自然法和自然权利的批判是不是因噎废食而把“孩子”与“洗澡水”一起倒掉，或者是倒掉了“孩子”保留了“洗澡水”，③但在边沁之后，紧随边沁步伐的奥斯丁确实完成了法理学的范畴分界。在边沁的基础上，奥斯丁进一步抽离、提取和深化了法律之所以为法律的范围，并正式宣告“法律就是主权者以惩罚、制裁为支撑的强制命令”，④西方法律的神秘化历史就此终结。从此，那种曾经围绕主权与法律二元结构的法学理论，就不需要对最高权力遮遮掩掩，而是

① 边沁.立法理论［M］.李贵方，等译.北京：中国人民公安大学出版社，2004：106.
② 边沁.立法理论［M］.李贵方，等译.北京：中国人民公安大学出版社，2004：108.
③ 哈特.1776—1976：哲学视域里的法律［M］//法理学与哲学论文集.支振锋，译.北京：法律出版社，2005：153-167.
④ 奥斯丁.法理学的范围［M］.刘星，译.北京：北京大学出版社，2013：15-44.

在承认最高权力并将其悬置之后，在法学的实证范畴之内，独立完成对法律行为的观察、分析和界定。这种法律实证化的最彻底尝试，就是凯尔森的纯粹法学。

5.2.2 凯尔森与纯粹法学

在凯尔森看来，奥斯丁去除了“神秘化”的实证法学范围，但仍然没有上升至法律规范的体系层面，而是停留在简单的经验主义描述上，并夹杂着些许不自觉的社会学方法，甚至还有为某种道德内容、意识形态或政治经济辩护的意图。[①]纯粹的法律科学，不应该证成任何事情，因为证成就意味着价值判断，而价值判断属于法律科学之外的伦理学或政治学范筹。纯粹的法律科学：“唯求认知法律，而将不属其认知对象者摒除在外。”[②]也就是说，法律科学的唯一目标仅仅是认知它的研究对象，即认知法律自身，而免受一切“异质因素”（foreign elements）的干扰，这样才能避免与法学不相干的心理学、生物学、伦理学或神学混为一谈。

从康德的认知理性出发，凯尔森也为他的法律科学提出了先验问题：“实在法如何有可能成为认识的对象、成为法律科学的对象，以及结果，法律科学如何有可能？”[③]凯尔森提出法律科学的先验问题，不是在质问我们能否认识法律素材或者判断法律命题的真伪；相反，他假设这种知识已经具备，然后追问：这种已经具备的法律知识从何而来。康德认为：“没有系统统一体，我们的知识不可能成为科学，它只会是一个聚集体而不是系统。”[④]凯尔森在此基础上继续追问：何种预设保证了我们知道某事为真？或者说：离开了什么预设我们就不能再辨别真伪？凯尔森认为，答案即“基础规范”（basic norm）。凭借基础规范在系统统一体中的预设效力，法律科学把过去法学家习焉不察或心照不宣的内容昭示于众，法律科学是以先验逻辑的前提预设来保证整个法律体系的独立、完整和自足的：

---

① 凯尔森.法与国家的一般理论［M］. 沈宗灵，译.北京：商务印书馆，2013：256.
② 凯尔森.纯粹法理论［M］. 张书友，译.北京：中国法制出版社，2008：37.
③ 凯尔森.法与国家的一般理论［M］. 沈宗灵，译.北京：商务印书馆，2013：599.
④ 古德里奇.法律话语［M］. 赵洪芳，毛凤凡，译.北京：法律出版社，2007：37.

“纯粹法理论无意于通过表述基础规范而在法学方法上另辟蹊径，只是将法学家所习焉不察者或心照不宣者昭示于众而已：法学家对其研究对象加以概念化时，一面拒绝以自然法充任实在法之效力根据，一面仍欲将实在法理解为有效秩序，即将法律解释为规范而非偶发事态。凭借基础规范说，纯粹法理论才得以剖析长盛不衰之实在法认知方式，揭示其秘而不宣之先验逻辑基础。”①

凭借先验逻辑的自明假设以及规则系统的统一性，法律科学的认识论前提和规则约束效力的合理性就自然蕴含其中，这使得凯尔森在他独立、完整、自足的法律体系中，不仅可以把自然法和自然权利的善恶价值判断作为异质因素彻底逐出法律范畴，还可以把历史上从12、13世纪开始逐步构建起来的犯罪-刑罚概念也一并清除出法律科学。

凯尔森认为，在法律科学中的“不法行为”(delict)，既不是立法者的立法动机，也不是立法权威厌恶的社会情势；所谓社会危害性，其实不过是立法者以为如此而已。不法行为的关键：“仅在于其被规定于法条之中，换言之，其被作为特殊法律效果——即国家强制行为之要件。”②不法行为仅仅是造成法律后果的一种条件事实，正如自然规律以“因果”(causality）的方式联结起原因事实与结果事实，法律规范也以“归属”(imputation）的方式联结起法律要件（不法行为）和法律效果（制裁)。在凯尔森看来，不法行为根本不会“破坏”或“侵害”法律秩序，反过来：

“毋宁说法律惟有藉不法行为始能发挥其根本功能。不法行为之发生绝非法律之祸（传统法律理论常作如是观)，恰恰相反：法律只能通过不法行为证明其存在，而法律之存在便在于其效力，即‘应’以制裁作为不法行为之后果。”③

我们知道，在黑格尔的法哲学中，犯罪本身不具备任何最初的、肯定的东西，仅仅是一种理性预设的虚无和否定，只有这样，作为法律的刑罚，通过否定之否定的扬弃，才能显示出法律的有效性；与此同时我们也已知道，只有凭借法定证据制度、司法刑讯、自由意志、例外状态

① 凯尔森.纯粹法理论［M］. 张书友，译.北京：中国法制出版社，2008：84.
② 凯尔森.纯粹法理论［M］. 张书友，译.北京：中国法制出版社，2008：56.
③ 凯尔森.纯粹法理论［M］. 张书友，译.北京：中国法制出版社，2008：57.

等手段所构建出来的司法坦白，罪犯才能从中发现属于自己的法。可是，在现代的法律科学中，这一切正好颠倒过来：不法行为不仅不是理性预设的虚无和否定，反而是最初、肯定的条件事实，正是凭借不法行为的前提，法律才能发挥它的根本功能，即通过不法行为证明法律自身的存在。因此，虚无和否定的扬弃手段就完全成为多余且异质的内容，不法行为与其后果之间并不需要任何证成，诸如黑格尔“从属于自己的法一样”；法律也不必在司法坦白中兼并外在的强制机制和内在的言说机制，法律科学只需要以法律规范的方式把不法行为和制裁后果进行“归属”即可。法律之存在就在于归属的“应当”，也就是归属的有效性；而归属的有效性与司法实践或者法哲学都无关联，仅仅需要凭借基础规范的先验逻辑前提，凭借法律规则的统一体系，在法律体系中来确立法律规范的有效性。

在凯尔森的纯粹法学中，一名法律科学家或者法律实证主义者对“正义”一无所知，他所知道的“正义”或“公正”，仅仅是“合法”的另一种表述而已。因为“作为绝对价值之正义乃是非理性之理想，尽管其对人之意志与行为不可或缺，却非认知所能及。”[①]对凯尔森而言，问题的关键就是在人类理性的范围内，如何保证我们在认知法律的过程中没有超出理性认知的能力。凯尔森的解决办法是采纳一种形式主义的程序，即创造一种内在于合法性的真理：

“根据法律陈述的内容，在特定情况下——并且只有在这些特定情况下——才可以施加强制性行为；但是一个施加了诸如刑罚这样强制性行为的具体案件，可能对以下内容并不确定：法律陈述中预设的情况，诸如犯罪是否存在，无辜者是否没有被国家错误地定罪。法律秩序规定了一系列上级法庭的审判检查，但也对此理所当然地设置了限制。终审判决的法律效力是终结性的，不能再变动。因此，也可以说，法律陈述不应该是‘如果某人偷盗、谋杀等等，那么他就要被惩罚’，因为如何才能建立起某人是否做了某事的绝对事实呢？而应该是‘在特定的程序中，最高法庭已经认定某人偷盗、谋杀等等，那么他就要被惩

① 凯尔森.纯粹法理论［M］.张书友，译.北京：中国法制出版社，2008：48.

罚’。在这种法律陈述中，就不会存在司法错误，在国家方面也不会存在违法行为。”①

可见，真实与真理就内在于合乎法律的决定程序中。法律上的罪与非罪，判定罪与非罪的有效性，仅仅在于正确程序的适用。程序的目标是构建真实，但绝对的真实永远都不会达到，因为总是存在其他视角和其他探索的可能性，而法律的调查必须在某处终结。②

在凯尔森的法律科学大厦中，法律真实是准确无误的，因为形式逻辑的有效性和人为规定的法定程序都为法律真实提供了保证，同时也为法律真实划定了界限。某种程度上，法律真实仅仅是法律程序有效性的另一种表达。但是，凯尔森同时告诉我们，这种准确无误的真实仅限于法律科学的理性范畴，任何超越理性范畴的认知，均非法律科学所考察的内容。

在理解凯尔森的纯粹法律科学时，我们必须重新定义某些习以为常的词汇含义，比如“正义”“应当”“不法行为”以及“法律真实”等，否则就非常容易误解凯尔森的“人文精神”（humanity）。③凯尔森的法律科学绝对不是想要去除法律事业的人文精神，反而是要让我们更加彻底地认识到：驱动法律运作的，除了人为的设计，再无其他。这一点与边沁毫无二致。边沁从外在于法学的功利主义开始的去除法律“神秘化”的事业，在凯尔森这里达到了法律实证主义能够达到的最高点。在纯粹法学中，不管是主权者的强制命令还是功利主义的外在描述均属多余，法律科学自身就可以建成清晰明确、毫不神秘的有效统一整体。④但是，在捅破并无“法律的上帝”的谜底后，凯尔森其实也终究无法超越法律背后的权力镜像：

“在实证法背后，既没有形而上学的绝对真理，也没有自然法的绝对正义。揭下这种面具的人，如果没有闭目不视，就会发现他自己正面

① KELSEN H. Essays in legal and moral philosophy [M]. Boston: D. Reidel Publishing Company, 1973: 79.

② 莫里森.法理学：从古希腊到后现代 [M]. 李桂林，李清伟，侯建，等译.武汉：武汉大学出版社，2003：347-348.

③ 莫里森.法理学：从古希腊到后现代 [M]. 李桂林，李清伟，侯建，等译.武汉：武汉大学出版社，2003：342.

④ 哈特.凯尔森的法律统一学说，载法理学与哲学论文集 [M]. 支振锋，译.北京：法律出版社，2005：324-356.

对着权力的戈尔贡之首（Gorgon's head）”[①]

在凯尔森的法律科学中，任何法律系统都是对人类行为的强制性要求，而强制性要求的内容却可以是“权力的戈尔贡之首”所确立的任何内容。如果我们从这种法律科学回到司法坦白的时代，回到犯罪行为的发现、调查、告发、刑讯、坦白和惩罚的历史当中，就会在认知犯罪的对比中看到法律科学的现代意义。

5.2.3 哈特与法律规则的内在面向

在第4章中，我们了解到，从12、13世纪起，犯罪行为被视为对“和平”的彻底破坏，是对君主权力的赤裸裸敌对和挑衅，犯罪的严重性直接关系到整个法律秩序的存续与否。随着18世纪刑罚学说的演变和19世纪犯罪学的出现，对于犯罪的认知逐步从犯罪与刑罚的严格对应关系，转变为法律实证主义的规范视角：无论具体行为如何，法律秩序本身始终不容动摇。施米特对此有着精准的观察：“在规范论的观点之下，具体状态就根本不可能会有与秩序相对立的无秩序存在。”[②]然而，与其说法律科学的认知方式确保了法律秩序的理性不受异质因素的影响，还不如说，法律科学的规范主义故意忽视了法律权力的“例外状态”。哈特对此的评价是：凯尔森的法律科学固然维持了法律理性、法律适用的绝对严谨和有效，却恰好把法律主体弄错了：

“没有法律禁止谋杀：只有指示官员在特定情况下对谋杀者施加特定制裁的法律……这项规则并非对一般公民的指示，而是对官员的指示，并且在特定条件被满足的情况下，该规则命令官员施加特定的制裁。”[③]

在哈特看来，凯尔森竟把法律变成要求官员施加制裁的条件句式的命令，使得法律成为针对官员的指示。这种为了追求法律统一性而将法律官员当作法律主体的做法代价过大，完全忽视并扭曲了法律的多重面

---

① 莫里森. 法理学：从古希腊到后现代［M］. 李桂林，李清伟，侯建，等译. 武汉：武汉大学出版社，2003：364。引用内容根据英文略有调整。戈尔贡，是古希腊神话中三个蛇发女怪之一，人们一看到她的头就化作石头.

② 施米特. 论法学思维的三种模式［M］. 苏慧婕，译. 北京：中国法制出版社，2012：57.

③ 哈特. 法律的概念［M］. 许家馨，李冠宜，译. 北京：法律出版社，2011：34.

向。因为在凯尔森的定义中，法律意义上的“人”，仅仅是指法律义务和法律权利的主体；[①]而法律关系，也只是由规则系统客观构成的关系，而非实际生活中的具体社会关系。在这种形式逻辑的框架下，任何主观的、社会的或历史的内容都被排除在法律科学之外。

有鉴于此，哈特在法律科学的纯粹形式分析外，巧妙地融入了“描述性社会学”（descriptive sociology）的尝试。哈特认为，法律的主要功能就是社会控制，而控制的主要方式就是在法庭之外，以各种方式来控制、引导、规划生活。尽管私人之间的民事诉讼或国家介入的刑事诉讼在法律体系中占有重要地位，但这些程序不过是补救法律体系失灵的辅助性措施。换言之，法律规范的主体，是在法庭之外正常生活的一般公民，而不是已经触犯了法律等待刑事处罚的罪犯，更不是判断罪行、执行惩罚的官员或公务人员——法律主体作为社会的成员，实际上自己将规则适用于自身：

“与个别面对面的命令（如正在执行交通勤务的警察之类的官员，可能下达给机车骑士的命令）相较，刑法此项技术的独特之处在于，它让社会的成员去发现规则，并且在行为上遵从这些规则；虽然规则所附加的制裁提供了他们一个遵从的动机，但是就这个意义来讲，社会成员是自己‘适用’规则于自身。”[②]

哈特并不是要彻底否定凯尔森法律科学的意义，而是认为将法律仅限于纯粹科学的分析范围，局限在法律科学家、法律实证主义者或法律官员的权力之内是远远不够的。[③]首先，形式统一的法律科学必然会面临“开放结构”（open texture）的问题。“法律的开放性结构意味着，存在着某些行为领域，这些领域如何规范必须由法院或官员去发展，也就是让法院或官员依据具体情况，在相互竞逐的利益（其重要性随着不同的个案而有所不同）间取得均衡。”[④]仅仅凭借基础规范或者法律体系的独立、完整与统一，根本无法有效应对所有情境。甚至可以说，“基

① 凯尔森．法与国家的一般理论［M］．沈宗灵，译．北京：商务印书馆，2013：151.
② 哈特．法律的概念［M］．许家馨，李冠宜，译．北京：法律出版社，2011：36.
③ “凯尔森暗示，决定法律成为系统的预设具有更实用的意识形态上的根源：它作为教义，对‘关注特定法律秩序的法学家、律师、立法者或法学教师’的巨大价值。”古德里奇．法律话语［M］．赵洪芳，毛凤凡，译．北京：法律出版社，2007：37.
④ 哈特．法律的概念［M］．许家馨，李冠宜，译．北京：法律出版社，2011：123.

本规范的存在并不是必需品，而是奢侈品。”[①]因为对于规则的约束力而言，基础规范并非绝对必要的条件。因此，在基础规范之外，哈特引入了三个次级的规则：承认规则、变更规则和裁判规则，用来完善意义确定的法律规则对于法律官员和个人生活的引导。[②]

其次，法律规范的主体不仅应当是针对法律官员的指令，更应当是对日常生活中一般公民的指引与控制。换言之，法律规范的构建与思考，除了规则的“外在面向”，还应当关注规则的“内在面向”，否则这样的社会仍然十分可悲：

“主张一个法体系的存在有如罗马神话中的双面门神詹尼斯，具有两面性：一方面这项主张意味着一般人民对于初级规则的服从；另一方面意味着政府官员接受次级规则作为官员行为的共同批判标准。……在极端的情况下，以使用规范性的法律语言（如“这是一项有效的规则”）为特征的内在观点，可能真的只局限在政府官员当中，也就是说，只有官员会接受并适用法体系中的法效力标准。这样一个社会可能十分可悲，犹如待宰羔羊般地脆弱，而且这只羔羊可能终究难逃进入屠宰场的命运。”[③]

实际上，哈特把他用来解释规则的主要工具——“释义”（paraphrasis）——明确地归功于边沁，而排除了分析法学传统中其他法学家的方法，包括奥斯丁。[④]因为从边沁开始，为了防止“语言与语言自己作对”，就在阐释法律语言时警示道：我们一定不能把法律语言中的词汇，如权利、义务和资格，拆开孤立地看待，而是应该把它们放回自己扮演独特角色的句子中去，进行整体考量。“我们切勿仅仅去考虑词汇‘权利’，而应该考虑的是句子‘你拥有一项权利’；也切勿仅仅去考虑词汇‘国家’，而应考虑的是‘他是这个国家的一个成员或一名

① 哈特.法律的概念［M］.许家馨，李冠宜，译.北京：法律出版社，2011：204.

② 虽然哈特提出了法律的开放性结构，但他并不就此认为法律的本质是不完整的，反而认为意义确定的法律规则在适用时，不需要随着不同的个案而重新做判断。法院或官员在开放性结构中行使自由裁量权而使得一开始模糊的规则确定下来时，规则本身就有一种意义稳固的核心（a core of settled meaning），这个意义核心是官员不能随意偏离的，也构成了判断正确与否的标准，而且，这些活动的背景框架和主要最后产物，都是一般化的规则。可参见比克斯.哈特和语言的“开放结构”［M］//法律、语言与法律的确定性.邱昭继，译.北京：法律出版社，2007：7-39.

③ 哈特.法律的概念［M］.许家馨，李冠宜，译.北京：法律出版社，2011：106.

④ 特文宁.全球化与法律理论［M］.钱向阳，译.北京：中国大百科全书出版社，2009：45.

官员'。"①

哈特对于这种语言适用的语境极为敏锐，他进一步区分了遵守规则的不同语境：对于一项法律规则，我们是仅仅需要一种外在视角，将某个行为视为普遍性事实？还是需要一种内在视角，考虑"行为人本身必须将该行为视为整个群体必须遵守的普遍标准"？②对此问题的不同回答方式决定了我们理解法律规则路径的根本差异。换言之，只有在涉及法律规则的"内在面向"时，我们才需要运用一种批判、要求或认可他人遵守行为的正当标准，从而使用广泛的"规范性语言（normative language）"来表达"必须""应当""正确"或"错误"。否则，我们只能像奥斯丁或凯尔森那样，依靠法律权力的强制命令来描述法律规则的本质，或者为了追求法律规则的形式化统一而扭曲其含义。如果法律规则只有外在面向，那对于一般公民的生活，我们就只能依赖可观察行为的规律性、预测性、可能性和征兆来描述，而无法进入"规范性语言"的层面，谈论义务、责任等日常生活中的真实情况。

哈特常利用板球比赛的例子来解读"规范性语言"的内在意义。比如说"他出局了"的表达，仅仅是一种诉诸规则而提出主张或作出决定的"陈述"，既不是一个关于规则效果的论断，也不是对未来行为的预测或征兆。如果"他出局了"具有某种意义，那么这种意义必然依赖于一个适当的语境：在比赛过程中，无论是参与比赛的选手还是裁判，只要游戏进行，就必须遵守规则，否则该规则本身就毫无意义。在此，参与者自觉遵守规则，而并不感觉到外在的强制压力。游戏规则语言并不是对行为发出的命令，而是参与者为了继续游戏必须自愿遵守的行为标准。正如一个人要想表达和交流，就必须服从一定的语法规则一样。哈特所强调的规则内在面向也正是如此：法律规范是人们自觉主动要求遵守的结果，而不仅仅是外在的命令。

哈特认为由这种语言构成的生活方式，能够避免纯粹规范易于脱离社会现实的危险，③也能够避免哈贝马斯所警示的在"事实性"和"有

① 哈特. 法理学与哲学论文集［M］. 支振锋，译. 北京：法律出版社，2005：29.
② 哈特. 法律的概念［M］. 许家馨，李冠宜，译. 北京：法律出版社，2011：52.
③ 哈贝马斯. 在事实与规范之间：关于法律和民主法治国的商谈理论［M］. 童世骏，译. 北京：生活·读书·新知三联书店，2003：8.

效性”之间反复挣扎：“一方面是施加在社会生活再生产之上的限制和强制，另一方面是一种自觉的生活过程的观念。”①对于“事实性”和“有效性”的关系，哈特将其作为一种社会事实的前提来承认其间的紧张性。②因为在哈特看来，社会要想存续，显而易见，大多数人必须从内在视角出发，自愿合作、遵守规则，否则，仅仅依赖实践理性（如康德、黑格尔的规范主义规划）就会陷入所谓的“三难境地”，无法自拔。③

因此，与凯尔森一样，哈特同意对于有效性问题的追问必须在某处终止，但终止的原因并非理性能力的界限或预设问题，而是社会存在的事实问题。用哈特的话来说：承认规则，作为判断法体系中其他规则是否有效的终极规则，“其本身既非有效亦非无效，它就是很单纯地因为妥当而被采用。”④简言之，“承认规则的存在是事实问题。”⑤对此不必假设，更不必论证。

5.2.4 法律科学下的分离问题

到此为止，从边沁到奥斯丁，从凯尔森到哈特，我们观察到法律实证主义的内在变革。它不仅去除了自然法或自然权利的“神秘化”异质因素，清晰界定了法律科学的理性化范畴，还借助语言学的言行功能，将法律规则的规范效力，从传统哲学中的实践理性主体转向日常生活中的一般主体，转向自愿地接受法律规则控制、引导和规划的社会现实。然而，这一转变无一例外地断绝了过去通过事实来验证法律，或者通过法律来验证事实的可能性。换言之，它割断了在构建坦白性真实过程中确认权力的可能性。因为，法律实证主义一旦试图构建一个统一自足的

① 哈贝马斯.在事实与规范之间：关于法律和民主法治国的商谈理论［M］.童世骏，译.北京：生活·读书·新知三联书店，2003：10.

② “在任何时刻，任何依照规则运转的社会都可能处于下述两种不同类型的人所过程的紧张关系中。一方面，有一种人接受规则并自愿合作以维持规则，并愿意从规则的角度来看待自己和他人的行为；另一方面则是那些拒绝规则的人，他们从外在观点来看待规则，而将之视为惩罚可能发生的征兆。任何渴望周延公正地处理此事实之复杂性的法理论所面对的困难之一，就是要同时记得此两种观点的存在，而不要在进行界定时遗漏其一。”哈特.法律的概念［M］.许家馨，李冠宜，译.北京：法律出版社，2011：82.

③ “理性法传统的规范主义痕迹消失在这样一个三难境地之中：以主体哲学形式而发生破裂的实践理性的内容，既不可能在历史目的论中找到，也不可能在人类构造中找到，也无法从哪些成功传统之幸运资源中得到论证。”哈贝马斯.在事实与规范之间：关于法律和民主法治国的商谈理论［M］.童世骏，译.北京：生活·读书·新知三联书店，2003：3.

④ 哈特.法律的概念［M］.许家馨，李冠宜，译.北京：法律出版社，2011：98.

⑤ 哈特.法律的概念［M］.许家馨，李冠宜，译.北京：法律出版社，2011：100.

逻辑体系，首要前提就是将那些无法形式化的价值问题或事实问题完全排除在法律科学之外，而价值问题或事实问题的确立正是权力运作的核心。

然而，这是否意味着法律科学在把价值问题与事实问题分离出法律范畴之后，就不再承接任何“异质”的权力元素呢？

我们知道，即便法律科学以严格的法律体系批判并反对凌驾于法律之上的、不受法律限制的最高权力，它始终没有质疑“法律应当是权力的形式”或“权力应当按照法律行使”这一前提。人们厌恶的是那些以法律正义的名义实施偏颇不公的统治，厌恶的是法律沦为少数人欲望膨胀的暴力工具，却始终没有质疑法律本身构成的正当性或合法性。无论是从实证分析法学的科学性规划，还是新自然法学的批评，似乎都是利用从君主主权发展得出的法律形式而又反过来限制、消解、反诉君主主权的某种学术理想。

因此，如果在价值问题的判断上，法律实证主义不再像过去那样笃定谈论自然法，而是认为不可能构建一个只有理性根基的价值体系——“冒着听起来多少有些矛盾的危险，我们可以自称为理性主义的非唯知论者（rationalistic non-cognitivists）。”[①]——那么，在事实问题的判断上，法律实证主义同样不会预设证据证明的形式效力，更不会简单地承接法定证据时代的各种强制手段。相反，法律应当依赖一般公民的经验、常识和普遍认知能力，在其中发现某种“内在视角”下的社会力量。

我们已经看到，正是在自由心证革命之后，法律的强制机制才在某种程度上转变为一种匿名的中介机制，过去由法律权力主导的刑讯和刑罚主体，现在转化为具有认知能力的普遍理性主体。然而，本来由法哲学完成的最后证明和确认，现在却成为法律实证主义去哲学化的现实前提。即便仍有学者从价值角度试图将道德融入法律规范（如德沃金），法律问题的核心仍围绕法律规则的有效性展开。

在法律实证主义的视角下，那些通过经验常识进行判断的事实问

① 麦考密克，魏因贝格尔．制度法论［M］．周叶谦，译．北京：中国政法大学出版社，1994：13.

题，最终需要被抽象为法律规则的有效性问题，或者转变为“形式正义”的普遍裁判规则。[①]而利用经验常识来完成意志自由化或道德正当化的匿名中介机制的决断过程，成了法律理论层面无须进一步论证的事实判断内容。但是我们必须明确：既不能从“实际是这样”推导出“应当是这样”，也不能从“应当是这样”推导出“实际是这样”。因为对于在二分前提下逐步构建起来的法律实证主义者而言，那种事实问题的判断过程，即便不是“理性主义的非唯知论”，也是无法预先规定的一般性认知能力问题。法理所关注的重点，是如何在规则体系内实现法律规范的有效性，而不是对一般性认知能力作出任何法律上的预设规定。正如凯尔森所言：只要采取一种形式主义的程序，就能创造出内在于合法性的真理或真实，而且可以保证，这种法律真实是准确无误的。

所以，在事实问题上，不论是像凯尔森那样利用形式逻辑的有效性和人为规定的法定程序来为法律真实提供担保，还是像哈特那样认为即使在开放性结构中，法律规则依然具有一种“意义稳固的核心”（a core of settled meaning），从而确保自由裁量不会随意偏离正确标准，[②]事实的判断问题最终都要消解、蜕变并转化为法律的有效性问题。

但是，把事实问题的证明和判断交由一般性认知能力，并不意味着就构建了一个一劳永逸的合法性中介机制，因为这一中介机制本身也必须经受科学认知方式的质疑和冲击，哪怕是从司法坦白的中介机制中得到确认的法律真实，也必须符合科学认知的要求。换言之，科学认知方式成为外在于司法实践和法律规范机制的另一种认知性权力。这样一种认知性权力并不随着法律科学的消除、蜕变和转化而消失，反而成为司法权力的分享者，并把司法权力从坦白性真实的构建过程拯救出来。对此，法律科学无论是积极接纳还是无奈承认，都造成了法律真实的构成方式及其意义的彻底转变。

---

① 麦考密克，魏因贝格尔．制度法论［M］．周叶谦，译．北京：中国政法大学出版社，1994：9-93.

② 比克斯．哈特和语言的“开放结构”［M］//法律、语言与法律的确定性．邱昭继，译．北京：法律出版社，2007：7-39.

要理解这种新型的法律真实的构建，并对其中可能蕴含的“危机”进行反思，就必须在法律实证主义所揭示的可能性前提下，思考科学认知方式的外在并置过程，同时需要观察，科学认知方式如何在没有质疑的情况下成为普遍认知能力的“内在视角”。

5.3 认知方式的外在并置

5.3.1 “证据规则”与“证明原则”的分裂与张力

在自由心证的革命以后，证据证明领域便存在两种始终无法完全融合的研究进路，即“证据规则”与“证明原则”的分裂与张力。在边沁那里，他将之概括为应当去除的人为“技术制度”（technical system）和建立在“不排除原则”之上的“自然制度”（natural system）。很多证据法学者试图从证据规则出发，通过某种形式规则的建立来规制证明的可能性判断，比如认为书面证据较口头证据具有更大的证明优先权等，此即吉尔伯特所谓的“最佳证据规则”。①但是，这种通过证据规则规制证据证明力的做法，在边沁看来，根本没有理解证据证明的过程，因而必将充满陷阱和错误：

“就‘证据’（evidence）一词而言，根据它曾被适用的最广范围，可被理解为——似乎也是最普遍的——任何提交与思维的事实、效果、趋势或计划问题，其目的是说服其他事实问题的存在，不管这种存在的说服力是肯定性抑或否定性……（因此）从这种意义上来看，证据问题会源源不断地出现在每一个人的生活中，在其生活中的每一天，甚至是醒着的每一时刻。”②

边沁所认为“自然体系”的证明过程，应当是一种去除任何人为阻碍、限制并且直接可视、直接可感的“全景敞视式说明”（panorama explanation）。③也就是说，证据的证明力，不能通过由刚性规则组成的

① GILBERT. The law of evidence [M]. Philadelphia: Joseph Crukshank, 1805.

② BENTHAM J. Rationale of judicial evidence [M] // The works of Jeremy Bentham. Vol. 6. Ed. John Bowring, William Tait, 1838-1843: 344.

③ BENTHAM J. Rationale of judicial evidence [M] // The works of Jeremy Bentham. Vol. 6. Ed. John Bowring, William Tait, 1838-1843: 10.

分类体系来规范，而要重新回归日常生活的常识与普通理性。证据的证明过程，也不再是从上而下的被迫言说过程，而是一种从下而上，甚至是去中心化的内心确信。换言之，在事实问题的判断上，法律专业人员与非法律专业人员具备相同的资格和能力。

在边沁提出“自然体系”的基础上，一个世纪以后，威格摩尔再次申明证据研究的两种不同范畴：

“对于一位法律人来说，证据原则的研究可以分为截然不同的两个部分。一个是一般意义上的证明——这部分致力于争论性说服的推理过程——心灵对心灵。另一部分则是可采性规则——通过法律设计出来的并且以诉讼经验和传统为基础力求保护裁判庭（尤其是陪审团）不受错误说服的程序性规则。迄今为止，后者已经隐然成为我们正式研究中的最大一块——实际上，已经垄断了这些研究；而前者几乎被忽略了，只留在实务过程中去获得偶然性的、经验性的认识。”①

威格摩尔指出，在证据研究的领域，一部分是由法律来设计并规范的程序性规则，即证据的可采性规则，另一部分则是一般意义的证明过程。19世纪证据研究的主流，主要集中在法律制定的程序性规范上，而“心灵对心灵”的说服、证明过程，则沦为司法实践的偶然性或经验性认知。因此，一定要建立一种独立于人为程序性规则的证明科学，因为与证据规则相比，证明科学是所有司法性调查的最终目的：“针对可采性的程序性规则，仅仅是主要活动的预备性辅助，（主要活动）即以安全的事实材料说服法庭得出正确结论。”②

威格摩尔之所以作出这种区分，根本原因就在于事实问题与法律问题的分界，进而产生陪审员与法官的职权分界。③在自由心证或内心确信的基础上，司法证明过程包含两个阶段，前一阶段涉及法官，后一阶段涉及陪审员；前者是可采性问题，即把某一特定事实作为考虑对象是

① WIGMORE J H. The principles of judicial proof: As given by logic, psychology, and general experience and illustrated in judicial trials [M]. Boston: Little, Brown, and Company, 1913: 1.

② WIGMORE J H. The principles of judicial proof: As given by logic, psychology, and general experience and illustrated in judicial trials [M]. Boston: Little, Brown, and Company, 1913: 1.

③ WIGMORE J H. The principles of judicial proof: As given by logic, psychology, and general experience and illustrated in judicial trials [M]. Boston: Little, Brown, and Company, 1913: 12.

否恰当，后者是证明问题，即这一事实与其他事实加在一起是否足以证明某事；前者是证明的准备性工作，交由法官完成，后者则是证明的最后任务，交由陪审员完成。当证据经过法官的筛选与排除，最后将可采的证据交与陪审员，法律规则所能做的预备性工作就此结束，剩下的证明工作才正式开始。必须注意的是，最后的证明过程不能掺杂任何人为的技术性规则，否则就会重蹈过去法定证据制度中的非理性进程：

“在审讯之中，证明过程是最为重要的一环。审讯的结果以可证明或不可证明而告终。当提交所有的证据以后，辩护律师的最终关键任务，就是说服陪审员应该或不应该相信案件中所宣称的事实。为了做到这一点，他（辩护律师）必须要像所有人，也像陪审员那样，自然地推理。他必须熟悉人们自然就会使用的逻辑过程，熟悉在法律审判中通常需要的推理类别的一般经验。此时，人为制定的可采性规则毫无用处，（因为）法官一开始就已解决了这个问题。”①

根据前面的讨论，我们可以得出结论，无论是基于自由心证的证明方式变革，还是在法律实证主义内部将法律规则限缩到规范体系或法律体系的有效性范畴，这些都是为证据规则和证明原则的研究进路分裂的根源。对于证据的可采性，我们可以像凯尔森一样，宣布法律调查必须在某个点终结，从而以法律体系的独立自足来保证事实认定的有效性与合法性。但是，如果事实认定的过程不符合一般认知的理性标准，事实认定便可能暗藏非理性阴影从而带来任意与专断，进而动摇法律价值的存在根基。

所以，外在的认知过程与内在的规范统一体之间存在巨大张力：某一事实的认定过程，不会因为宣布认定程序必须在某处终止而随即终止；法律规范的有效性也不会因为认知方式的不同而有任何变化。但是，内在规范的统一体却不得不建立在事实认定的理性基础之上，而为了保证这种认知符合一般理性标准，事实认定的主体不得不从认知的客观角度克服其主观认知的不确定性。

① WIGMORE J H. The principles of judicial proof: As given by logic, psychology, and general experience and illustrated in judicial trials［M］. Boston: Little, Brown, and Company, 1913: 14.

5.3.2 概率理论与认知的客观性

1968年，美国的People v. Collins[①]一案引发了关于事实认定过程中能否通过概率理论实现认知客观化的重要讨论。

该案件的情形是，一位年长的妇女在回家的小路上从背后遭到了袭击和抢劫，受害者声称，她看到了一位长有一头金发的年轻妇女从案发地跑开。一位目击者作证，一位有着深色金发并梳着马尾辫的白人女性从小路跑出，随后上了一辆黄色汽车，黄色汽车的司机是一个长着龇须和胡须的黑人。几天后，调查该案的警察就凭借这些描述逮捕了一对夫妇并控告其有罪。在一审中，检方邀请了一位州立大学的概率论教师作为“专家证人”，希望通过被害人和证人描述信息的发生概率，来认定这对夫妇即犯罪当事人的可能是压倒性的。该“专家证人”声称，根据概率理论的乘法公式，以下事件单独发生的概率分别是：黄色汽车：1/10，长着龇须的男人：1/4，梳着马尾辫的女孩：1/10，长着金发的女孩：1/3，长着胡须的黑人：1/10，不同人种的夫妻同在一辆汽车：1/1 000，而具备所有这些特征的事件概率是1/12 000 000。这种概率足以保证犯罪的可能性是压倒性的，一审法院的陪审团就此认定被告有罪。

随后，案件上诉到加州最高院，最高院认为，一审法院不应该接受上述概率理论的证据，因此撤销了该判决，撤销的理由也是基于概率理论本身。首先，专家证人得出的六个事件的概率数据是无效的，因为在六个事件中，某些事件的概率必须建立在大量调查的基础上，否则就是无效数据，比如不同人种的夫妻同在一辆汽车的概率。其次，即便每个事件的概率测算是有效的，六个事件本身也无法保证互相独立，比如长着胡须的黑人与长着龇须的男人两个事件本身就有某种相关性，所以无法直接运用概率理论的乘法公式。最为重要的是，数学概率的这种使用方式，会转移并分散陪审团在评估有罪证据证明力的过程中恰当的和被要求的作用，鼓励陪审员依赖颇具吸引力却在逻辑上无关的

---

① The People v. Malcolm Ricardo Collins，68 Cal. 2d 3I9，438 P.2d 33，66 Cal. Rptr. 497（I968）.

专家证言。[①]

显然，加州最高院否认概率证据的理由是正确的，但问题在于，法院没有也不可能在事实认定的过程中禁止适用一切概率理论。如果法院仅仅是禁止使用那些貌似有理实际在逻辑上毫无关联的错误的概率理论，那么在正确使用了概率理论的情况下，比如在乘法公式的基础上考虑到条件概率（即贝叶斯定理——Bayes' theorem），陪审员能够根据自己的常识来合理对待概率理论所导致的结论吗？

我们可以设想这样一个案件[②]：

在某城市的一条水沟中，人们发现了一具女性尸体。现有证据证明，死者去世的前一天晚上和她的男友发生了暴力争执，而在此之前，该男友对她也曾有过其他施虐情形。该案件的调查员发现，在凶器匕首的把柄上，存有和被害人男友（即被告）相类似的掌纹。虽然掌纹的信息有限，但掌纹专家认为，其他人再具有案件中类似掌纹的可能性不超过1/1 000。那么，这一概率数据对于案件的事实认定可以起到什么作用呢？

这个案件与Collins一案最大的不同之处在于，被怀疑有罪的被告，并不是随机抽取的任意他人，而是犯罪动机可以证明的案件相关人，但是，即便其他人再具有类似掌纹的可能性不超过1/1 000，换言之，似乎可以说被告有着比其他人高过1 000倍的犯罪可能性，也不能因为如此之高的可能性直接得出被告即罪犯的结论。因为，按照贝叶斯定理，我们必须还要考虑其他事件发生的情形下被告即匕首使用者的概率变化，也就是说，我们必须还要考虑其他人留下掌纹的不确定情形，对于掌纹与被告类似从而推出被告即匕首使用者的相应影响。在运用贝叶斯公式进行计算时，还必须假设：如果某人使用了匕首，匕首的手柄上就会一定留有掌纹。据此，最后可以得到：

$$P(G|H)=\frac{P(G)P(H|G)}{P(G)P(H|G)+P(NG)P(H|NG)}$$

注：

P（G|H）：掌纹与被告类似的情形下被告即匕首使用者的概率。

① The People v. Malcolm Ricardo Collins，68 Cal. 2d 3I9，438 P.2d 33，66 Cal. Rptr. 497 (I968).

② FINKELSTEIN M O，FAIRLEY W B. A bayesian approach to identification evidence [J]. Harvard Law Review，1970，88 (3)：489-517.

P（H|G）：被告即匕首使用者的情形下掌纹与被告类似的概率，设P（H|G）=1。

P（H|NG）：他人使用匕首的情形下掌纹与被告类似的概率。

P（G）：被告即匕首使用者的概率。

而先验概率P（G）与P（H|NG）在不同预设概率的情形下，根据这一公式可以得到后验概率P（G|H）的以下结果（见表5-1）：

表5-1 **后验概率P（G|H）**

先验概率 P（G） / P（H|NG）	0.01	0.1	0.25	0.5	0.75
0.50	0.019	0.181	0.400	0.666	0.857
0.25	0.038	0.307	0.571	0.800	0.923
0.10	0.091	0.526	0.769	0.909	0.967
0.01	0.502	0.917	0.970	0.990	0.996
0.001	0.909	0.991	0.997	0.9990	0.9996

在表5-1中我们可以看到，先验概率P（G）（被告即匕首使用者的概率）会随着P（H|NG）（他人使用匕首的情形下掌纹与被告类似的概率）的变化而产生相应的变化。即使专家证人所证明的“其他人再具有案件中类似掌纹的可能性不超过1/1 000”的结论不准确，或者需要更加大量的调查研究才能予以确定，这也并不妨碍陪审员根据自己的常识判断来择取相关的P（H|NG）从而计算后验概率P（G|H）（掌纹与被告类似的情形下被告即匕首使用者的概率）：

“专家可以向陪审员解释，他们得出某一事件的概率取决于另一事件的概率。他可以假设先验概率处于某一范围，然后具体分析在每一种先验概率下相应的后验概率。这样，每个陪审员就可以选择最符合他所认为的先验概率。”①

可见，即便概率理论不能帮助我们直接得出案件事实的结论，也可以作为一种理性分析的工具来辅助常常模糊不清的常识判断，换言之，

① FINKELSTEIN M O，FAIRLEY W B. A bayesian approach to identification evidence [J]. Harvard Law Review，1970，88（3）：489-517.

概率理论可以并且应当成为常识判断的合理依据之一。

但是，概率理论的这种“辅助”往往带有极大的迷惑性，因为在很多情形下的“辅助”其实是一种“主导”：如果我们在概率理论的“辅助”下可以清晰辨别：一边是可能性极高的事件，一边是可能性极低的稀有事件，或者一边概率达到90%，一边概率达到10%，按照日常生活的经验与常识，在没有进一步证据的前提下，我们似乎应该选择概率极高或者是90%的事件，否则就需要给出更为合理的理由。哪怕我们确信确实可能存在概率极低的稀有事件，这种稀有事件的存在意义也应当通过概率理论来认知：

“（概率）专家也应当表明，该稀有事件只是某种程度的稀有，在概率数据中仍然可以提供非常重要的参考价值。而且，稀有事件对不同的人具有不同的意义。毋庸赘言，这种（稀有）证据的重要性，陪审员是无法分析的。当（案件事实）的特征较为普通时，他可能会把自己的切身经验代入其中，可是，面对可能日益牵涉其中的技术化数据，他却会感到困惑不解。如果要作出真实的判断，陪审员就必须知道‘稀有事件’更加确切的意义，而不流于日常交流下的字面意义。”[①]

可以看到，即便是存在“违背”一般经验与常识的稀有事件，实际上也没有违背概率理论本身。稀有事件“违背”的仅仅是我们依据常识对稀有事件的判断，如果把这种判断放置在概率理论之下，反而能够提供更加确切的参考价值。

所以，在Collins一案以后，更多的证据法学者认为：数学式概率理论，至少可以帮助我们更加理性与合理地判断某一事件，于是就出现了根据事件发生的“概率”或“盖然性”（probability）来建立更具客观合理性的证明标准的尝试。比如，刑事案件的证明标准是“超越合理怀疑”（beyond reasonable doubt），而“超越合理怀疑”的概率需要达到90%甚至是95%以上；民事案件的证明标准是“盖然性平衡”（balance of probabitiy），这一概率需要达到50%以上。[②]就刑事案件的证明标准

① FINKELSTEIN M O，FAIRLEY W B. A bayesian approach to identification evidence [J]. Harvard Law Review，1970，88 (3)：489-517.

② PARDO M S. Probability and the proof of facts in legal decision making [J]. Law and Philosophy，2009，28 (3)：223-256.

“超越合理怀疑”来说，该标准的原意是说依据证据可以使我们达到一种内心确信的状态，以至于在这种内心确信状态下得出错误结论的可能性微乎其微。符合“超越合理怀疑”证明标准的案件，并非表明它们的案件事实达到类似或相同的程度，而是说陪审员心中确信有罪的程度超过了某一确信的标准。可问题在于，这一确信的标准是否能通过客观数值来表达和计算？

首先，在司法实践中，大多数案件事实发生的概论，只能依赖模糊语言来描述，因为对于这些事实并无任何科学性的准确答案。①即便在少数案件中可以适用准确的概率理论，其操作难度仍然不可忽视。假如概率专家在案件中正确地运用了乘法公式和贝叶斯公式——即确保各个事件相互独立，并准确计算某一事件发生的概率——即便如此，整个计算过程仍然无法避免地建立在假设之上。比如，在设想的案例中我们就假设了“某人使用了匕首，匕首手柄上就会留有掌纹”这一事件的概率为100%（即P（H|G）=1）。如果这一事件的真实概率不是100%，也即存在“某人使用了匕首，匕首手柄上没有留下掌纹”的事件，那么整个贝叶斯公式的计算就会变得极为复杂，甚至无法再有效适用。所以，尽管贝叶斯公式所计算的结果可以帮助我们在经验的基础上作出更为合理的判断，但这种定量化的结果本身也包含着必要的假设，从而存在不容忽视的不确定性。

更为关键的是，如果完全依据这种数学概率公式来计算案件事实的盖然性，就必然会遇到一些无法解决的悖论。这便是在20世纪70年代科恩（L Jonathan Cohen）所提出的：如果在司法证明中完全适用数学式概率逻辑理论，就会导致一系列难题，如“合取难题”“推论之推论的难题”“否定难题”“超越合理怀疑的难题”“标准难题”“确证与收敛的难题”。②

就“超越合理怀疑”而言：“根据数学主义者的理论，可以认为，如果证据建立的数学式概率可以达到非常高的程度，那么再怀疑被告有

---

① EKELOF P O. Free evaluation of evidence [J]. Scandinavian Studies in Law, 1964 (8): 45-66.

② COHEN L J. The probable and the provable [M]. Oxford: Oxford University Press, 1977: 49-120.

罪就会不再合理。但问题在于必须达到多高的程度？不难看到，为什么陪审员在回答此类问题时会经常犯错。（因为）我们更容易依据某个具体、特殊的怀疑理由而得出某个具体结论无法达到确信，而不是因为无法达到确信而得出合理怀疑的结论。即便利用数学式概率来评估某个特定结论如何接近于确信，但怀疑结论的关键理由，通常不在于概率没有达到某个程度，比如说95%，而在于阻却概率没有达到更高程度的那个特殊事项。使得我们合理怀疑被告有罪的原因，可能是指证被告的关键证人的鬼祟举止，或者是缺乏任何犯罪动机。相应地，即便数学式概率的比例可以用来评估某个特定结论如何接近于确信，在怀疑有罪的理由上，该评估本身也常常显得十分多余。证明的有效程度，完全可以不必考虑数学式概率的比例而得出。”①

科恩认为，除了在个别案件中可以使用数学概率理论作为参考，司法证明的过程必须引入归纳概率理论（即非数学概率逻辑理论），以此解决数学概率理论可能带来的悖论与困境：

“使得你推论某事发生或某事偶尔不发生的（缘由），一定是对可以得出某种推论情境的粗略觉知，相当于可以作出某种普遍推理情境的粗略觉知。那种对于数学式概率很高数值的粗略觉知，毫无疑问，在某些情况下对某些人十分有益。但是，这种有益仅仅局限于以下情形，也就是当他们在实践中无法区分可以普遍适用的情境和不可以普遍适用的情境。事实上，大多数人都认为他们可以做到这一点……因此，这也是一般陪审员履行职责要求具备的智识能力。”②

所谓归纳式概率，也就是一个事件的所谓“一般化”(generalization）应当是它适用范围的限缩。换言之，为了避免错误的发生，“任何具备R（相关特征）的事物都是S”的普遍性，必须符合“任何具备R（相关性）和V（变异特征）的事物都是S。”③在科恩看来，证据的证明应当依据证据的变异可能来进行归纳，并且采取形式因等级

---

① COHEN L J. The probable and the provable [M]. Oxford: Oxford University Press, 1977: 82-83.

② COHEN L J. The probable and the provable [M]. Oxford: Oxford University Press, 1977: 248.

③ COHEN L J. The probable and the provable [M]. Oxford: Oxford University Press, 1977: 201.

上升的方法，对假说的可靠性加以分级。[①]比如，证人是否说真话的概率就必须视为一种归纳概率而不是数学概率，因为我们永远也无法把说真话的事件转化为数据。所以，要想构建一种可靠的结论，就要包含更多归纳性支持的“一般化”。[②]

但问题在于，与数学概率的适用前提相同，我们同样也很难获得某一事实的所有的归纳变量；而即便满足了这一前提，我们得知了这些变量，运用归纳概率的判断本身也仍然可能不是本体论上正确的结果，这其实就是科恩所意识到的：“即使我们判断某一证据时拥有最好的证明标准，这些标准也可能是不充分的。”[③]

5.3.3 认知方式的外在规范

到此为止，我们可以看到，不管是数学式概率理论还是归纳式概率理论，都要求陪审员具备一定的认知水平，以达到概率方法和归纳方法的要求。正如艾伦（Ronald J. Allen）所指出，除了传统的言词证据和实物证据之外，我们应当拓宽证据理论的范围，将一直未被视为证明客体的“第三种证据”纳入考量——“法庭中事实裁判者所吸收的逻辑推理规则。”换言之，“充足的知识储备和运用它们的品评当庭所示证据的充分智慧，也是证明当事人有责任的证据的组成部分。”[④]然而，如何将事实裁判者所掌握的“逻辑推理规则”或“充足的知识储备”转化为一种新的证据形式呢？

在前述讨论中，我们已经了解到，尽管概率理论（无论是数学式概率还是归纳式概率）在一定程度上为理性判断提供了辅助工具，但如果要求每位陪审员都能够在大脑中进行复杂的数学计算，这无异于在审判开始之前就已经得知了案件的结果：

“假设人们脑海中具有必需的统计学信息或者每项证据都伴随着一些必需的统计学信息，甚至进一步的证据可以从相关的变量中提出。仍

---

① COHEN L J. The probable and the provable [M]. Oxford: Oxford University Press, 1977: 121-245.

② 科恩将之公式化为：$p_1[Sa, R_1a\&R_2a\&\cdots\&R_na] \geqslant n/n$。COHEN L J. The probable and the provable [M]. Oxford: Oxford University Press, 1977: 250.

③ COHEN L J. The probable and the provable [M]. Oxford: Oxford University Press, 1977: 273.

④ 艾伦.理性 认知 证据 [M]. 栗峥，译.北京：法律出版社，2013：19.

有无法解决的问题存在：事实裁判者要在法庭上完成高速的计算已经超过了我们的计算能力，因为，任何一次审判都将从时间的发端直至宇宙的终结。而计算能力的缺乏并不是唯一的难题，这背后存在着一个更深刻的概念问题。为了能够让人们拥有足够的统计学信息来评判证据，人们必须在案件审判之前就知道案件的结果。”①

毋庸置疑，客观的认知过程与司法证明过程之间存在着不可忽视的差异，②但是，这是否意味着因为人类思维条件的复杂，难以用任何先验的规则来捕捉，我们就只能把司法证明过程中事实认定的模糊性完全交由当事人，令其根据自己的知识和经验来作出判断而不顾及客观的认知过程？“就作出推理而言，我们将模糊性留给那些不确定的个体，他们通过运用他们全部的知识和经验予以解答，并基本上不管后果如何。”③这种解决事实认定的模糊性和不确定性的方案，其实是建立在对一般经验常识和客观认知方式相互矛盾的基础上的。

可是，当我们认识到充分获取信息以构建过去的可能性，与事实裁判者得出过去结论的过程保持一致时，④我们就不能一边认为“每个事实裁判者本质上都是一名严谨的科学家，致力于减少普遍的模糊性”，另一方面又认为“对待这种模糊性的处理不同于自然科学中的变量……法律通过另一种途径来获得类似的效果：由普通人在充分聆听后像科学家一样达成一致。”⑤这两种略显矛盾的表述——既让陪审员成为“严谨的科学家”，又退而求其次地将他们视作“如同科学家那样”——似乎暗示着某种可能性：可以像科学家一样得出某种超越科学的结论。这种既试图利用客观的科学认知，又试图依靠法律程序的某种“自信”避免科学认知可能带来的复杂性和不便，最终只能近似于一种自我循环的闵希豪生式幻想：通过自认为正确的思想方式将真理相对化。⑥

实际的情况恰恰相反：在自由证明框架下，司法证明的过程必然符

① 艾伦.理性 认知 证据［M］.栗峥，译.北京：法律出版社，2013：20.
② 艾伦.理性 认知 证据［M］.栗峥，译.北京：法律出版社，2013：28-30.
③ 艾伦.理性 认知 证据［M］.栗峥，译.北京：法律出版社，2013：25.
④ 即“如果能够影响事实裁判者，那么这些提供的数据就能变成证据。他们能否成为证据取决于作出判断时事实裁判者的经验总量，这些经验包括辩护方为启发事实裁判者认识到当庭所示材料的内涵所做的种种努力以及他当庭观察所得。”艾伦.理性 认知 证据［M］.栗峥，译.北京：法律出版社，2013：32-33.
⑤ 艾伦.理性 认知 证据［M］.栗峥，译.北京：法律出版社，2013：33.
⑥ 韦伯.学术与政治［M］.冯克利，译.北京：商务印书馆，2018：126.

合科学认知的基本前提；同时，个体在依赖其全部知识和经验进行解答时，所作出的判断也必然遵循逻辑推理的基本结构。这是因为，自由证明过程的核心正是实现认识的理性化与客观化。换句话说，如果某种“常识”违背了科学认知或逻辑推理的理性与客观，那么它就不再是理性意义上的“常识”，而变成了不合逻辑的胡言乱语。在这一点上，它不仅违背了自由心证框架下司法证明过程的理性前提，而且成为了无法预见的非理性判断，甚至是纯粹的诡辩。

正如在概率理论中，如果某个稀有事件阻止了概率达到更高数值，这种看似与常识相悖的事件，实际上“违背”的只是我们依据经验和常识的认知能力而非概率理论本身。相反，只要证明过程建立在自由证明的基础上，任何常识都无法背离概率理论（例如，将概率为零的绝对不可能事件当作过去事实来认定）。因此，即便像艾伦那样把事实认定过程中把模糊性与不确定性大胆地交与个体，这也只能是利用客观认识的方式，得出符合客观认知的结果，而不是“如同科学家那样”，却可以“基本不管后果如何”。

所以，与其说事实认定的模糊性是因为“人类思维条件过于复杂以至于难以用任何先验的规则来捕捉”，还不如说是客观认知的方式本身就必然包含着事实认定的模糊性和不确定性。例如，概率理论中的推论过程，既可能因预设前提的不确定性而产生模糊性，也可能因无法穷尽所有相关变量而带来不确定性。这些模糊性和不确定性，恰恰是客观认知的基本特征。如果要避免这种模糊性与不确定性，将其交由个体凭借自身的知识与经验来解决并非有效方法，因为个体的知识和经验本身就包含着模糊性和不确定性，相反，这些模糊性和不确定性只能通过客观的认知方式来加以克服：“我们所谓的‘生活经验’，最终还是建立在了不具备科学准确性的归纳之上。”[①]正是因为经验和常识本无先验的规定性，所以才需要客观认知的支撑。所以，虽然客观认知方式本身充满了不确定性，但它却是消除事实认定模糊性和不确定性的终极标准。

这些关于司法证明过程、客观认知方式与不确定性的讨论，显然已

---

① EKELOF P O. Free evaluation of evidence [J]. Scandinavian Studies in Law, 1964 (8): 45-66.

经进入了传统证据法学与新证据法学（new evidence scholarship）的交界地带。传统证据法学中的强制征服与自愿坦白的司法机制，已经不再是研究诉讼证明过程的主要内容；在新证据法学中，“法律中的证据”与“证据法”已然是两个不可等同的研究领域。[①]新证据法学已经不再仅限于传统的言词证据和实物证据，它还引入了推理、概率、叙述、修辞、法庭科学、法庭心理学以及信息技术等多元化的理论与实践形式：

“在核心问题上，证据是一个是关于推理的跨学科科目，其共同基础是某些关于逻辑、概率、真相和知识的一般哲学问题。‘证据’是用于辩论背景下关于关系的词语（A是关于B的证据）。在这样的语境下，如果信息倾向于直接或者间接支持或者否定某个假设或者待证事项，该信息就具有作为相关证据的潜在作用。人们从证据中推理，是为了证明或者证伪某个假设或者待证事项。其框架是辩论，其过程是证明，其引擎是根据信息进行的推理。”[②]

“证据学科的核心，是与来源类型和要待证事项无关的。证据这一科目的主要的一般性特点，是无关乎内容、无关乎来源、无关乎假设。换言之，证据这一学科及其核心超越了学科文化、调查的目标以及特定专业的特殊方法和传统。”[③]

这个多样性研究的起点，便是所谓的“特文宁假设”：尽管我们在寻求特定目标的过程中，可获得资源材料的性质和范围、各自学科的文化、国家背景等方面存在不同，但所有我们的项目都是这样一个事业的组成部分：“从证据中进行推断，以检验假设、证实结论，并且这种探寻的逻辑是由同样的原则所规制的。”[④]甚至在“9·11事件”中，情报部门也有足够的信息来预测该事件，只是缺少对这些信息进行辨别、串联的分析技能。显然，这种对于“诉讼中信息”（IL）的辨别、推理、分析的能力和方法，本质上是一种跨学科的宏大视野，而且，这种跨学

① 安德森，舒姆，特文宁.证据分析［M］.张保生，等译.北京：中国人民法学出版社，2012：444.

② 安德森，舒姆，特文宁.证据分析［M］.张保生，等译.北京：中国人民法学出版社，2012：445-446.

③ 安德森，舒姆，特文宁.证据分析［M］.张保生，等译.北京：中国人民法学出版社，2012：446.

④ 安德森，舒姆，特文宁.证据分析［M］.张保生，等译.北京：中国人民法学出版社，2012：447.

科的证据话语以某种外在并置的方式进入并主导了一直由法律话语所占据的证据法学，使得证据法学不再仅是法律规则的简单应用，而是具有科学基础和理论支持的全新领域。①

至此，前面问题——事实裁判者所拥有的“逻辑推理规则”或者说“充足的知识储备”如何能够成为一种新的证据形式——的答案也逐渐显示出来，这种新的证据得以成为可能的原因，就在于我们理解证据的方式发生了变化。在自由心证变革的基础上，经由法律实证主义理论的内在限缩，司法证明过程从外在的、被动性的权力机制，转变为内在的、主动的认知机制，从一种否定性的坦白性真实的构建，转变为肯定性的规范性真实的构建；而且，规范性真实的构建过程还从基于一般经验与常识的“信念确信”，转变为符合客观认知方式的“合理确信”。因此，与其说这种证据要符合法律话语的规范，不如说法律话语的规范要符合这种证据认知的客观要求。而在这种证据认知的客观要求中，法律真实的意义也随之发生了根本性改变。

5.4 事实认定的“正当理由”

5.4.1 事实认定的“内在视角”

对于自由心证的内在法律规范与外在认知限制，正好对应现代理性证据制度得以构建的两根支柱：②一个是从“绝对确定性”到“盖然确定性”的认识论基础，这直接决定了证据的证明力无法预先确定，直接证据（如当事人自白、证言）和间接证据（如物证、书证）的证明力没有本质差别，最终结束了法定证据时代而开启了自由心证时代。另一根支柱则来自启蒙时代的自然权利理论，被告享有一系列作为人的基本权利，在诉讼程序中应当采取无罪推定、禁止自证其罪等一系列基本原则来保护他的自然权利。

---

① KAYE D H.The new evidencescholarship: A survey [J]. Harvard Law Review, 1981 (2): 216-237.

② BLOEMBERG R G. The development of the “modern” criminal law of evidence in English law and in France, Germany and the Netherlands: 1750-1900 [J]. American Journal of Legal History, 2019 (59): 358-401.

这两根支柱正是引发证据规则与证明原则分裂与张力的根源所在。尽管特文宁详尽地梳理了这种张力背后的证据法学理性主义传统，但他所提出的“诉讼中信息”（IL）框架，依然是一种跨学科的宏大视角，未能回归法学的规范视域。因此，对于达马斯卡提出的“确信”问题，特文宁并没有从法学角度予以回应，而可能会依托决策理论、经济分析、政治学等领域的决策工具来进行解决。

当自由心证制度为事实的认定设置了“合理确信”的认识论标准，还能否以传统法学的进路来回应达马斯卡的诘问？何福来（Ho Hock Lai）教授提出从内在视角来探究事实认定“正当理由”，无疑是从法学内部来反思证据的独具特色的开拓之作。

1.“内在视角”的提出

威格摩尔把证据划分为证据规则与证明原则两部分，在证据的可采性与评议过程之间划出一条明确界限，何福来认为这本身具有误导性，因为并未关注到事实认定的“正当性”（legitimacy）问题：对于“许多证据规则，包括可采性规则，旨在保障审判评议的正当性；它们规制对证据的评价，并约束作出事实认定的方式。”[①]

如前所述，在诉讼程序上把事实与法律截然二分本身并非严格规范地逻辑构建。事实上，只有机械法学才会把司法审判描述为“法律—事实—裁判”的简单演绎逻辑，在事实问题与法律规范之间划出一条明确界限本身是相当困难的。换言之，从边沁到威格摩尔再到特文宁，证据法学理性主义传统能够得以成立的根本前提便是事实与法律的二分。在此前提之下，何福来发现，他们都是站在司法制度之外的超然观察者立场，这种“外在视角”所关注的主要问题，便是在法律规制的前提下努力发现事实真相，从而保证裁判的可靠性和准确性：“审判被作为一种自然化的认识论项目而研究，概言之，它的一个典型特征是，强调法律中的事实认定理论必须延续和依赖经验科学。”[②]追求事实真相的目的

① 何福来.证据法哲学——在探究真相的过程中实现正义［M］.樊传明，等译.北京：中国人民大学出版社，2021：45。本书根据英译本将“legitimacy”译为“正当性”。HO H L. A philosophy of evidence law：Justice in the search for truth［M］. Oxford：Oxford University Press，2008：33.

② 何福来.证据法哲学——在探究真相的过程中实现正义［M］.樊传明，等译.北京：中国人民大学出版社，2021：64.

是实现正义，尽管成本、程序、权利等要素也要纳入发现真相实现正义的过程，但这种外在进路仍然是结果取向或目的取向。

如果将超然观察者的外在视角转化为事实认定者的内在视角，并且把事实认定者作为一个道德主体来看待，就可以在认定事实的过程中实现认知与道德的合理性。所以，证据规则不能只从适用的后果来解释其正当性，也就是说，不能从保护和促进事实认定可靠性的角度来评价证据规则，证据规则不是发现真相的附属性规则或者“工具”，而是内在于其所表达的价值之中。法院在发现事实真相、实现公正结果之外，还要在查明事实的过程中实现正义。简言之：“事实认定不能完全用认知学术语来描述，这项事业还引出了内在的伦理问题。”[①]

2.“正当理由”的双重基础

从事实认定者的内在视角来看，事实认定的结果与事实真相之间是一种非必然的关系，事实认定除了要发现真相，更要关注发现真相的“正当理由”[②]。这种正当理由既关涉认知，又关涉道德，二者之间是相互依赖的。

一方面，对于内在认识论的正当理由，何福来认为，事实认定者应当符合“强主观正当理由”，即“在较强的层面上，事实认定者必须实际上通过该论证而相信该主张，并在被要求披露正当理由时，能给出该正当理由以支持其信念。”也就是说，事实认定不能建立在未经反思的直觉上，而必须运用评议来证成自己对于事实的信念。[③]另一方面，对于道德层面的正当理由，事实认定者“必须从被告人的立场来领会尊重和关怀的价值。只有当裁决能够根据他也合理接受的理由而被证成时，才应当作出一项不利于他的裁决。”[④]

对于认识论的“正当理由”，事实认定的基础规则就是“事实认定者应该‘根据证据给出真实的裁断’”，再加上个人信念的正当理由，

---

① 何福来．证据法哲学——在探究真相的过程中实现正义［M］．樊传明，等译．北京：中国人民大学出版社，2021：67。

② 本书沿用该书译者将justification译为“正当理由”的表述，但是在某些语境下译为“证成”显然更为恰当，本书在同等语义上使用“证成”与“正当理由”这两种表述。

③ 何福来．证据法哲学——在探究真相的过程中实现正义［M］．樊传明，等译．北京：中国人民大学出版社，2021：99。

④ 何福来．证据法哲学——在探究真相的过程中实现正义［M］．樊传明，等译．北京：中国人民大学出版社，2021：105。

最后推导出“事实认定的信念解释”（BAF*）。即“仅当符合以下条件时，事实认定者才应该认定p：（i）如果一个人只考虑被采纳的证据、无视任何他可能接触不到的不可采的证据，并避免依赖任何在本案中法律可能禁止的证据推理路径，那么他会有正当理由充分地强烈地相信p；而且，（ii）如果一个人认定了p，那么他之所以会认定p，至少部分是因为，按照条件（i）一个人会有正当理由相信p。”①

可见，BAF*并非纯粹的认识论规则，而是已然包括了证据能力在内的法律事实认定的信念解释。何福来特别指出，BAF*有九个需要注意的要点，比如，BAF*仅适用于肯定一项事实，若要否定事实、判定无罪只需有合理怀疑即可，而且BAF*中的信念是一种与“自身无涉”的“绝对信念”（categorical belief），非“部分信念”。所谓“绝对信念”，不仅来自“实际上是p”因此“p完全可能”，还拒绝了所有与p相竞争的假说；而“部分信念”仅仅是“相信可能是p”，但无法绝对地对p作出判断。“绝对信念”没有模棱两可的情形，一个人要么相信p要么相信非p，除此之外就只能搁置信念，从而既不相信p也不相信非p。“绝对信念”与概率大小无关。比如我随机买了一张彩票，尽管中奖的概率非常渺茫，但是我也不能产生根本不会中奖的“绝对信念”，否则我就根本不会买彩票，我有的是中奖可能性极低的“部分信念”。

此外，通过借鉴沙克尔的“绝对信念”、艾伦的“相对似真性”等理论，何福来进一步对他的“绝对信念”予以了完善。比如沙克尔的“绝对信念”理论（SMCB）是围绕着“可能性”（possibility）而非概率来展开的，这种“可能性”是非计算性的，是用“潜在的意外感”来衡量的：“假设一个人的知识和理解保持不变。如果他认为，某件假定之事的发生不会使他感到哪怕最轻微的意外，那我们可以说，对他而言，那件事是完全可能的。”②

简言之，在认识论层面上，通过BAF*以及SMCB的协助，事实认定者如果有相信p的“绝对信念”，而且比较、排除了其他“可能性”，

① 何福来. 证据法哲学——在探究真相的过程中实现正义［M］. 樊传明，等译. 北京：中国人民大学出版社，2021：129.

② SHACKLE. Decision，order and time in human affairs［M］. Cambridge：Cambridge University Press，1969.

就有认定p的“正当理由”。

对于道德的“正当理由”，在探究事实真相的过程中，何福来认为其他法律价值不仅应该被实现，而且应该作为内在于事实认定的过程来实现。所以，通过考察证明标准、传闻规则和相似事实规则，他构建了一种颇为复杂的道德的“正当理由”。

仅以证明标准为例，如果按照外在视角，人们往往关注的是事实认定者对某一事件的信念度，这种信念度是一种最终状态，与达致这一最终状态的过程无关。此外，人们常常会把证明标准视为一种概率阈值，民事案件的“盖然性平衡”被转化为50%的概率阈值，刑事案件的“排除合理怀疑”被转化90%、95%不等的概率阈值，事实认定者通过比照预先确定的概率阈值来估量自己的信念度，一旦达到该阈值他就应该（或必须）接受信念、认定事实。但是，何福来认为这种概率阈值本身是一个伪命题：“排除合理怀疑”的证明标准本身是不可被定义的，更不能预先确定阈值，“证明标准应当被解释为中对事实认定者的关于态度的指示，他在评议裁决时必须采取该态度。”[①]

换言之，证明标准不应该是一种客观化的认知概率，而应该是事实认定者的“谨慎标准”。具体而言，在民事案件中，应当采取一种“中立性态度”，对双方提出的事实主张保持平等无偏私，对于前述BAF*要求应当同等适用于当事人双方。在刑事案件中，则应当采取一种“保护性态度”，如果p是支持有罪的主张，那么应当按照BAF*来认定p；如果p是支持无罪的主张，则不能适用BAF*，只要有合理怀疑的“部分信念”，就应当宣告无罪。按照这种内在视角下重构的证明标准，“案件情况存在多少种实质性差异，相应地就应该存在多少种‘证明标准’；或者，更确切地说，应当仅存在一个标准：一个可变的标准。”[②]对于民事案件而言，诉求越严重，证明标准就越高，比如判断一项疫苗是否安全，显然要求比一般民事案件更加充分有力的证据；对于刑事诉讼，罪行越严重，定罪所需的证明标准就越高。

---

① 何福来.证据法哲学——在探究真相的过程中实现正义［M］.樊传明，等译.北京：中国人民大学出版社，2021：250.

② 何福来.证据法哲学——在探究真相的过程中实现正义［M］.樊传明，等译.北京：中国人民大学出版社，2021：295.

总之，何福来认为应当从证据法目前占据主流的外部视角，转化为事实认定者内在视角，并且只有将事实认定者首先看作一个道德主体，才能真正体现证据法的完整价值，只有满足认识与道德的双重基础上的“正当理由”，才能在探究真相的过程中实现正义。

5.4.2 开拓性尝试的启示与不足

无论是从“内在视角”重塑证据法的调整对象，还是构建事实认定的双重“正当理由”，《证据法哲学》一书无疑从“哲学”角度对“证据法”作出了一种开拓性尝试。但是回到前述“确信”危机与证据法学的“张力”问题，仍然可以从中发现一些不足。

第一，从超然观察者的“外在视角”转化为事实认定者的“内在视角”，没有真正改变证据规则与证明原则明确界分的前提。在构建正当信念的过程中，BAF*实际上已然包括了“只考虑被采纳的证据、无视任何他可能接触不到的不可采的证据，并避免依赖任何在本案中法律可能禁止的证据推理路径”的证据能力规则，可恰恰是在证据规则与证明原则之间，才产生了证据法学理性主义传统的“张力”问题。

这种“张力”其实就是一种自我指涉的“悖论”，即“在我们确定一个结论是否正确的能力与证明我们所用的理性系统是否自洽的能力之间有一个平衡。我们可以择其一，但不能二者都选。”[①]换言之，如果按照特文宁对证据法学理性主义传统的总结，即公正裁判是在事实证明为真的基础上正确适用法律，那么，探究事实真相对于正确适用法律与公正裁判便有着不可替代的根本作用，即便在有些情形下为了追求其他法律价值而放弃了事实真相，这也并非对探究事实真相的违背。因为，只有建立在探究事实真相的理性基础之上，现代证据法学才能区别于历史上以暴力维持的非理性手段来断讼的形式。如果缺失了“事实证明为真”的基础，徒有禁止自证其罪、非法证据排除等法律原则和证据规则，根本无法保证诉讼与证明的理性品质。在某些情况下，非理性的司法决斗也完全可能与禁止自证其罪现代法律规则协调共处。所以，正因

① 巴罗.不论——科学的极限与极限的科学［M］.李新洲，译.上海：上海世纪出版社，2005：28.

为证据规则与证明原则的界限划分而引发的“张力”问题，何福来才提出了事实认定者的“内在视角”路径，但他对于事实认定的讨论却是直接建立在这种界限划分的基础，并未对此“张力”作出法理层面的反思。

第二，认识论与道德层面的两种“正当理由”的关系并未明晰。

对于事实认定，证据法学者一般是从认识论的角度来讨论“正当理由”或“证成”方式，[①]何福来在认识论的“正当理由”之外还关注到了道德的“正当理由”，这一点确实颇具启发。但是，如果没有预先将两种“正当理由”的关系予以说明，那就将其结论建立在了未经证实的基础上。比如，对一件事实的认定，一个人的信念是否可以在认识论上证成而无法在道德上证成？抑或这二者是不可分开的，我们只能问事实认定者的信念是否得到了证成，而不能将其区分为认识与道德的两种正当理由？如果无视了认识论基础上的理性规范还能否在道德层面得以证成？[②]如果不对这些问题预先予以说明，两种“正当理由”的确立基础无疑会产生动摇。

第三，虽然在认识论层面上提出了“正当理由”的内在要求，但并未真正解释一个人如何能够拥有“正当理由”从而“充分强烈地相信”。

在传统的认识论上，一个信念得以证成或拥有正当理由一般有两种路径，一种是“基础论”，一种是“融贯论”。在基础论中，信念被划分为基本信念和派生信念，一个信念之所以被证成或者具有“正当理由”，只能单方向地由基本信念支持派生信念，而基本信念本身是独立、自明而不需要证成的。所以，要想让我们的信念证成或具有正当理由，就需要按照“基础论”来寻找那些基本信念或者由基本信念支持的派生信念。而在融贯论中，证成只与信念之间的关系相关，即一个融贯的信念集合证成了哪些作为集合元素的信念。按照“融贯论”，我们的信念要想得以证成或者具有正当理由就需要考虑信念之间构成的融贯集合。

---

① ALLEN R J, LEITER B. Naturalized epistemology and the Law of evidence [J]. Virginia Law Review, 2001 (8): 1491-1550.

② TOLLEFSEN C. Justified belief [J]. American Journal of Jurisprudence, 2003 (48): 281-290.

除此之外，哈克还将两种传统路径结合在一起而提出了“基础融贯论”，既允许经验与经验证成相关联，也允许信念之间普遍的相互支持。[①]但这些讨论“正当理由”得以形成的认知过程BAF*却几乎毫无涉及。所以，如果只是讨论认知论的“正当理由”，没有进一步讨论如何能够拥有“正当理由”，或者讨论事实认定者在面对两种同样具有“正当理由”的信念之间究竟该如何抉择，就仍然没有真正回应达马斯卡的诘问。

另外，在BAF*中形成的“绝对信念”，也把“自身”的信念与“自身无涉”的信念分离开来，有正当理由的信念并非某个人此时此地的真实内心确信，而是一种基于合法证据基础的与“自身无涉”的信念。达马斯卡把这种信念比作一种“思想实验”，也就是在自己的思想中设想其他人面对合法证据时会产生的信念。[②]这种与“自身无涉”的思想实验与前述事实认定的“内在视角”似乎正好矛盾，事实认定者作为一个不可替代的道德个体在认定事实时却被转化为与其本人无涉的外在观察者。

第四，对于道德的“正当理由”，如“人道”“尊重”“关心”等概念主要来自纯粹的道德层面，从法理学的角度来看，这些概念基本停留在自然权利时代而没有进入法律实证化的现代规范视域。

按照哈特提出的内在视角来看，无论是法官还是陪审员，我们不能以某种价值或目的来解释他们的行为，不能说他们在事实认定过程中的某个行为是力图追求某个价值或目的。因为这种从价值或目的来解释行为的方式是外在描述的结果，而不是行为本身的理由，否则就会混淆内在视角的规范语言与外在视角的强制命令的区别。[③]所以，在现代法理学的规范视域下，道德的“正当理由”不是直接作为价值或目的而实现的，而是通过内在视角下行为理由的规范而实现的，它包括两个层面：在因果层面上，人们之所以以某种方式行动，是因为存在使他趋向那种行为的结构；在功能方面上，他之所以趋向于某种行为方式，是因为那

---

① 哈克.证据与探究：对认识论的实用主义重构［M］.刘叶涛，张力锋，译.北京：中国人民大学出版社，2018：16-115.

② DAMAŠKA M R. Evaluation of evidence: Premodern and modern approaches［M］. Cambridge: Cambridge University Press, 2019: 124.

③ 哈特.法律的概念［M］.许家馨，李冠宜，译.北京：法律出版社，2011：52.

是符合制度规则的方式。[①]这正是“可采性”“非法证据排除”等证据规则予以规范的方式，但如前文所说，这恰恰无助于事实认定的认识论困境。

具体到证明标准、传闻证据和相似事实的规则方面，已有学者指出，何福来提出的“评议”态度等观点过于抽象，很难为事实认定者在具体裁决中提供真正直接的指引。而且，他从“内在视角”进行解读与从“外在视角”进行解读在某些事项上并无本质差异。比如，他认为证明标准不应以客观概率来描述，而应该转化为根据案件事实不断改变的“谨慎标准”，但是，诸如民事诉讼中的“中立性态度”，其实正是用50%的概率来解释“盖然性平衡”希望达到的效果，二者只是描述方式不同而已。[②]

所以，尽管何福来从内在视角来探究事实认定者信念的“正当理由”，其开拓之举颇具启示意义，但仍然没有缓解“合理确信”带来的认识论困境，也没有真正回应现代证据法学理性主义传统的内在“张力”。

5.4.3 道德证成“合理性”的法理限度

从事实认定者的内在视角来讨论信念之“正当理由”，带给我们的一项重要启示，其实就是把所谓的“法律真实”还原为一种“人文真实”，而非“科学真实”。二者的根本区别就在于“主体”是否被包含在内：科学真实是一种受控实验普遍可重复的真实，在此过程中主体是被悬置的、排除的，实验结果不会因为主体的改变而改变；而人文真实则是主体参与其中，由此来确认该行动是否可以重复，不同主体得出的真实必然会有所不同。[③]所以，回归事实认定的主体，其实就是让主体出现在事实认定的过程中而不被客观认知所取代：“合理确信”，除了认识论问题之外，还要承载或实现道德证成的“合理性”。但是，回到法理学视域，我们就会发现这种道德证成“合理性”本身的限度。

---

① 塞尔.社会实在的建构［M］.李步楼，译.上海：上海人民出版社，2021：135.

② HAMER D. A philosophy of evidence law-justice in the search for truth［J］. International Journal of Evidence & Proof，2009（2）：161-166.

③ 金观涛.消失的真实［M］.北京：中信出版社，2022：335-350.

经过韦伯、哈特、拉兹、阿历克西、萨默斯（Robert S. Summers）①、麦考密克等人的探究，一个人作出某项行为的“合理性”，最根本的要求便是“每一项行为或对行为的抑制都应当是根据某种行动的理由证明其是合理的。”②当我们按照内在视角来思考事实认定的行动理由时，尤其是关注到法律程序中的人文真实不可简化为科学真实时，就会发现：事实认定者作为不可悬置的主体，恰恰成为了“正当理由”的“合理性”限度：

“实际的情况并非是，要求我们合乎理性就会给任何特定的个人或集团产生一个唯一的实践原则体系……合理性是一个共同的因素，但不是一个能够在同样合理的可能性中决定如何选择的因素……如果有理性的行为人要在同样合理的关于行动或关于理论的（思想的）信念之间作出合理的选择时，他就必须根据除合理性本身以外的其他标准来这样做。”③

在现代自由心证制度的发展过程中，我们看到从“信念确信”到“合理确信”的转变结果，使得法官或者陪审员哪怕对某一事实形成了个人确信，这种个人确信常常也要辅之以客观化的“合理性”标准，即用另一种符合自己确信的科学证据来代替这种不符合自己确信的科学证据。这种客观化的认知标准不仅已然成为一种“新法定证据主义”，④冲击着公平正义等法律价值的立场；更为重要的是，在证据法学理性主义传统内部构成一种自我指涉的悖论：当我们根据证据认定事实时，已然预设了真相基础上的“合理性”作为必要前提，我们就不可能再通过论证来证明这种“合理性”。⑤

所以，事实认定者作为不可悬置的主体，其理性或非理性的意志因素恰恰成为“合理确信”的最终限度。于是，仅仅打着“合理性”的旗

---

① SUMMERS R S. Two types of substantive reasons: The core of a theory of common-law justification [J]. Cornell Law Review, 1978 (63): 707-788.

② 麦考密克，魏因贝格尔.制度法论 [M]. 周叶谦，译.北京：中国政法大学出版社，1994：229.

③ 麦考密克，魏因贝格尔.制度法论 [M]. 周叶谦，译.北京：中国政法大学出版社，1994：240.

④ DAMAŠKA M R. Evaluation of evidence: Premodern and modern approaches [M]. Cambridge: Cambridge University Press, 2019: 138-148；陈瑞华.以限制证据证明力为核心的新法定证据主义 [J]. 法学研究，2012 (6)：147-163；龙宗智.印证与自由心证——我国形式诉讼证明模式 [J]. 法学研究，2004 (2)：107-115.

⑤ 塞尔.社会实在的建构 [M]. 李步楼，译.上海：上海人民出版社，2021：169。

号反倒可能成为无理之事的“正当理由”。我们不要忘了，曾经的法定证据制度追求证明罪行的证据达到“比正午的太阳还要清楚”的标准，其初衷正是防止司法权力滥用而保护当事人。

5.5 规范性真实的构建

5.5.1 理性主义传统与规范性真实

在现代证据法学以理性主义、规范主义的标志区别于传统的司法性考验之后，塞耶曾说：“在过去数个世纪所兴盛的且陪审团从中产生的某种形式化和机械化的审判，或者说考验，现在被解决争议问题的理性化手段——推理——所代替了。”[①]

在塞耶看来，现在解决争议的手段之所以区别于过去暴力化、形式化、机械化的司法审判或者司法考验，是因为在裁定事实问题与法律问题的争议时，要尽其可能地运用理性和推理。可是，推理或者理性化手段到底是什么，而在司法诉讼中又该如何运用，塞耶所建立的证据体系——主要集中于建立证据体系的两个基础性原则，即本书导论所介绍的“排除性规则”和“包容性规则”——并未过多涉及。他只是意识到证据的证明力，不能也不应受到法律的规制，而受制于“人类思想和经验的普通规则，这些规则应该从普通的来源而不是在法律书籍中探寻”[②]。

随后，威格摩尔就尝试着为这种“人类思想和经验的普通规则”找到具体规范的方式，即建立在逻辑学、心理学等基础上的理性证明系统。威格摩尔鲜明地感受到，在一直被法律学科所独占的证据领域，还从未有人如此探索，于是，他也谦虚地把自己的理性证明系统仅仅称作“临时性尝试”：

“奇怪的是，逻辑学家、心理学家以及法学家、律师，从来没有提

---

① THAYER J B. A preliminary treatise on evidence at the common law [M]. Boston: Little, Brown, and Company, 1898: 198.

② THAYER J B. A preliminary treatise on evidence at the common law [M]. Boston: Little, Brown, and Company, 1898: 271.

出一种（证明的）方法。逻辑学家为我们在具体推论上提供了许多理性准则，但在争论性证明的整体规模上，则没有提供任何体系。我们这里所提出的，仅仅是一种方法上的暂时性尝试。”①

从边沁提出在证据领域建立“自然体系”起，到塞耶与威格摩尔对这一“自然体系”进行具体化的探索，再到20世纪70年代新证据法学的兴起，威格摩尔的“暂时性尝试”已逐渐成为主导现状并影响未来发展的证据法学理论。我们可以看到，欧洲大陆的诉讼证明制度经历了自由心证的革命后，与普通法系的证据制度一起，确立了证据证明过程中的自由心证基础——包括证据自由、证据自由评价和内心确信制度。此后，大陆法系和普通法系的证据制度均进入了所谓的证据法学理性主义传统。而这种理性主义传统的发展路径，从边沁到威格摩尔，再到新证据法学，构成了一条规范化的道路。

在这种背景下，对于法律真实的认知也发生了深刻的转变。过去在法定证据时代，所谓的“坦白性真实”被视为一种直接、未经质疑的证据形式，而今天，这种真实的观念已发生根本性变化，转向了“规范性真实”(truth of normalization)。所谓“规范性真实”，一方面是因为法律真实所依托而生的法律制度是追求体系完整的形式性规范程序，而且这种形式性规范程序保证得出的法律真实准确无误，即以一种形式主义的程序，保证内在于合法性的真实。②另一方面，法律真实的得出过程依赖于对一般经验和常识的判断，而这种判断必须符合一般的认知规范，如逻辑学、概率学、心理学和医学等科学认知标准。此外，从事实认定者的内在视角出发，通过认知与道德的双重正当理由的构建，也并未消解这种法律真实的规范性特征，反而让我们看到事实认定者作为不可悬置主体的合理性限度。

5.5.2 从外在强制到内在认同：规范性真实的转变

在规范性程序与认知性规范的双重作用下，自由心证制度的规范性

① WIGMORE J H. The principles of judicial proof: As given by logic, psychology, and general experience and illustrated in judicial trials [M]. Boston: Little, Brown, and Company, 1913: 4.

② KELSEN H. Essays in legal and moral philosophy [M]. Boston: D. Reidel Publishing Company, 1973: 79.

真实，与法定证据制度下的坦白性真实产生了巨大的断裂与转变。

第一，在法定证据时代，由于法律预先规定了证据的证明力和证明过程——比如证据被分为“完整证明”“半证明”、推定等，两个目击证人的证言可组成一个“完整证明”，“半证明”加上被告人自己的供认坦白也可以组成一个“完整证明”，而间接证据不管具有多大的说服力都不能据以定罪①——这些证明要求和证明方式导致了被告的供认坦白担负了极其重要的法律意义。但是，法律所要求的坦白总是处于不是过度就是缺乏的状态，甚至还有停滞、失效的风险，因此，随着刑罚方式的温和以及人权启蒙思想的出现，自由心证制度就自然而然地替代了法定证据制度。正是在自由心证制度中，通过法律问题与事实问题的分离，把事实问题的判断交与陪审团，把自己的信任托付于和我相同、平等的人，诉讼证明制度才能获得人们的普遍信任。②简言之，自由心证制度，使得被告人在自己的坦白中认出法律秩序、认出自由意志、认出自己的方式，根本转变为每个理性主体必然具备的经验常识和良心确信的形式。

第二，在自由心证制度中，证据的证明力不再由法律规定的证据形式和效力来决定，而是通过经验与常识来判断其有效性。因此，任何具备正常感知和思考能力的人，无论是被告还是其他当事人，都可以认知并接受事实证明的真实性。这一转变使得证据采信不再仅仅依赖法律的形式要求，而是依据证据本身的说服力，这为证据的证明力设置了新的标准。但这也带来了一个问题，即如何满足事实认定的“合理确信”。同时，自由心证制度也面临规范性问题，因为证明方式及证据的合法性已不再由法律程序所界定，而是依赖于更加宽泛的认知与证明路径。因此，法律制度和理论需要脱离单一的法律规范，适应并预设这一新的证明模式。

第三，过去单独由法律权力占据的刑讯主体、刑罚主体，现在过渡伸展为普遍一般的理性认知主体。另外，这种证明方式也使得证据采信的规则，根本上是由证据自身的证明力而不是证据的合法性所决定。也

---

① LANGBEIN J H. Torture and the law of proof: Europe and England in the ancient régime [M]. Chicago: University of Chiago Press. 1976: 10.

② 科恩. 证明的自由 [J]. 何家弘，译. 外国法评议，1997 (3): 1-12.

就是说，只要证据本身具备说服力，能够促进感受和认知的采信过程，该种证据即可能被接受。这就导致事实认定从最初的“信念确信”发展为具有“主体间有效性”的“合理确信”，也就是如何将认知方式上规范自由心证制度。

第四，法律实证主义的内在变革为新的证明方式提供了法理基础。从边沁开始，法律理论便启动了“去神秘化”（demystification）的历史进程，这一进程在凯尔森处达到了新的高度。凯尔森强调，法律应当成为一门纯粹的法律科学，该科学“唯求认知法律，而将不属其认知对象者摒除在外”。[①]其他与法学不相干的“异质因素”——心理学、生物学、伦理学、神学等内容——都要从认知法律的范畴中剔除。因此，法律科学的目标是准确无误地认知法律，将任何超出理性范畴的认知排除在外。在这一体系中，法律程序本身的有效性成为实现法律真实的前提，法律真实与程序的有效性紧密相连。在凯尔森看来，法律真实仅仅是法律程序有效性的另一种表达，而任何超越理性范畴的认知，均非法律科学所考察的内容。

但是在哈特看来，凯尔森的纯粹形式化、统一化的法律科学尝试，却使得法律规范遗漏了社会实践的重要一面，也就是法律规则的规范效力。法律规则除了自身的有效形式，还要包含自觉自愿地接受法律规则控制、引导和规划的日常生活的一般主体，即除了法律规则的外在面向，还要注意到法律规则的内在面向。他指出，法律规范的效力不仅体现在法律规则的执行上，更体现在社会成员主动遵守规则的意愿和行为上。[②]尽管哈特承认社会事实的内在面向，但是，他却最终停留在这种描述性层面，未能进一步展开这一内在面向可能的规范性路径。由于法律实证主义的基础假设——即法律问题与事实问题或价值问题的分离——无论法律理论如何面对事实或价值的证明和判断，最终仍然会将其转化为法律规则效力的问题。因此，这一框架为事实证明的科学方法提供了巨大的操作空间，并为认知规范的进一步展开留下了可能性。

第五，在自由心证制度下，自理性主义传统确立之初，便迅速分化

① 凯尔森. 纯粹法理论［M］. 张书友，译. 北京：中国法制出版社，2008：37.
② 哈特. 法律的概念［M］. 许家馨，李冠宜，译. 北京：法律出版社，2011：52.

为两种主要的研究路径：一种关注排除性的证据规则，另一种则专注于纳入性的证明原则。前者是由法律明确设计并规范的程序性规则，旨在排除无效或不可靠的证据，而后者则侧重于“心灵对心灵”的说服与证明过程，强调通过理性、常识及直觉来构建事实的认知。排除性规则主要由法官负责，而纳入性的证明原则则由陪审员完成。[①]

这两种路径反映了实证法学与其他科学领域之间的深刻分歧。排除性证据规则可归入实证法学的范畴，侧重于法律程序的形式化与规范化；而纳入性的证明过程则要求遵循法律科学之外的认知标准，包括逻辑学、心理学、概率学、医学等学科的基本规范。如果没有这些科学认知标准的支持，依赖常识的推理就容易变得任意与专断，丧失理性基础。正如概率逻辑理论所揭示的那样，尽管科学认知本身存在不确定性，这种不确定性却构成了我们依据经验与常识进行事实判断的理性依据。

在此基础上，新证据法学所强调的“第三种证据”的概念应运而生。这种证据不再局限于传统的物证或人证，而是扩展为一种客观的认知规范。证据的焦点不再仅仅是认知的对象，还包括认知的过程与方式。新的证据形式涉及一系列非法律领域的主题，如逻辑学、心理学、概率学、医学、语言学等，而法律理论则只能将这些领域视作社会事实中的内在面向，并对其进行描述与分析。

第六，从事实认定者的内在视角出发，何福来试图以道德基础来缓解认知规范对事实认定正当性的独断。在此框架下，事实认定者在评估证据时，必须基于理性推理，同时体现对被告人权利的尊重与关怀。虽然这一理论从伦理学和认识论角度为事实认定提供了双重正当性基础，具有一定的创新性，但它依然没有彻底解决证据规则与证明原则之间的张力，尤其是在自由心证的实践应用中，这种张力依然存在。更为关键的是，如何在司法实践中将这些道德的正当理由转化为可操作的指导方针，仍然没有清晰的路径。

这一问题的出现促使我们认识到，在事实认定的过程中，事实认定

---

① WIGMORE J H. The principles of judicial proof: As given by logic, psychology, and general experience and illustrated in judicial trials [M]. Boston: Little, Brown, and Company, 1913: 1.

者并非单纯的客观观察者或冷静的理性判断者，相反，他们始终是不可悬置的主体，充满了理性和非理性因素的交织。

总之，我们可以看到，规范性真实的构建，不再像坦白性真实那样仅仅从外在的强制与征服转化为内在的自由与意志，而是一个由内及外的认知过程。如果说坦白性真实在被告的肉体舞台上汇集了两种机制：一种是司法机关外在的调查与纠问程序，另一种是被告在这一过程中所作出的内在言说（即拒绝或认同的过程）。那么前者演示了君主过度的、不平衡的、例外状态下的特殊惩罚权力，将私人复仇的暴力行为转化为公共秩序的法律表达；而后者则是被告在“自愿”的方式下对该权力与秩序的自我复述，即“自愿地被强制”。

相比之下，规范性真实也在一般意义上的个体（不限于被告）身上汇集了两种机制：一种是超越法律科学范畴的普遍性认知机制，另一种是法律理论和司法机关对这种普遍性认知的规范性转化。前者要求作为认定事实的主体具备科学认知的内在智识储备，即一般个体所拥有的常识需要符合逻辑推理的规则和客观认知的标准；后者则是通过法律程序的规范体系，将上述认知结果转化为有效且无误的司法判决。如果说坦白性真实无法消除法律强迫的迫不得已性，那么规范性真实则完全成为法律主体主动选择和要求的结果。

根据哈特的分析，坦白性真实是外在视角下法律命令所构建的真实，而规范性真实则是内在视角下法律规范所构建的真实。在外在视角下，法律主体应在法律命令中“自愿地被强制”，这种“自愿”与“强制”之间的关系，带有略显神秘的黑格尔式转化效果；而在内在视角下，法律主体则只需在日常行为中自觉践行行为规范，这种规范不再带有强制的意味，因为“社会成员是自己‘适用’规则于自身”。[①]然而，哈特停留在语义分析或描述性社会学的层面，仅仅指出这种“适用”是社会事实，却没有进一步阐明这种“适用”的具体方式。

回到被实证法学摒除的事实证明领域，我们可以发现，正是这种“自己适用规则于自身”的方式，构成了从认知规范到规范程序的过

① 哈特.法律的概念［M］.许家馨，李冠宜，译.北京：法律出版社，2011：36.

程——即一般个体在法律体系内的自我认同。在这一过程中，规范性真实不再依赖单一的外部权力强制，而是通过个体自觉地遵循一般的认知规范，从而转化为一种内在驱动的、合法化的自我行为规范。

所以，坦白性真实和规范性真实代表了两种完全不同的法律面向。前者是法律的否定性概念，这一概念与排除、禁止、异常、罪恶以及“声名狼藉”密切相关。为了将这一概念作为权力运作的方式，法律理论以双重否定的方式设定了“共同善”和“正义”。这样，通过“国王”与“罪犯”的对距，否定性概念就成为法律框架内最高权力的运作方式。与此相对，规范性真实则代表了法律的肯定性概念，这一概念与整合、承认、正常、常识和一般性认知相关。法律实证主义通过奥斯丁、凯尔森与哈特等学者的思想演变，在对法律概念与法律体系进行清晰界定的同时，也注重了日常行为的规范性理由。这种规范性理由的“适用”并不依赖于某种善或正义的价值认同，而是基于一种客观的认知规范，这一规范通过认知的规范性真实宣告事实的结果、法律的效力以及真理的标准。

基于认知的规范性真实，通过认知方式本身的要求，决定了主体的资格。换言之，规范性真实通过规范本身“生产”出发挥作用所需的要素与手段。规范作用的最大限度体现在规范现实结果的展示之中，这正是规范发挥最大作用的时刻。从规范“生产”的角度看，成为规范性真实的主体意味着将主体置于规范的作用下，由规范的效果来决定主体。此种决定性不仅表现为合法或非法的外在行为，也表现在主体作为能够思想与行动的存在上：

“这个所谓的主体，无论是通过规范还是在规范中，只会按照他被作用的方式行动，也只会按照他被思考的方式思考；主体的思想和行动能够被测量，也就是说，可以被整合到全面评估的体系中，成为其中的度数或者元素。因此，成为主体，其字面意思就是‘服从于’，不仅是在纯粹的支配关系中服从于外在的秩序，也服从于个体嵌入规范性装置的秩序。”①

① 马舍雷.从康吉莱姆到福柯：规范的力量［M］. 刘冰菁，译.重庆：重庆大学出版社，2016：96.

因此，我们可以说，通过规范性真实的构建，一般个体是“被传唤”[①]为法律的主体；与此同时，法律主体在构建真实的过程中，也内在地服从于法律规范本身。

① 马舍雷．从康吉莱姆到福柯：规范的力量［M］．刘冰菁，译．重庆：重庆大学出版社，2016：97．

6 结语

在对诉讼证明演进中法律真实的历史谱系进行了一番“普遍历史”式考古之后，我们首先需要澄清的是：这种法律历史的考古方式既非纯粹法学理论，又非纯粹司法实践，或者说，理论与实践的二元分立本身就是“虚假的”[①]，正如特文宁所言：

“（法理学）最重要的理论性功能乃是对特定历史时期，任何学科或实践的话语下隐含的一般性假定和前提，不懈地进行梳理、阐述和批判性的审视。这样看来，法理学的主要工作之一，是对隐于法学话语下（包括法律的话语与关于法律的话语）的主导性假定，进行批判性探索和评价……在正常情况下，法理学既从更具体的部门中汲取养分，也反哺这些具体部门。”[②]

如果我们不再受现代法律方法局限的束缚，那么，从诉讼证明的历史谱系来思考法律真实的构建过程，正是特文宁所谓“普遍法理学”

① “理论与实践这一二分法是虚假的，因为在一般性和实用性之间并不必然存在相关性。有些一般性的思想，即使在短期内也具有很大的实用性。有些则看不到有什么实用性。”特文宁.全球化与法律理论［M］. 钱向阳，译.北京：中国大百科全书出版社，2009：14.

② 特文宁.全球化与法律理论［M］. 钱向阳，译.北京：中国大百科全书出版社，2009：15.

(general jurisprudence）的研究范畴。[1]与“特殊法理学”（particular jurisprudence）不同，“普遍法理学”并不针对某一法律体系或者某一法律制度的解释、论证、抽绎或者“道德化”，而是追问法律何以可能的方式、过程和边界。如果说德沃金的研究路径接近于“特殊法理学”，那么从边沁到哈特的研究路径则更接近于“普遍法理学”。但是，哈特的“普遍法理学”仍然是共时状态下的“普遍性”，或者说仍然是属于现代法理学的特殊“普遍性”，而没有关注这种“普遍性”的历时状态本身。[2]所以，在更加广泛的意义上，“普遍法理学”应当关注的不仅是比较法和法理学理论的全球化，还要深入思考法学理念及司法实践的历史谱系。这种历史谱系并非单纯对法律概念的“历史化”，反而是对某些固有法律概念的“去历史化”，也就是祛除围绕着某种意义核心的同质化历史，拒绝把所有历史现象和事件都以既定的意义核心来解释，从而揭示法律演进中概念的断裂、冲突和“不连续性”，并考察某一法律概念的构建如何与其他“系列”产生相互关联、预设或排斥。

正如本书绪论所言：希望通过诉讼证明的历史谱系来呈现“法律真实”——这一普遍又独特的事物——成为诉讼证明过程的一种“发明”，而不是某个意义核心的“起源”。

所以，通过对历史谱系中法律真实的“普遍性”考古，我们在完全不同的历史场域中揭示了性质迥异的法律真实类型：考验性真实、坦白性真实与规范性真实。这些不同类型的法律真实所承载的理念、判断及其构建方式，不仅可以让我们看清法律话语与真实或真理（truth）话语的最初关联，也可以看清法律正义与真实或真理话语在西方世界产生根本性归属的原因，还可以让我们看清不同真实或真理话语背后法律概念

---

① 特文宁．全球化与法律理论［M］．钱向阳，译．北京：中国大百科全书出版社，2009：19-63．本书将general jurisprudence的中译调整为“普遍法理学”而未沿用“一般法理学”的译法。

② 在这点上，哈特的“普遍法理学”与索绪尔所树立的现代语言学任务十分类似。现代语言学开始于语言与言语的对立：言语活动复杂、多性，同时跨越着物理、生理、心理等领域，既属于个人领域，又属于社会领域，无法归入任何一个统一体的结构中；而语言则与言语相反，语言本身就意味着一个整体、分类的原则，我们一旦在言语活动中给予语言以首要的地位，就再也不会存在任何其他的分类秩序。所以，索绪尔认为，对人类历史和社会结构最重要的，不是历时性的言语活动，而是共时性的语言机能。就此，现代语言学任务，就应该寻求在一切语言中永恒、普遍作用的力量，整理出能够概括一切特殊历史现象的一般规律。索绪尔．普通语言学教程［M］．高名凯，译．岑麒祥，叶蜚声，校注．北京：商务印书馆，1980：12-18．

的异质与冲突。

可是，在现代证据法学的理性主义传统以及“特殊法理学”视野下，这些思考内容与思考路径几乎湮没不闻。这不仅仅是理论上的遗漏，更是在实践中忽视了法律历史谱系的深层次问题。正如绪论部分所提到的，现代证据法学的理性主义传统引发的“危机”，或许并非对理性主义传统诞生之初的背离或否定，而是理性主义传统自身必然导致的结果。原因在于，一旦诉讼证明中废除法定证据制度对于证据证明力及证明过程的法律规定，将证明方式建立在自由心证基础上，就会不可避免地导致理性化的经验常识与无法理性化的直觉判断之间的并存与冲突。面对这种局面，理性主义传统所面临的“危机”并非对理性本身的挑战，而是法律规范所导致的“合理确信”的认知规范问题。

因此，如果说存在走出理性主义传统“危机”的可能，那么这种可能性也在于我们对于证据内涵理解方式的改变。换言之，只有当我们意识到现代证据所涉及的范畴不再局限于传统的证据内容，比如实物证据、言词证据，还包括了事实认定者本身的智识储备，也就是表征着认知规范能力的“第三种证据”。那么，上述“危机”的表现形式就不再是理性化、科学化的事实认定与不可言明的常识直觉之间的矛盾，而是表现为如何缩小认知规范过程中的不确定性，也即表现为认知规范的内部“危机”。此时，所有理性个体都是这种认知规范程序的积极参与者、构建者，并对这种认知形式的正当性拥有毫不动摇的信心。

这种对证据形式和证明方式的规范性要求，不仅关乎我们如何理解现代诉讼的证明过程，还深刻影响到法学理论的构建与变革。正如在第四、五章所论述的那样，在坦白性真实向规范性真实转变的过程中，法律本身也从传统的强制性、否定性概念转向了更为内在的、肯定性的概念。因此，与其说我们能为现代证据法学理性传统的“危机”提供某种解答方案，不如说，我们关注的重心应当是：这种“危机”为何会出现以及它可能以何种方式表现出来。那些声称能够解除这种“危机”的途径，实际上依然与认知方式和认知的确定性相关——解除理性主义“危机”的方法，本质上仍然属于理性主义的传统。我们应当避免陷入这种理性机制所构建的“真理”诱惑，而去尝试理解不同性质的法律真实。在法律真实的构建过程中，探讨真理话语如何与法律、证明和事实之间产生深刻契合，或许能为我们提供更多的理解角度。

在最初的司法形式中，法庭审判，特别是刑事审判，变现为一种对抗性的对话。在对话中，双方当事人以言辞形式进行交锋，既不寻求还原案件真相，也不直接关涉正义、自然或善的终极价值。最“公正”的判决，需要不断地解释、诉说、辩驳，法律理念在此根本无法固化。与此同时，还有一种更为直接的司法解决方式，就是在“誓言”之中进行“考验”。这种“誓言”既非纯粹的法律，也非单纯的宗教，而是法律传统或宗教传统尚未完全形成时的混合体。在这一早期的“誓言”中，既有“祝福”也有“诅咒”，这二者之间的对抗和悖谬最终经过亚里士多德的哲学发展，通过“逻各斯”的方式逐渐内化于法律话语，成为了一种合理的司法形式，其中主动遵循逻各斯，追求高尚与善，与服从法律规定并接受法律惩罚的观念和谐统一。这种“对话”、“考验”与“誓言”的双重结构，都成为后来不同法律真实的潜藏机制。

如果说最初的司法形式不过是对语词本身的考古，那么，回到司法实践的古代历史，我们可以在誓言断讼、决斗断讼和神明裁判的时代，发现与后来的“证明方式”完全异质的“特殊断讼方式”。在特殊断讼时代，考验性真实的构建，是对复仇、战争机制的承认、延续和模仿，因此，考验性真实代表了受考验者的力量、地位和话语的重要性，而与事实真相无关。只要在考验中获胜——不管是通过单独或者共同的誓证，或者是肉体考验中的神判奇迹，还是在决斗考验中直接赢得胜利——整个诉讼与证明的目的就已经达到。因为特殊断讼方式目的，就是从战争机制出发来断讼止战、维持和平。所以，理解法律、复仇、战争、考验、真实、胜利、止诉与和平的含义时，必须将它们置于“特殊断讼方式”的语境中加以思考。只有在不误解暴力与战争原始意义的前提下，才能真正理解考验性真实的特征与本质。

我们说法律之为法律，根本上不在于标明违法、制裁违法的那种强制力量，而是通过重复“违法”行为却不遭受任何制裁来把自己呈现为一种例外的存在。因此，证据证明的出现，恰与法律这种根植于暴力本质并且以“例外存在”形式自我标榜的特点息息相关。坦白性真实的构建过程，正是法律权力在这两种要素之间运作的体现。法定证据制度的形成，涉及一系列司法概念与机制的“发明”，比如犯罪行为、自由意志、公共秩序、共同善、司法刑讯、刑罚、最高主权与自由个体等。最终，法律权力对于法律真实的构建，凝结为当事人的坦白话语。当事人坦白，既是司法诉讼的目标，是法律正义的要求，也是自由个体成为法律主体的高贵存在方式。因此，尽管诉讼证明的过程宣称要调查真相、发现真相，坦白性真实的意义并不在于真相本身，而在于“调查”与“发现”真相的过程。这个过程，既表现为司法权力的统治过程与管理方式，也反映出法律主体对法律事实的接受、认可的内在法理意义。

可是，当法定证据制度被自由心证制度所根本取代时，法律真实的构造方式和意义便发生了根本性的改变。一方面，证据的证明力和证明过程不再由法律预先规定，而是交与一个具备生活经验与常识的人，令其按照内心确信的方式自由判断，这就免除了法律定罪量刑时对于被告坦白的强烈需求；另一方面，法律理论本身也从主权者的自然法走向了实证主义的内在变革，法律从对至高权力的“神秘化”转变为法律科学的独立化、统一化，这使得法律的形式效力与事实效果完全分离，通过形式主义的程序，法律即可创造一种内在于合法性的真实，而形式逻辑的有效性可以确保这种法律真实准确无误。上述两方面的改变也彻底导致了证据研究进路的分裂，一部分集中于合法性、程序性的证据规则，另一部分则转移至证明方式的认知规范，前者仍然属于法律科学的范畴，后者则成为外在于法律科学的“新证据学”的领域，涵盖了逻辑学、概率学、统计学、心理学、医学、语言学等领域。在这种分裂中，对于证据证明力和证明过程的理解，要求不再受人为规则的随意干涉，而应当符合客观理性的认知规范要求。因此，在对证据的理解中，出现了针对裁判者的智识性规定，这种认知规范要求，成为构建法律事实过程中的“第三种证据形式”。法律规范的内在面向，通过这种认知规范的肯定性过程，弥补了法律权力仅限于强制和否定的不足。

这样，我们就可以看到，在不同的法律形式与法律真实背后，“法律—真理”的内涵也完全不同。考验性真实，代表了诉讼当事人之间的力量、地位和话语的对抗；坦白性真实，代表了被告和罪犯对于司法机制和司法权力的确认；规范性真实，则代表了一般个体对于认知规范过程的参与和复述。在法律真实的构建过程中，我们看到的不是意义稳固的一种核心，而是力量对抗延续、强制权力运作和内在认知规范的不同历史系列。

正因为如此，我们才能在宣扬规范性真实的现代司法程序中，看到滥用司法权力追求坦白性真实的不法案例。这种现象的存在并非对法律理念和司法手段的违背或破坏，反而是后者极为正当——至少是曾经极为正当——的表现方式。因此，虽然规范性真实的构建过程免除了坦白性真实的构建手段，但是并没有免除司法权力强制与征服的存在现实，这就使得规范性真实的构建过程一旦失灵，坦白性真实的构建方式仍然是必不可少的补充，尽管它以“非法的”或“例外的”特殊形式存在。

如果我们把现代证据法学的理性主义传统放置在上述历史谱系中，就可以很大程度避免类似“客观真实说”和“法律真实说”的争论。原因在于，如果二者属于不同的法律真实范畴，比如前者属于坦白性真实，后者属于规范性真实，那么它们就代表了完全不同的法律运作方式，不必相互说服。如果它们属于同一理性主义传统，那么理性主义传统内部研究进路的分裂所导致的认知规范与法律规范的分离与协作，使得法律真实离不开事实认定的客观认知规范，而客观真实也离不开法律规范建立的合法性前提，哪一方也无法绝对否定对方的基本观点。但无论坚持哪种观点，我们的核心任务应当是跳出价值层面的“主义”论争，而深入探讨使某种价值得以可能的构建过程。唯有如此，我们才能将理性主义传统的“危机”转化为对“危机”成因的反思，进一步转化为对现代法律理念构建方式的反思。这不仅是现代证据法学必须面对的症结，也是现代法理学必须完成的转变，尽管这些问题仍处于不断变化和未定的进程之中。

总之，在法律真实的历史谱系中，我们应当思考的是法律得以可能的方式、过程与边界，以及法律主体在法律话语中的位置、要求和规定，而非单纯论证那些后加的先验价值或意义。因为，正如维特根斯坦所言，“意义”在真理表述之外，而在法律真实的语词背后，空无一物。

参考文献

[1] WARMINGTON E H. Remains of old Latin，volume III：Lucilius and the Twelve Tables [M]. Cambridge，MA.：Harvard University Press，1938.

[2] ATTENBOROUGH F L. The laws of the earliest English kings [M]. London：Cambridge University Press，1922.

[3] TARDE G. Penal philosophy [M]. Boston：Little，Brown，and Company，1912.

[4] DREW K F. The Laws of the Salian Franks [M]. Philadelphia：University of Pennsylvania Press，1991.

[5] GRATIAN. Decretum Gratiani [M]. Leipzig：Bernhard Tauchnitz，1879.

[6] OWEN A. Ancient laws and institutes of Wales [M]. London：Commissioners on the Public Records of the Kingdom，1841.

[7] BEAUMANOIR. The coutumes de Beauvaisis of Philippe de Beaumanoir [M]. Philadelphia：University of Pennsylvania Press，1992.

[8] MARNIER M A J. Le conseil de Pierre de Fontaines ou traité de l' ancienne jurisprudence française [M]. Paris：Joubert & Durand，1846.

[9] DOBOZY M. The Saxon mirror：A Sachsenspiegel of the fourteenth

century [M]. Philadelphia: University of Pennsylvania Press, 1999.

[10] TALHOFFER H. A fifteenth-century manual of swordfighting and close-quarter combat [M]. South Yorkshire: Pen & Sword Books, 2014.

[11] SCHWERIN, FREIHERR C V. Fontes iuris Germanici antiqui in usum scholarum ex monumentis Germaniae historicis separatim editi: Leges Saxonum et lex Thuringorum [M]. Hannoverae et Lipsiae: Impensis Bibliopolii Hahniani, 1918.

[12] BORETIUS, ALFRED. Monumenta Germaniae historica: Capitularia regum francorum, tomus I [M]. Hannoverae: Bibliopolii Hahniani, 1881.

[13] RAPETTI, PIERRE - NICOLAS. Li livres de jostice et de plet [M]. Paris: Firmin Didot Frères, 1850 .

[14] BENTHAM J. Rationale of judicial evidence [M] // The works of Jeremy Bentham: Vol. 6. Edinburgh: William Tait, 1838–1843.

[15] BENTHAM J. A treatise on judicial evidence [M]. London: Messrs. Baldwin, Cradock and Joy Paternoster-Row, 1825.

[16] WIGMORE J H. The principles of judicial proof: As given by logic, psychology, and general experience and illustrated in judicial trials [M]. Boston: Little, Brown, and Company, 1913.

[17] THAYER J B. A preliminary treatise on evidence at the common law [M]. Boston: Little, Brown, and Company, 1898.

[18] GILBERT. The law of evidence [M]. Philadelphia: Joseph Crukshank, 1805.

[19] STEPHEN J F. A digest of the law of evidence [M]. Boston: Little, Brown, and Company, 1877.

[20] ESMEIN A. A history of continental criminal procedure, with special reference to France [M]. Boston: Little, Brown, and Company, 1913.

[21] SUTHERLAND A. The origin and growth of the moral instinct: Vol. 2 [M]. London: Paternoster Row, 1898.

[22] ANDERSON, SCHUM D, TWINING W. Analysis of evidence [M]. Cambridge: Cambridge University Press, 2005.

[23] SCHUM D A. The evidential foundations of probabilistic reasoning [M]. Evanston: Northwestern University Press, 2001.

[24] HO H L. A philosophy of evidence law: Justice in the search for truth

[M]. Oxford: Oxford University Press, 2008

[25] DAMAŠKA M R. Evaluation of evidence: Premodern and modern approaches [M]. Cambridge: Cambridge University Press, 2019

[26] LANGBEIN J H. Torture and the law of proof: Europe and England in the ancient régime [M]. Chicago: University of Chiago Press, 1976.

[27] LANGBEIN J H. Prosecuting crime in the renaissance: England, Germany, France [M]. Cambridge: Harvard University Press, 1974.

[28] COHEN L J. The probable and the provable [M]. Oxford: Oxford University Press, 1977.

[29] BERMAN H J. Law and revolution: The formation of the western legal tradition [M]. Cambridge: Harvard University, 1983.

[30] HART H L A. The demystification of the Law [M] //Essays on Bentham: Studies in jurisprudence and political theory. Oxford: Oxford University Press, 1982.

[31] KELSEN H. Essays in legal and moral philosophy [M]. Boston: D. Reidel Publishing Company, 1973.

[32] CAENEGEM V. Legal history: A European perspective [M]. London: Hambledon Press, 1991.

[33] GROTIUS H. The rights of war and peace: Book I [M]. Indiana: Liberty Fund, 2005.

[34] POLLOCK F, MAITLAND F W. The history of the English law before the time of Edward I: Vol. 2 [M]. Cambridge: Cambridge University Press, 1898.

[35] BLACKSTONE W. Commentaries on the laws of England, Book IV: Of public wrongs [M]. Oxford: Oxford University Press, 2016.

[36] SCHÜSSLER R. Jean Gerson, moral certainty and the Renaissance of ancient scepticism [M] //The Renaissance conscience. Chichester: Blackwell, 2011.

[37] FOUCAULT M. Archaeology of knowledge [M]. London and New York: Routledge, 2002.

[38] FOUCAULT M. Truth and judicial forms [M] // Power. The essential works of Foucault. 1954–1984. New York: The New Press, 1997.

[39] FOUCAULT M. Wrong-doing, truth-telling: The function of avowal in justice [M]. Chicago: The University of Chicago Press, 2014.

[40] SHACKLE. Decision, order and time in human affairs [M].

Cambridge: Cambridge University Press, 1969.

[41] NIETZSCHE F. On truth and the Lie in an extra-moral sense [M] // Portable Nietzsche. New York: Penguin, 1976.

[42] LUSCOMBE D E. Peter Abelard' s ethics: An edition with introduction, English translation, and notes [M]. Oxford: Clarendon Press, 1971.

[43] THATCHER O J. The early medieval world [M]. Milwaukee: University Research Extension Co, 1901.

[44] SEARLE J R. Speech acts: An essay in the philosophy of language [M]. Cambridge: Cambridge University Press, 1970.

[45] BENVENISTE E. Problems in general linguistics [M]. Oxford. FL: University of Miami Press, 1971.

[46] MORRIS C. The discovery of the individual: 1050–1200 [M]. Tronto: University of Toronto Press, 1972.

[47] NAGY G. Homeric responses [M]. Austin Tx: University of Texas Press, 2003.

[48] MACDOWELL D M. The law in classical Athens [M]. London: Thames and Hudson, 1978.

[49] COHEN D. Law violence, and community in classical Athens [M]. Cambridge: Cambridge University Press, 1995.

[50] BLACK-MICHAUD J. Cohesive force. feud in the mediterranean and the middle east [M]. Oxford: Basil Blackwell, 1975.

[51] SAARINEN R. Weakness of will in renaissance and reformation thought [M]. Oxford: Oxford University Press, 2011.

[52] DELEUZE G, GUATTARI F. Kafka: Toward a minor literature [M]. Minneapolis: University of Minnesota Press, 1986.

[53] BLANCHOT M. Lautréamont and Sade [M]. Stanford: Stanford University Press, 2004.

[54] HYAMS P R. Trial by ordeal: The key to proof in the early common law [C] //On the laws and customs of England: Essays in honor of Samuel E. Thorne. Chapel Hill: The University of North Carolina Press, 1981.

[55] RUSCHE G, KIRCHHEIMER O. Punishment and social structure [M]. New York: Columbia University Press. 1939.

[56] RICHARD J. L' intime conviction du juge en matière criminelle droit [M]. Montpellier: Université Montpellier, 2017.

[57] Duport. Assemblée nationale constituante, débats archives

parlementaires [EB/OL]. [2025-03-25]. https://fr.wikisource.org/wiki/Page: Archives_parlementaires_de_1787_C3%A0_1860, _Premi%C3%A8re_S%C3%A9rie, _Tome_XII.djvu/21.

[58] SCHIOPPA P. Remarques sur l'histoire du jury criminel [M] //La cour d' assises: Bilan d' un héritage démocratique. Paris: La Documentation française, 2001.

[59] ANSCOMBE G E M. On brute facts [J]. Analysis, 1958, 18 (3): 69-72.

[60] WIGMORE J H. The problem of proof [J]. Illinois Law Review, 1913 (8): 77-103.

[61] TWINING W. Civilians don't try: a comment on Mirjan Damaska's rational and irrational proof revisited [J]. Cardozo Journal of International and Comparative law 1997 (5): 69-78.

[62] SEIDMANN D J, STEIN A. The right to silence helps the innocent: a game-theoretic analysis of the Fifth Amendment privilege [J]. Harvard Law Review, 2000, 114 (2): 430-510.

[63] FINKELSTEIN M O, FAIRLEY W B. A bayesian approach to identification evidence [J]. Harvard Law Review, 1970, 88 (3): 489-517.

[64] TRIBE L H. Trial by mathematics: precision and ritual in the legal process [J]. Harvard Law Review, 1971, 84 (6): 1329-1393.

[65] LAMBERT R. The new evidence scholarship: analyzing the process of proof [J]. Boston University Law Review, 1986 (66): 439-477.

[66] CANTARELLA E. Private revenge and public justice: The settlement of disputes in Homer's Iliad, punishment and society [J]. Punishment and Society. 2001, 3 (4): 473-483.

[67] WESTBROOK R. The trial scene in the Iliad [J]. Harvard Studies in Classical Philology. 1992 (94): 53 - 76.

[68] COLMAN R V. Reason and unreason in early medieval law [J]. The Journal of Interdisciplinary History, 1974, 4 (1): 571-591.

[69] HERRMANN F R, S. J, SPEER B M, Facing the accuser: ancient and medieval precursor of confrontation clause [J]. Virginia Journal of International Law, 1994 (34): 481-552.

[70] MAKINEN V, PIHLAJAMAKI H. The individualization of crime in medieval canon law [J]. History of Ideas, 2004 (4): 525 - 542.

[71] LOWELL L. Judicial use of torture [J]. Harvard Law Review, 1897

(11)：220-233 & 290-300.

[72] TWINING W. Freedom of proof and the reform of criminal evidence [J]. Israeli Law Review，1997（31）：439-462.

[73] DAMASKA M. The death of legal torture [J]. Yale Law Review，1978（87）：860-873.

[74] AMBOS K. "Intime Conviction" in Germany：conceptual foundations，historical development and current meaning' [J]. International Journal on Evidence Legal Reasoning，2023（4）：1-23.

[75] KATSKEE R B. Science，intersubjective validity，and judical legitimacy [J]. Brooklyn Law Review，2008（73）：857-877.

[76] SHAPIRO B J. To a moral certainty：theories of knowledge and Anglo-American juries 1600-1850 [J]. Hastings Law Journal，1986（38）：153-193.

[77] BLOEMBERG R G. The development of the "modern" criminal law of evidence in English law and in France，Germany and the Netherlands：1750-1900 [J]. American Journal of Legal History，2019（59）：358-401.

[78] PARDO M S. Probability and the proof of facts in legal decision making [J]. Law and Philosophy，2009，28（3）：223-256.

[79] EKELOF P O. Free evaluation of evidence [J]. Scandinavian Studies in Law，1964（8）：45-66.

[80] KAYE D H，The new evidencescholarship：A survey [J]. Harvard Law Review，1981（2）：216-237.

[81] ALLEN R J，LEITER B. Naturalized epistemology and the law of evidence [J]. Virginia Law Review，2001（8）：1491-1550.

[82] TOLLEFSEN C. Justified belief [J]. American Journal of Jurisprudence，2003（48）：281-29.

[83] HAMER D. A philosophy of evidence law-justice in the search for truth [J]. International Journal of Evidence & Proof，2009（2）：161-166.

[84] SUMMERS R S. Two types of substantive reasons：The core of a theory of common-law justification [J]. Cornell Law Review，1978（63）：707-788.

[85] 荷马 . 伊利亚特 [M]. 罗念生，王焕生，译 . 北京：人民文学出版社，1994.

[86] 埃斯库罗斯 . 埃斯库罗斯悲剧六种 [M]. 罗念生，译 . 上海：上海人民出版

社，2016.
［87］ 索福克勒斯.索福克勒斯悲剧五种［M］．罗念生，译.上海：上海人民出版社，2016.
［88］ 法国刑事诉讼法典［M］．罗结珍，译.北京：中国法制出版社，2006.
［89］ 柏拉图.法义［M］．林志猛，译.北京：华夏出版社有限公司，2023.
［90］ 亚里士多德.亚里士多德全集：第九卷［M］．徐学艺，译.北京：中国人民大学出版社，1994.
［91］ 亚里士多德.尼各马可伦理学［M］．廖申白，译.北京：商务印书馆，2003.
［92］ 西塞罗.论老年 论友谊 论责任［M］．徐奕春，译.北京：商务印书馆，2003.
［93］ 世界著名法典汉译丛书编委会编.汉穆拉比法［M］．北京：法律出版社，2000.
［94］ 世界著名法典汉译丛书编委会编.萨利克法典［M］．北京：法律出版社，2000.
［95］ 摩奴法典［M］．迭郎善，译.北京：商务印书馆，1982.
［96］ 达马斯卡.比较法视野中的证据制度［M］．吴宏耀，魏晓娜，等译.北京：中国人民公安大学出版社，2006.
［97］ 达马斯卡.漂移的证据法［M］．李学军，等译.北京：中国政法大学出版社，2003.
［98］ 达马斯卡.司法和国家权力的多种面孔：比较视野中的法律程序［M］．郑戈，译.北京：中国政法大学出版社，2004.
［99］ 特文宁.反思证据：开拓性论著［M］．吴洪淇，等译.北京：中国人民大学出版社，2015.
［100］ 特文宁.证据理论：边沁与威格摩尔［M］．吴洪淇，杜国栋，译.北京：中国人民大学出版社，2015.
［101］ 特文宁.全球化与法律理论［M］．钱向阳，译.北京：中国大百科全书出版社，2009.
［102］ 惠特曼.合理怀疑的起源：刑事审判的神学根基［M］．佀化强，李伟，译.北京：中国政法大学出版社，2012.
［103］ 波斯纳.证据法的经济分析［M］．徐昕，徐昀，译.北京：中国法制出版社，2004.
［104］ 波斯纳.法律的经济分析（下）［M］．蒋兆康，译.北京：中国大百科全书出版社，1997.
［105］ 波斯纳.法理学问题［M］．苏力，译.北京：中国政法大学出版社，2002.

[106] 斯坦．证据法的根基［M］．樊传明，等译．北京：中国人民大学出版社，2018.

[107] 艾伦．理性 认知 证据［M］．栗峥，译．北京：法律出版社，2013.

[108] 何福来．证据法哲学——在探究真相的过程中实现正义［M］．樊传明，等译．北京：中国人民大学出版社，2021.

[109] 帕克，萨克斯．证据法反思：跨学科视角的转型［M］．吴洪淇，译．北京：中国政法大学出版社，2015.

[110] 哈克．证据原理：司法证明科学［M］．刘静坤，王进喜，译．北京：法律出版社，2022.

[111] 哈克．证据与探究：对认识论的实用主义重构［M］．刘叶涛，张力锋，译．北京：中国人民大学出版社，2018.

[112] 维辛斯基．苏维埃法律上的诉讼证据理论［M］．王之相，译．北京：法律出版社，1957.

[113] 罗伯斯庇．革命法制和审判［M］．赵涵舆，译．北京：商务印书馆，1965.

[114] 穗积陈重．复仇与法律［M］．曾玉婷，魏磊杰，译．北京：中国法制出版社，2013.

[115] 格兰维尔．论英格兰王国的法律和习惯［M］．吴训祥，译．北京：中国政法大学出版社，2015.

[116] 孟德斯鸠．论法的精神［M］．张雁深，译．北京：商务印书馆，1961.

[117] 阿奎那．论法律［M］．杨天江，译．北京：商务印书馆，2016.

[118] 贝卡利亚．论犯罪与刑罚［M］．黄风，译．北京：中国法制出版社，2005.

[119] 卢梭．社会契约论［M］．何兆武，译．北京：商务印书馆，2003.

[120] 边沁．立法理论［M］．李贵方，等译．北京：中国人民公安大学出版社，2004.

[121] 奥斯丁．法理学的范围［M］．刘星，译．北京：北京大学出版社，2013.

[122] 哈特．法律的概念［M］．许家馨，李冠宜，译．北京：法律出版社，2011.

[123] 哈特．1776—1976：哲学视域里的法律［M］//法理学与哲学论文集．支振锋，译．北京：法律出版社，2005.

[124] 凯尔森．法与国家的一般理论［M］．沈宗灵，译．北京：商务印书馆，2013.

[125] 凯尔森．纯粹法理论［M］．张书友，译．北京：中国法制出版社，2008.

[126] 麦考密克，魏因贝格尔．制度法论［M］．周叶谦，译．北京：中国政法大学出版社，1994.

[127] 庞德．通过法律的社会控制［M］．沈宗灵，译．北京：中国大百科全书出版社，2008.

［128］ 比克斯．哈特和语言的“开放结构”［M］//法律、语言与法律的确定性．邱昭继，译．北京：法律出版社，2007.
［129］ 登特列夫．自然法：法律哲学导论［M］．李日章，梁捷，王利，译．北京：新星出版社，2008.
［130］ 梅因．古代法［M］．沈景一，译．北京：商务印书馆，1959.
［131］ 梅因．古代法［M］．郭亮，译．北京：法律出版社，2019.
［132］ 施米特．政治的神学［M］．刘宗坤，吴增定，等译．上海：上海人民出版社，2015.
［133］ 施米特．论法学思维的三种模式［M］．苏慧婕，译．北京：中国法制出版社，2012.
［134］ 厄尔曼．中世纪政治思想史［M］．夏洞奇，译．南京：译林出版社，2011.
［135］ 利科．论公正［M］．程春明，译．北京：法律出版社，2007.
［136］ 埃斯曼．欧陆刑事诉讼史［M］．郭烁，译．北京：法律出版社，2023.
［137］ 菲利．犯罪社会学［M］．郭建安，译．北京：商务印书馆，2017.
［138］ 迪尔凯姆．社会学方法的准则［M］．狄玉明，译．北京：商务印书馆，1995.
［139］ 加罗法洛．犯罪学［M］．耿伟，王新，译．北京：中国大百科全书出版社，1996.
［140］ 博里康．法国二元论体系的形成与演变：犯罪—刑事责任人［M］．朱琳，译．北京：中国民主法制出版社，2011.
［141］ 塔尔德．模仿律［M］．何道宽，译．北京：中国人民大学出版社，2008.
［142］ 斯密．欧陆法律发达史［M］．姚梅镇，译．北京：中国政法大学出版1998.
［143］ 亨利．迷信与暴力：历史中的宣誓、决斗、神判与酷刑［M］．X. Li，译．桂林：广西师范大学出版，2016.
［144］ 巴特莱特．中世纪神判［M］．徐昕，喻中胜，徐昀，译．杭州：浙江人民出版社，2007.
［145］ 甄克斯．中世纪的法律与政治［M］．屈文生，任海涛，译．北京：中国政法大学出版社，2010.
［146］ 伯尔曼．法律与宗教［M］．梁治平，译．北京：中国政法大学出版社，2003.
［147］ 莫里森．法理学：从古希腊到后现代［M］．李桂林，李清伟，侯建，郑云瑞，译．武汉：武汉大学出版社，2003.
［148］ 古德里奇．法律话语［M］．赵洪芳，毛凤凡，译．北京：法律出版社，2007.
［149］ 笛卡尔．哲学原理［M］．陈启伟，译．北京：商务印书馆，2023.

[150] 康德. 历史理性批判文集 [M]. 何兆武，译. 北京：商务印书馆，1990.
[151] 黑格尔. 逻辑学（上卷）[M]. 杨一之，译. 北京：商务印书馆，1996.
[152] 黑格尔. 法哲学原理 [M]. 范扬，张企泰，译. 北京：商务印书馆，1961.
[153] 尼采. 快乐的科学 [M]. 黄明嘉，译. 桂林：漓江出版社，2007.
[154] 尼采. 尼采自传 [M]. 徐梵澄，译. 武汉：崇文书局，2017.
[155] 尼采. 论道德的谱系 [M] 赵千帆，译. 北京：商务印书馆，2015.
[156] 尼采. 荷马的竞赛：尼采古典语文学研究文稿选编 [M]. 韩王韦，译. 上海：上海人民文学出版社，2018.
[157] 福柯. 尼采、谱系学、历史 [M] //福柯集. 杜小真，译. 上海：上海远东出版社，2004.
[158] 福柯. 性经验史 [M]. 佘碧平，译. 上海：上海人民出版社，2005.
[159] 福柯. 规训与惩罚：监狱的诞生 [M]. 刘北成，杨远婴，译. 北京：生活·读书·新知三联书店，2003.
[160] 福柯. 知识考古学 [M]. 董树宝，译. 北京：生活·读书·新知三联书店，2021.
[161] 福柯. 不正常的人 [M]. 钱瀚，译. 上海：上海人民出版社，2010.
[162] 维特根斯坦. 逻辑哲学论 [M]. 贺绍甲，译. 北京：商务印书馆，1996.
[163] 阿甘本. 神圣人：至高权力与赤裸生命 [M]. 吴冠军，译. 北京：中央编译出版社，2016.
[164] 阿甘本. 语言的圣礼：誓言考古学 [M]. 蓝江，译. 重庆：重庆大学出版社，2006.
[165] 阿甘本. 例外状态 [M]. 薛熙平，译. 西安：西北大学出版社，2015.
[166] 巴塔耶. 色情 [M]. 张璐，译. 南京：南京大学出版社，2019.
[167] 巴塔耶. 吉尔·德·莱斯案——蓝胡子事件 [M]. 赵岑岑，译. 南京：南京大学出版社，2018.
[168] 马舍雷. 从康吉莱姆到福柯：规范的力量 [M]. 刘冰菁，译. 重庆：重庆大学出版社，2016.
[169] 韦伯. 法律社会学 [M]. 康乐，简惠美，译. 桂林：广西师范大学出版社，2005.
[170] 韦伯. 学术与政治 [M]. 冯克利，译. 北京：商务印书馆，2018.
[171] 耶林. 对法学的戏谑与认真：给法学读者的礼物 [M]. 张焕然，译. 北京：法律出版社，2023.
[172] 哈贝马斯. 在事实与规范之间：关于法律和民主法治国的商谈理论 [M]. 童世骏，译. 北京：生活·读书·新知三联书店，2003.
[173] 拉罗什富科. 道德箴言录 [M]. 杜伟华，译. 北京：光明日报出版社，

2011.

[174] 海德格尔.哲学史：从托马斯·阿奎那到康德［M］. 黄端成，译.西安：西北大学出版社，2018.

[175] 巴丢.圣保罗［M］. 董斌孜孜，译.桂林：漓江出版社，2015.

[176] 巴迪欧.存在与事件［M］. 蓝江，译.南京：南京大学出版社，2018.

[177] 齐泽克.事件［M］. 王师，译.上海：上海文艺出版社，2016.

[178] 列维纳斯.上帝，死亡和时间［M］. 余中先，译.北京：生活·读书·新知三联书店，1997.

[179] 康托洛维茨.国王的两个身体［M］. 徐震宇，译.上海：华东师范大学出版社，2018.

[180] 施特劳斯.霍布斯的政治哲学［M］. 申彤，译.江苏：译林出版社，2012.

[181] 康吉莱姆.正常与病态［M］. 李春，译.西安：西北大学出版社，2015.

[182] 巴什拉.科学精神的形成［M］. 钱培鑫，译.上海：东方出版中心，2022.

[183] 斯宾格勒.西方的没落［M］. 吴琼，译.上海：上海三联书店，2006.

[184] 本雅明.评弗兰茨·卡夫卡——卡夫卡的人生与作品解读［M］//单向街.陶林，译.南京：江苏凤凰文艺出版社，2015.

[185] 本雅明.德意志悲苦剧的起源［M］. 李双志，苏伟，译.北京：北京师范大学出版社，2013.

[186] 庞蒂.可见的与不可见的［M］. 罗国祥，译.北京：商务印书馆，2016.

[187] 索绪尔.普通语言学教程［M］. 高名凯，译.北京：商务印书馆，1980.

[188] 伯格，卢克曼.现实的社会建构：知识社会学论纲［M］. 吴肃然，译.北京：北京大学出版社，2019.

[189] 塞尔.社会实在的建构［M］. 李步楼，译.上海：上海人民出版社，2021.

[190] 许茨.社会实在问题［M］. 霍桂恒，索昕，译.北京：华夏出版社，2001.

[191] 巴罗.不论——科学的极限与极限的科学［M］. 李新洲，译.上海：上海世纪出版社，2005.

[192] 罗兰之歌［M］. 马振聘，译.长春：吉林出版集团有限责任公司，2011.

[193] 布朗.不轨之举——意大利文艺复兴时期的一位修女［M］. 王挺之，译.北京：商务印书馆，1995.

[194] 伯纳.法律职业的起源：古代雅典的律师和诉讼当事人［M］. 杨天江，译.北京：法律出版社，2024.

[195] 金观涛.消失的真实［M］. 北京：中信出版社，2022.

[196] 佀化强.形式与神韵：基督教良心与宪政、刑事诉讼［M］. 上海：上海三联书店，2012.

[197] 李秀清.日耳曼法研究［M］. 北京：商务印书馆，2005.

[198] 高仰光.《萨克森明镜》研究 [M]. 北京：北京大学出版社，2008.
[199] 彭小瑜.教会法研究：历史与理论 [M]. 北京：商务印书馆，2011.
[200] 科恩.证明的自由 [J]. 何家弘，译.外国法评议，1997 (3)：1-12.
[201] 李玉华.诉讼真实观下的法律真实与客观真实再认识 [J]. 中国检察官，2018 (7)：10-11.
[202] 陈光中，陈海光，魏小娜.刑事证据制度与认识论——兼与误区论、法律真实论、相对真实论商榷 [J]. 中国法学，2001 (1)：37-52.
[203] 张继成，杨宗辉.对“法律真实”证明标准的质疑 [J]. 法学研究，2002 (4)：117-130.
[204] 刘金友.实践是检验司法证明真理性的唯一标准——与何家弘教授商榷 [J]. 法学研究，2003 (4)：110-121.
[205] 陈光中，李玉华，陈学权.诉讼真实与证明标准改革 [J]. 政法论丛，2009 (2)：3-21.
[206] 汤维建.关于证据属性的若干思考和讨论——以证据的客观性为中心 [J]. 政法论坛，2000 (6)：127-139.
[207] 樊崇义.客观真实管见——兼论刑事诉讼证明标准 [J]. 中国法学，2000 (1)：114-120.
[208] 陈瑞华.从认识论走向价值论 [J]. 刑事法制，2001 (1)：21-28.
[209] 何家弘.论司法证明的目的和标准——兼论司法证明的基本概念和范畴 [J]. 法学研究，2001 (6)：40-54.
[210] 魏晓娜.为客观真实辩护 [J]. 法学家，2024 (2)：143-157.
[211] 龙宗智.印证与自由心证——我国形式诉讼证明模式 [J]. 法学研究，2004 (2)：107-115.
[212] 熊晓彪.中国刑事司法证明“唯客观化”批判 [J]. 法学研究，2024 (2)：207-224.
[213] 陈瑞华.以限制证据证明力为核心的新法定证据主义 [J]. 法学研究，2012 (6)：147-163.
[214] 李政.《赫梯法典》译注 [J]. 古代文明，2009，3 (4)：16-34.
[215] 施鹏鹏.刑事裁判中的自由心证——论中国刑事证明体系的变革 [J]. 政法论坛，2018 (4)：16-34.
[216] 曹佳.论事实认定的认知规范结构——以审判主体信念为中心 [J]. 证据科学，2023 (3)：327-345.

后记

本书的写作，最初缘自阅读福柯《真理与司法形式》一文的触动。该文对真理与法律的关联及其构建方式的解读，强烈冲击着法理学科中常见的一般理念。现代诉讼程序所确立的“法律真实”对于诉讼参与者或当事人究竟意味着什么？这种质疑根本无法在现代法理学语境中提出，或者说，现代法理学不过是掩盖、避免或者消除这种质疑的某种结果。回复这种质疑，自然不能将其本土化后再“讨个说法”，而应该把现代诉讼证明程序放置在历史谱系中予以整体反思。

当我们看到一个犯罪嫌疑人在“沉默权”等法律规则保护下始终一言不发，与此同时，现代司法机制又在各种专家证人、科学证据的辅助下，根据“内在确信”或“排除合理怀疑”原则形成确信、判定罪行，那么，那些坚定不移的法律信念是否就在这种确信以及被告的沉默中停顿失据呢？依据理性主义传统所构建的现代证明方式，对一个始终沉默的人定罪甚至处死，不仅让19世纪以来的“犯罪学”彻底失去了展开的可能，还让整个“法律真实”的构建过程陷入了危险失灵的境地。一方面，我们努力通过法律规范来禁止刑讯、保护被告沉默的权利，另一方面我们又以各种科学认知方式来击穿、拆解、解读、防治那种沉默。这种规范性的法律真实不仅要求事实认定者以更为客观的认知方式取代自己的主观确信，还彻底抹去了诉讼当事人在个体层面对抗的可能性，最后的结果便是，客观认知方式攫取了曾经只由法律独占的权力，而实证化或道德化的现代法理学却对这种“知识—权力”视若无睹。

这些零零碎碎的想法从博士论文开始便萦绕纠缠，直到本书定稿，也无法真正消解或阐明。回想这一过程中，虽有零星短暂的愉悦，但更多的是惶然无措的自我怀疑。扪心自问，本书并非追捧热点或者迎合“创新”之作，而是迫切希望诸位方家不吝指教的“踽踽”自语。

在 20 世纪 60 年代末，德勒兹开始他与瓜塔利的“哲学式”友谊时，曾经这样鼓动瓜塔利：不要老是期待一本书已经写好、完备，尽管去写作、去出版吧，写作是让自己感觉更好——“写作，便是将你自己从火炉中抽离”。

感谢吾师穆桥，择其善者令吾以从，感谢王彦院长垂青，得以加入东财法学院，感谢邹世允院长的默然相扶与倾力襄助。本书受到东北财经大学校级项目“证据事实认定中的法理学‘边界’研究”以及辽宁省教育厅基本科研业务费资助。但是，其中的不足与遗憾，只能以上述鼓动而自慰。此时此刻：

海暗了

鸥鸟的叫声

微白

郝晓宇

2025 年 1 月